› LAROUSSE ‹

BEBÉ

TODOS LOS CUIDADOS DEL RECIÉN NACIDO

LAROUSSE

Esta obra ha sido realizada con la participación de los siguientes colaboradores:

Embarazo - Parto: Jacques Lepercq, Pascal Piver *(dirección)*. Valérie Aubret, François Blanchet, Dominique Brault, Marie-Claude Constantin, Brigitte Faucheux, Christel Herault, Caroline Johannet, Hyacintha Lofé, Mireille de Maillard, Claudie Millot, Hélène Monclin, Marie-Charlotte Oddon, Doctor Georges Perez, Anne Poilleux, Marie Raher-Legros, Anne-Marie Robert, Claude Sallent, Valérie Tafforin.

Bebés -Niños: Jacques Schmitz, Véronique Gagey y Patrice Manigne *(dirección)*. Christiane Bousquet, Profesor Gérard Couly, Marc Epelbaum, Marielle du Fraysseix, Lucile Georges-Janet, Daniel Gorans, Jean Lavaud, Marie-France Le Heuzey, Valérie Manigne, Christian Mandel, Florence Plainguet.

Otros colaboradores: Sophie Beaumont, Monique Madier, Charlotte Gardiol, Lise Parent, Suzanne Dupras-Gyger, Isabelle Tesse.

Edición original

Dirección editorial: Laure Flavigny, *con la colaboración de* Agnès Dumoussad *y* Anne Shigo.
Dirección artística: Frédérique Longuépée *con la colaboración de* Jean-Pierre Fressinet.

Edición en lengua española

Dirección editorial: Jordi Induráin Pons.
Edición: Enrique Vicién Mañé.
Edición gráfica: Eva Zamora Bernuz.
Asistente de edición gráfica: Eva Arnó Marín y Clemen Ruiz Vegas.
Traducción: José María Díaz de Mendívil Pérez.
Revisión y adaptación: Dr Adolfo Cassan Tachlitzky, Dra Mercè Piera y Roser Alcaraz García, maestra y pedagoga.
Diseño y maquetación: tresmesú, S.L.
Corrección tipográfica: Paloma Blanco Aristín.
Fotografía: Pere Virgili, salvo las citadas en la p. 4.
Diseño de cubierta: Mònica Campdepadrós
Fotografías de cubierta: © Shutterstock / Images LLC

© MCMXCV, Larousse-Bordas
Título original: *Larousse des parents*
© 2011, Larousse Editorial, S.L.
1ª edición: 2006
1ª reimpresión: 2007
2ª reimpresión: 2008
3ª reimpresión: 2009
2ª edición: 2011
Mallorca 45, 3ª planta — 08029 Barcelona
larousse@larousse / www.larousse.es

ISBN: 978-84-8016-972-1 (España)
ISBN: 978-84-8016-751-2 (México)
Depósito legal: NA-1297-2011
Impresión y encuadernación: Gráficas Estella, S.A.
Impreso en España - Printed in Spain

«**E**stá usted embarazada». Esta noticia suscita miles de interrogantes a todos los padres. ¿Cómo vivir el embarazo sin riesgos? ¿Nuestro hijo será normal? ¿Qué es la epidural? ¿El padre debe asistir al parto? ¿Es preferible dar de mamar al bebé? ¿A quién confío el niño cuando tenga que volver al trabajo?

Cuando el bebé nace surgen nuevas inquietudes: ¿ha bebido lo suficiente?; ¿por qué llora?; ¿puede dormir en nuestra habitación?; tiene fiebre, ¿será grave? En la actualidad, son muchas las parejas en las que los dos cónyuges trabajan. También es más habitual que ambos se sientan responsables del cuidado y la educación de los hijos, a los que hay que alimentar, cambiar, guiar... en resumen: «educar entre los dos».

Conscientes de la importancia del futuro acontecimiento, preocupados ante las dificultades que van apareciendo, los padres buscan consejo sin saber muy bien a quién acudir. A menudo aislados, alejados del modelo tradicional de familia, ya no pueden recurrir como antaño a sus propios progenitores, a un hermano o una hermana, es decir, a todos aquellos que transmitían un «saber» fruto más de la experiencia que de conocimientos teóricos. Por otro lado, la ciencia médica ha progresado considerablemente, aunque muchas veces se divulga de forma demasiado sensacionalista. Hoy en día, los padres han oído hablar de peligros que antes ni se sospechaban, como las malformaciones o la muerte súbita del lactante... También están informados de los medios que se aplican en ciertos casos graves: la hormona del crecimiento, el transplante de órganos... Pero dónde pueden encontrar esos padres, que leen y escuchan tantas opiniones, unas respuestas meditadas y tranquilizadoras a las preguntas que se plantean.

El *Larousse del bebé* está pensado precisamente para ellos. La redacción ha corrido a cargo de un equipo de médicos y comadronas, apoyados por dietistas y psicólogos. Profesionales experimentados y al mismo tiempo padres, se han esforzado por transmitir a otros padres sus conocimientos sobre el niño con precisión, sentido común y simpatía.

La obra abarca el desarrollo del embarazo, el parto y el crecimiento del niño desde el nacimiento hasta el primer año de vida.

Asimismo se explica con la mayor claridad posible lo que diferencia a un niño sano de otro enfermo. O se especifican las situaciones en las que los padres deben recurrir a un pediatra o un psicólogo, todo ello lejos del sensacionalismo y las modas. Las respuestas a todas las preguntas se basan siempre que es posible en los aspectos fisiológicos y la experiencia, con un lenguaje claro y sencillo. Unas magníficas ilustraciones completan y aclaran los textos.

El embarazo es *a priori* un acontecimiento feliz. El nacimiento de un hijo es motivo de gran alegría. Educarlo es una de las labores más apasionantes que existen, aunque muchas veces resulte tan difícil. Los autores han pretendido ofrecer, con cariño, unos datos rigurosos y actuales; que por lo general sirven para tranquilizar a los padres. Confían en que la lectura de este libro sirva para despejar inquietudes injustificadas y ayude a percibir con claridad los riesgos reales. De esta forma se evitarán las actuaciones o actitudes inútiles, en algunos casos nefastas, y se fomentarán las conductas adecuadas.

Si este propósito se consigue, el *Larousse del bebé* habrá alcanzado su objetivo: ayudar a los padres y favorecer el desarrollo del niño.

Jacques Schmitz
PROFESOR DE PEDIATRÍA

créditos fotográficos

La letra indica la posición de la foto en la página.
La lectura se hace de izquierda a derecha y de arriba abajo

Age Fotostock 11b, 37a, 46d, 46e, 50, 83a, 87, 93a, 103a, 123, 133a, b,
147a, 147b, 166-167, 169a, 169c, 226, 228
Chicco Española, S.A. / Dpto. Marketing 106c, e, g, h, j, k, l, m
Claude Edelmann et Petit Format / Hoa Qui 24-29
Cover / Corbis / Zefa 59b, 110-111
Hervé Gyssels / Archivos Larousse 65a, b, 68,69a, b, 127, 136a, b,
137b, 141, 155a, b, 179b, 180a, b, 181a, b, c, 182a, b, c, d, e, 185a, b, 186a, b
Lennart Nilsson / Albert Bonnier Förlag 31
Photodisc 62-63a, c, d, h, k, l, n, ñ, o
PRÉNATAL 106a, b, d, f, i, 107a, b, c, d, e, f, g
Quickimage 62-63b, e, f, g, m
Stockphotos 8-9, 83b, 90, 103b, 113a, 125, 177a, b, 179a

Ilustradores

Laurent Blondel 12, 13, 15, 20, 21, 33, 120, 121, 129
Jaume Farrés 118, 122

Agradecimientos

A todos los padres y madres, y a los niños
y niñas que han prestado su imagen para esta publicación

Índice

Capítulo 2 El nacimiento

CAPÍTULO 3 El bebé
hasta un año 166

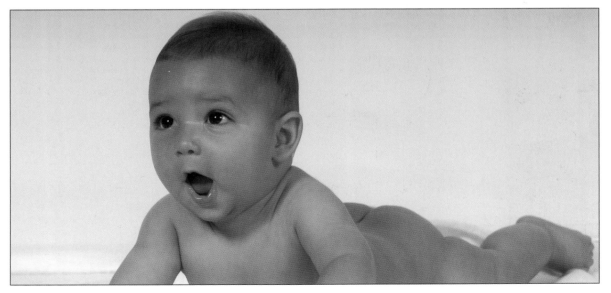

El embarazo

El desarrollo
del embarazo

Desde la concepción hasta
los instantes que preceden
al nacimiento del futuro bebé,
el cuerpo de la madre experimenta
constantes transformaciones
para adaptarse a la vida del hijo
que se está formando. Aunque
al principio este nuevo ser se
desarrolla imperceptiblemente,
en realidad, a lo largo de los
nueve meses de embarazo se prepara
activamente para venir al mundo.

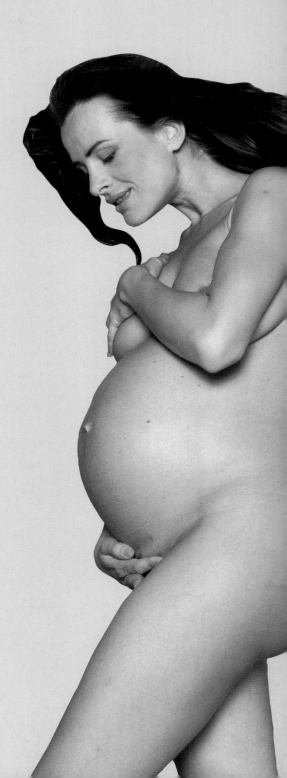

La concepción

En la actualidad, concebir un hijo suele ser más una decisión consciente que resultado del azar. Ello se debe, en gran medida, a los recientes avances científicos y médicos, que ofrecen un conocimiento cada vez más preciso de cómo funciona el cuerpo humano.

La ciencia y la medicina han avanzado a pasos agigantados en este campo durante los últimos años, aunque todavía quedan muchas preguntas por contestar. Hoy en día, sabemos de forma precisa cómo se crea un ser humano y cómo se desarrolla a lo largo del embarazo. En cuanto a los futuros padres, pueden escoger cuándo desean un hijo con sólo dejar de utilizar, por ejemplo, el método de anticoncepción que estaban empleando hasta ese momento. Sin embargo, la concepción no deja de ser para ellos una experiencia a la vez emocionante y privilegiada. Entender el mecanismo natural no hace más que aumentar el carácter extraordinario de este acontecimiento.

CALCULE LA FECHA DE LA OVULACIÓN

- Ciclo normal de 28 días: la ovulación se produce el 14.º día contando desde el 1.er día de la regla.
- Ciclo largo de 35 días: la ovulación se produce el 21.º día contando desde el 1.er día de la regla.
- Ciclo corto de 22 días: la ovulación se produce el 8.º día contando desde el 1.er día de la regla.
- Fecha de la última regla:
- Fecha probable de la ovulación:

Los órganos de la reproducción

La formación de un nuevo ser humano es fruto de la unión de dos células especiales, una que procede de la mujer y otra del hombre. Antes de describir cómo se consuma esta unión, recordemos cuáles son los órga-

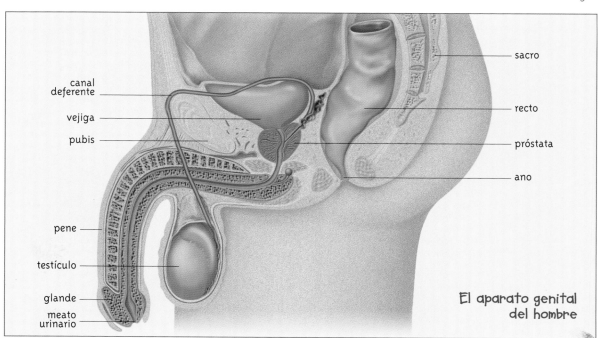

canal deferente
vejiga
pubis

sacro
recto
próstata
ano

pene
testículo
glande
meato urinario

El aparato genital del hombre

nos principales que intervienen en la función de la reproducción.

Los órganos genitales de la mujer

Son los ovarios, las trompas de Falopio y el útero. Desde la fecundación hasta el parto, éstos son los órganos que intervienen activamente en la concepción y el desarrollo del futuro bebé.

• Los ovarios. Los ovarios son dos pequeñas glándulas en forma de almendra que están situadas a cada lado del útero. Contienen de 300 000 a 400 000 células sexuales femeninas, los *ovocitos* u *óvulos* —término usado habitualmente. Los ovocitos provienen de células que se generan durante el 7.º mes de la vida intrauterina del feto-niña y pueden ser fecundados a partir de la pubertad. Los ovocitos se encuentran dentro de los folículos, que a su vez están escondidos en el tejido del ovario. Desde la pubertad hasta la menopausia, siguiendo unos ciclos de 28 días por término medio, cada ovario produce alternativamente un ovocito fecundable, que se llamará *huevo* una vez fecundado.

La función principal de los ovarios es garantizar la ovulación. En el primer día del ciclo, un folículo que contiene un óvulo empieza a «madurar» en la superficie del ovario. Se abre alrededor del 12.º día contando desde el inicio de la regla. El óvulo se desprende del ovario alrededor del 14.º día del ciclo. Luego, pasará al pabellón de la trompa y empezará a bajar por el conducto que lleva hasta el útero. Una célula masculina, llamada *espermatozoide*, puede fecundar el óvulo a lo largo de este trayecto. Si el óvulo no se encuentra con ningún espermatozoide, y por lo tanto no es fecundado, no se implanta en el útero, y degenera. En este caso se elimina con la sangre de la regla generada por la mucosa uterina, que al no producirse la fecundación se desprende 14 días después de la ovulación.

• Las trompas de Falopio. Son dos canales en forma de trompa que unen los ovarios con el útero: su pabellón recibe cada mes el óvulo que sale del ovario.

• El útero. Este músculo hueco tapizado por una mucosa acogerá al huevo que se convertirá primero en embrión y luego en feto durante los nueve meses del embarazo. Cuando no hay embarazo, el útero mide 6 cm de

INICIO, DURACIÓN Y FINAL DEL EMBARAZO

El embarazo dura unos nueve meses, para ser más precisos de 280 a 287 días, dependiendo de la mujer. Es muy importante poder establecer la fecha exacta del inicio del embarazo, ya que calcular el final del mismo es fundamental, porque a veces es necesario provocar el parto antes de tiempo y, en ocasiones, hay que vigilar atentamente cualquier retraso del mismo (véase p. 116).

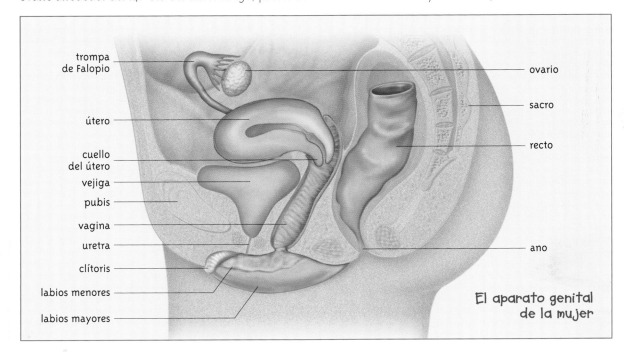

trompa de Falopio
ovario
útero
sacro
cuello del útero
recto
vejiga
pubis
vagina
uretra
clítoris
ano
labios menores
labios mayores

El aparato genital de la mujer

VENCER LA ESTERILIDAD

En la especie humana, la fertilidad natural no es del 100%: en cada ciclo una pareja sólo tiene, de media, un 25% de probabilidades de alcanzar la fecundación. Es evidente que puede producirse un embarazo en el primer contacto sexual si se ha mantenido en el momento preciso de la ovulación. Sin embargo, muchas veces, aunque las relaciones sexuales se realicen durante el período de fertilidad, no ocurre nada. Por regla general, sólo después de varios ciclos, y por lo tanto varios meses, se produce la fecundación.

El plazo de espera es variable según las mujeres: el promedio es de tres a seis meses, pero puede alcanzar el año e incluso más. Sólo se habla de esterilidad conyugal cuando, al cabo de dos años, las tentativas de fecundación aún no han alcanzado su objetivo –lo que ocurre en el 10% de las parejas. Las causas del problema son numerosas y a veces es imposible determinarlas. En el caso de la mujer, pueden causar la esterilidad los trastornos de la ovulación y la alteración de las trompas, de la mucosa uterina o del cuello uterino. En el caso del hombre, puede deberse a anomalías de los espermatozoides: porque son anormales, su número es insuficiente o tienen poca movilidad. Algunas causas de esterilidad se pueden curar y sólo se opta por la fecundación asistida médicamente cuando los demás tratamientos no han surtido efecto. Entre los distintos métodos posibles el más conocido es el de la fecundación in vitro. Consiste en extraer varios óvulos maternos –cuya liberación se ha estimulado médicamente– mediante punción y ponerlos en contacto con los espermatozoides (del marido o de otro donante) en el laboratorio. Los huevos resultantes de esta operación se transfieren al útero de la madre 48 horas después de la extracción. Es necesario implantar varios huevos para tener más posibilidades de embarazo, con el consiguiente riesgo de embarazo múltiple. La tasa media de embarazo por ciclo de fecundación in vitro oscila alrededor del 25–30%.

largo y 4 cm de ancho, y pesa unos 50 g. En su base está cerrado por un *cuello*, a su vez atravesado por un canal. Por ese cuello uterino pasan los espermatozoides recogidos en la vagina durante la eyaculación. También por él pasará el niño en el momento del parto.

El funcionamiento del conjunto útero-trompas-ovarios está sometido a la acción de las glándulas (como la hipófisis) que dirigen la actividad hormonal del organismo.

Los órganos genitales del hombre

Los testículos fabrican las células sexuales o espermatozoides, siguiendo ciclos regulares de 120 días. Los espermatozoides se desarrollan en los conductos seminíferos de cada testículo. A continuación, se encaminan a través de largos canales hasta las vesículas seminales, situadas a cada lado de la próstata. Desde la pubertad hasta el final de su vida, el hombre produce varios millardos de espermatozoides.

Durante la eyaculación, los espermatozoides son propulsados al exterior en el esperma a través del pene. Recogidos en la vagina, suben por el útero y sobreviven entre cuarenta y ocho y setenta y dos horas en el cuerpo de la mujer. Fuera de la vagina, su vida es sólo de unas pocas horas.

La fecundación

Es el encuentro de los gametos (del griego *gamos*, 'matrimonio'), que son las dos células reproductoras, femenina y masculina: el óvulo y el espermatozoide. Ocurre en una de las trompas de la mujer y tiene como consecuencia la creación de la primera célula embrionaria humana: el huevo.

El óvulo es transparente, esférico y mide una décima de milímetro. Posee un núcleo, un citoplasma, que le sirve de reserva para sobrevivir hasta llegar al útero cuando es fecundado, y está rodeado por una membrana gelatinosa, la zona pelúcida. El óvulo contiene 23 cromosomas. No puede moverse por sí solo pero, con la ayuda de los cilios vibrátiles y los movimientos musculares de la trompa, avanza lentamente en ese medio, en el que puede sobrevivir de doce a veinticuatro horas.

Los espermatozoides disponen de movilidad y poder fecundante. Están formados por una cabeza, que contiene el núcleo, y un flagelo para desplazarse. Al igual que los óvulos, contienen 23 cromosomas. Son mucho más pequeños que el óvulo, miden cinco centésimas de milímetro y avanzan a razón de dos o tres milímetros por minuto. Una vez depositados en la vagina durante la eyaculación, penetran en el útero por el cuello del útero y, en dos horas, llegan a la trompa de Falopio, donde ya está el óvulo.

Aunque haya muchos espermatozoides (de 120 a 300 millones), de los varios millones que entran en la vagina sólo unos centenares llegarán hasta el óvulo para rodearlo por completo. Finalmente, sólo uno conseguirá introducirse en el citoplasma de la célula femenina para fecundarla.

Tras perder su flagelo, el espermatozoide penetra en el óvulo y su núcleo se agranda y se fusiona con el de la célula femenina: es la unión de los 46 cromosomas (23 de la célula masculina y 23 de la célula femenina) necesaria para la constitución del huevo. Cada cromosoma de la célula paterna forma un par con su homólogo materno. Desde ese instante, el sexo y los caracteres genéticos del hijo que va a nacer ya están definidos.

El huevo puede entonces encaminarse hacia el útero, al que llegará tres o cuatro días más tarde. Durante el camino, la célula inicial empieza a multiplicarse. Cuando el huevo ya está formado por una bola de células de una décima de milímetro que parece una mora —de donde procede su nombre de raíz latina *mórula*—, entra en el útero, donde escogerá un lugar para hacer su nido.

La nidación

En el momento de su entrada en el útero, el 4.º día, el huevo está compuesto por 16 células. Hasta el 7.º día posterior a la fecundación no se fijará en la mucosa. Es-

> ### CALCULE LA FECHA DE LA OVULACIÓN POR EL MÉTODO DE LA TEMPERATURA
>
> Para determinar cuál es su momento de mayor fertilidad puede utilizar una «calculadora de la ovulación» (un sencillo programa informático) o adquirir un *kit* de prueba de ovulación en la farmacia.

tos tres días de libertad en el útero permitirán no sólo que las células sigan multiplicándose, sino que se diferencien y se organicen. Las del centro de la mórula crecerán y formarán el embrión propiamente dicho. Las del exterior formarán la envoltura, llamada *corion*, dejando entre medio una cavidad llena de líquido.

Por su parte, el ovario ha seguido trabajando: el folículo que encerraba al óvulo se ha transformado en el cuerpo amarillo y ha empezado a fabricar una hormona, la progesterona, necesaria para la nidación del huevo en el útero. Otras hormonas, los estrógenos, segregadas durante la primera parte del ciclo, preparan los tejidos para la acción de la progesterona, que se fabrica durante la segunda parte del ciclo (*véase* p. 22).

Bajo la influencia de estas dos hormonas, la mucosa uterina aumenta su grosor, es irrigada por numerosos vasos sanguíneos y enriquecida por sustancias nutritivas. El huevo va a enterrase literalmente en esta mucosa para consolidar su implantación y seguir su crecimiento durante los nueve meses del embarazo.

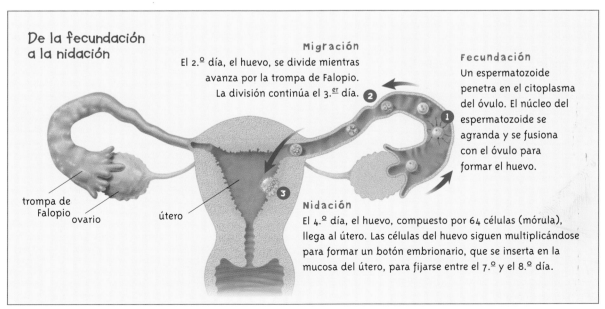

De la fecundación a la nidación

Migración
El 2.º día, el huevo, se divide mientras avanza por la trompa de Falopio. La división continúa el 3.er día.

Fecundación
Un espermatozoide penetra en el citoplasma del óvulo. El núcleo del espermatozoide se agranda y se fusiona con el óvulo para formar el huevo.

trompa de Falopio
ovario
útero

Nidación
El 4.º día, el huevo, compuesto por 64 células (mórula), llega al útero. Las células del huevo siguen multiplicándose para formar un botón embrionario, que se inserta en la mucosa del útero, para fijarse entre el 7.º y el 8.º día.

El consejo genético

Concebir un hijo puede plantear a veces dudas importantes.

Por ejemplo, si:

- ya se tiene un hijo que sufre una discapacidad física o mental;

- se tienen unos lazos de parentesco bastante cercanos (primos hermanos, etc.) con el cónyuge o compañero;

- la mujer o su compañero son portadores de una enfermedad o una malformación que temen transmitir a sus hijos (diabetes, hemofilia, etc.);

- se tiene más de 40 años y se desea ser madre, aunque se sepa que los riesgos de anomalías cromosómicas aumentan con la edad.

Una consulta al genetista, preferiblemente antes del embarazo, puede proporcionar algunas respuestas a estas dudas.

El especialista intentará establecer los riesgos de recurrencia de una enfermedad hereditaria y evaluará si un antecedente concreto de enfermedad o anomalía accidental en la familia de uno de los dos futuros padres puede transmitirse.

Ahora bien, a pesar de que esta consulta suele llamarse «consejo genético», un nombre impuesto por el uso, cabe aclarar que el papel del genetista no consiste en prohibir o autorizar. No siempre podrá ofrecer una certeza, pero estudiará los riesgos que existen de que el hijo nazca con una discapacidad y ayudará a los futuros padres a tomar una decisión.

Algunas nociones básicas

- **Las células**
Miles de millones de células, de tamaños, formas y funciones diferentes, constituyen nuestro organismo. Están compuestas por un núcleo, un citoplasma y una membrana.

- **El ADN (ácido desoxirribonucleico)**
Constituyente esencial de los cromosomas del núcleo de la célula, esta molécula permite la transmisión de los caracteres hereditarios determinados por los genes.

- **Los genes**
Elementos del cromosoma, constituidos por segmentos de ADN, condicionan la transmisión y la manifestación de un carácter hereditario determinado.

- **Los cromosomas**
Agrupados por pares en el núcleo celular, son 46, entre los cuales hay un par de cromosomas sexuales, XX en la mujer y XY en el hombre.

El óvulo tiene 23 cromosomas, de los que uno es X; el espermatozoide, tiene 23 cromosomas, de los que uno es X o Y. La combinación exacta de los cromosomas sexuales determinará si el hijo será niño o niña:

(22 cromosomas + X) + (22 cromosomas + Y) = niño;
(22 cromosomas + X) + (22 cromosomas + X) = niña.

EL ÁCIDO FÓLICO Y LA PREVENCIÓN DE DEFECTOS CONGÉNITOS

Los defectos congénitos representan una de las principales causas de mortalidad y discapacidad infantil y su prevención se ha fundamentado básicamente en el consejo genético, el diagnóstico prenatal y la educación destinada a evitar el uso de agentes potencialmente dañinos para el embrión o feto, como el alcohol, las drogas y ciertos medicamentos. Muchos defectos congénitos se producen muy al inicio del embarazo, a veces incluso antes de que la mujer sepa que está embarazada. Varios estudios demuestran que el consumo diario de 0,4 a 1 miligramo de ácido fólico (un tipo de vitamina) antes del embarazo reduce en gran medida la aparición de defectos congénitos del cerebro y de la médula espinal. Por este motivo, el ginecólogo suele recetar a las mujeres que expresan su deseo de quedar embarazadas la toma diaria de comprimidos de ácido fólico 3 meses antes de la concepción y en los primeros 3 meses del embarazo. También suele aconsejar seguir una dieta rica en alimentos que contengan ácido fólico como hortalizas, cítricos, cereales enriquecidos y legumbres.

¿Estoy embarazada?

*Cuanto antes se entere del inicio de su embarazo, antes podrá tomar
las precauciones que se imponen para que esos meses que preceden el
nacimiento se desarrollen en las mejores condiciones, tanto para usted
como para su futuro bebé.*

Haya usted «programado» o no el embarazo, es muy importante saber en qué fecha precisa empezó, es decir, cuándo se produjo la fecundación. De esta forma, podrá beneficiarse de un mejor seguimiento y, además, podrá prever el momento del parto. Y esto puede resultar capital no sólo por razones prácticas sino también a efectos médicos.

Sin embargo, habrá que esperar varias semanas para que el médico confirme su estado recurriendo a pruebas más fiables que los síntomas eventualmente detectados. Si cree que está embarazada, no espere esa confirmación para tomar ciertas precauciones (*véase* p. 49), ya que es precisamente en los primeros meses cuando el embrión es más frágil.

Los signos de embarazo

Aunque los cambios físicos que acompañan el inicio del embarazo pueden pasar desapercibidos, hay signos que lo anuncian, mientras que otros sólo se detectan en un reconocimiento médico.

Las señales

Más que los posibles pequeños síntomas (*véase* recuadro), que sólo sufren algunas futuras madres al principio del embarazo, las primeras señales de alerta se detectan con el calendario.

• El retraso de la regla. Para la mayoría de las mujeres, se trata del primer indicador. Aunque en algunos casos este retraso no es fácil de calcular ni de interpretar. La experiencia demuestra que el retraso de la regla puede darse sin que exista embarazo; por ejemplo, por ciertas enfermedades, después de un choque emocional o, incluso, de un cambio de forma de vida o de clima (por un viaje). La proximidad de la menopausia, los ciclos irregulares, el uso de ciertos medicamentos y dejar de tomar la píldora anticonceptiva son otros de los factores que pueden provocar el retraso de la regla. Por lo tanto, nunca se puede afirmar, con una seguridad del ciento por ciento, que una mujer que no tiene la regla está en estado.

• La subida de la temperatura. Si nota que su temperatura corporal sube de los 37 °C y la regla no llega, es posible que exista embarazo.

Los signos del embarazo

• **Náuseas,** con o sin vómitos, al despertar o durante el día.

• **Pérdida de apetito** o, por el contrario, **un hambre exagerada.**

• **Deseo irresistible** o **repugnancia** marcada por ciertos alimentos.

• **Aversión** repentina por ciertos olores o perfumes.

• **Acidez de estómago.**

• **Mayor necesidad de dormir.**

• **Estreñimiento** no habitual.

• **Necesidad frecuente de orinar.**

• **Sensación de cansancio.**

• Mayor **emotividad** o **irritabilidad.**

• **Sensación de hinchazón** en todo el cuerpo.

• **Tensión y aumento del volumen de los pechos.**

Lo que detectará el médico

La forma más segura de confirmar un embarazo sigue siendo el reconocimiento de un médico. Aunque, sin realizar análisis de laboratorio o una ecografía, el médico no podrá estar absolutamente seguro antes de pasado un mes y medio de embarazo, es decir, con la segunda falta de la regla.

Para el diagnóstico del embarazo se utiliza la ecografía transvaginal (el médico introduce un pequeño transductor dentro de la vagina) porque produce imágenes más nítidas que la ecografía abdominal. Mediante esta técnica puede detectarse por primera vez el embarazo hacia la cuarta o quinta semana tras la ovulación.

Gracias al reconocimiento ginecológico (*véase* p. 39), se confirmará una modificación del volumen, la consistencia y la forma del útero, que la mujer no puede detectar por sí sola. El médico verá que el cuello del útero está cerrado, tiene una coloración lila y presenta poco moco cervical. La modificación de los pechos podrá corroborar el diagnóstico: crecen y la areola se abomba como un cristal de reloj; los tubérculos de Montgomery, esas pequeñas excrecencias que existen en la areola del pecho, se hacen prominentes.

Las pruebas de embarazo

Algunas pruebas se expenden sin receta médica y las puede practicar la interesada; otras, las prescribe exclusivamente el médico.

¿QUÉ DÍA DARÁ USTED A LUZ?

De forma convencional, la duración del embarazo se calcula en semanas, empezando a partir del primer día de ausencia de la regla. Dado que la ovulación suele producirse a las dos semanas siguientes del inicio de la regla y que la fecundación tiene lugar poco después de la ovulación, el embarazo tiene una duración aproximada de 38 semanas desde el día de la concepción o de 40 semanas contando desde el primer día de la última regla. La fecha aproximada del parto se calcula restando 3 meses desde el primer día de la última regla y sumándole 1 año y 7 días. Así si la fecha de inicio de la última regla fue el 1 de mayo, el parto sería hacia el 8 de febrero.

Las pruebas de venta libre

Estas pruebas se realizan con una muestra de orina. Se presentan en forma de cajitas con todos los accesorios necesarios. Son fáciles de usar, siempre y cuando se sigan bien las instrucciones, y ofrecen una respuesta rápida y fiable, positiva si se está embarazada y negativa en caso contrario. Pero, cuidado, en este último caso quizá se haya hecho la prueba demasiado pronto o la sensibilidad del método sea demasiado baja. Una orina poco concentrada también puede dar resultados erróneos.

Cuando la respuesta es negativa, lo más prudente es esperar algunos días y volver a hacer la prueba o consultar a un médico.

Las pruebas de laboratorio

Estas pruebas, que se efectúan a partir de la orina o de una toma de sangre, le permitirán saber si está embarazada enseguida y con absoluta certeza. Es el médico quien las solicita.

El principio consiste en detectar una hormona que sólo se segrega cuando se está embarazada. Se trata de la llamada hormona gonadotropina coriónica (HGC). Aunque el papel de esta hormona no se conoce con toda precisión, se sabe que resulta esencial para el mantenimiento del cuerpo amarillo al principio de la gestación. Segregada por el huevo desde el momento de la fecundación, la fabrica lo que luego se convertirá en la placenta (el trofoblasto) y más tarde la propia placenta (*véase* p. 33).

Las pruebas detectan la presencia de HGC en la orina o en la sangre.

> • Análisis de orina. Se vierte una pequeña cantidad de orina, que debe tomarse de la orina muy concentrada de primera hora de la mañana, en un tubo de ensayo y se la hace reaccionar con un suero que contiene anticuerpos de esta hormona característica del embarazo. La fiabilidad de esta prueba se sitúa en alrededor del 98%.

> • Análisis de sangre. En esta prueba se controla el nivel de HGC en la sangre. La fiabilidad de esta prueba es del 100% y permite diagnosticar el embarazo en un estadio muy precoz, antes incluso del primer retraso de la regla.

El cuerpo de la mujer se transforma

A lo largo de los días, en el cuerpo de la madre se producen cambios importantes, algunos visibles, otros no. Estas modificaciones anatómicas, químicas y fisiológicas sirven para proporcionar al futuro hijo los elementos indispensables para su desarrollo.

Además de aumentar de peso, las modificaciones más espectaculares que experimenta el cuerpo de la futura madre son el cambio del tamaño del útero y de los senos. Sin embargo, también se registran algunos cambios más discretos en los sistemas circulatorio, respiratorio, urinario y digestivo.

El conjunto de los complejos procesos de transformación de materias y energía que se produce constantemente en el organismo, conocido como *metabolismo*, al igual que las secreciones hormonales, también indican que estos sistemas se adaptan a la nueva situación.

CUIDADO CON LOS PRIMEROS MESES

No todas las futuras madres sufren ligeros malestares y, si los tienen, no todas los padecen con la misma intensidad. Por regla general, se manifiestan a lo largo del primer mes y desaparecen al principio del segundo trimestre. Si está embarazada, es el momento de acudir a una primera consulta médica. Hay que tomar ciertas precauciones (higiene alimenticia y modo de vida) a partir de los dos primeros meses.

El útero y los pechos

El útero empieza a crecer desde el principio del embarazo. En nueve meses, su peso pasará de unos 50 o 60 g a más de 1 kg; su altura, de 6,5 cm a 32-33 cm, y su capacidad, de 2 o 3 mililitros a 4 o 5 litros (estas cifras son promedios que varían ligeramente según las mujeres y los embarazos). Al mirar su cuerpo, la madre sólo verá auténticas modificaciones a partir del 4.º o 5.º mes, pero, al cabo de un mes o un mes y medio, el médico ya podrá, mediante la palpación, apreciar la transformación del útero: de la inicial forma triangular ha pasado a ser redondo, se ha flexibilizado y ya ha alcanzado el tamaño de una naranja.

Esta evolución proseguirá a lo largo de los meses. Los órganos como el estómago, los intestinos y la vesícula se irán adaptando, mientras que la pared del vientre, elástica, se distenderá poco a poco. La figura también cambiará y puede que el tronco se arquee, tirando hacia atrás los hombros para compensar el peso del abdomen.

Los pechos también empiezan a hincharse y aumentar de peso desde los primeros meses. Este desarrollo se acompaña a veces de picores y punzadas. Al cabo de unas pocas semanas los pezones sobresalen, la areola se oscurece, se abomba y aparecen pequeños bultos (los tubérculos de Montgomery).

Las venas de los pechos, que suelen estar muy irrigados durante el embarazo, se hacen más visibles. En algunas ocasiones, a partir del 4.º mes, rezuma de los pezones un líquido amarillento y viscoso: se trata del calostro. Si usted tiene pensado dar de mamar, el calostro constituirá el primer alimento del bebé después del parto (rico en albúmina y vitaminas, también servirá de purgante para el recién nacido, *véase* p. 140), ya que la auténtica leche no aparece hasta tres o cuatro días después del nacimiento.

La circulación de la sangre

La misión de la sangre de la madre es suministrar las sustancias necesarias para el desarrollo del feto y eliminar los desechos, utilizando como intermediario un órgano que se crea ex profeso durante el embarazo: la placenta (*véase* p. 33).

PIERNAS PESADAS Y VARICES

La sensación de pesadez en las piernas puede resultar molesta aunque no se tengan varices; pero sepa que no conlleva necesariamente su aparición.

• No esté de pie durante mucho tiempo seguido.

• Duerma con las piernas elevadas (con un cojín o una almohada a los pies de la cama, bajo el colchón).

• Intente descansar durante el día, si es posible tumbándose con las piernas descubiertas.

• Evite los masajes en las piernas excesivamente enérgicos.

La sangre

Durante la gestación, todos los vasos sanguíneos se dilatan y el volumen de sangre materna aumenta en un litro y medio aproximadamente: pasa de 4 a 5 o 6 litros. Los glóbulos rojos quedan así disueltos en una mayor cantidad de plasma —parte líquida de la sangre. Como las necesidades de hierro aumentan, para prevenir una anemia por carencia de este elemento, se prescribe a la futura madre un suplemento durante el curso del embarazo.

Las venas

El crecimiento del útero, que a lo largo del embarazo pasa de 50 a 1 500 g y de 6 a 33 cm de largo, dificulta a veces el retorno de la sangre desde los miembros inferiores hacia el corazón; las piernas tienen tendencia a hincharse y existe riesgo de aparición de varices. Si la vena cava inferior, que devuelve la sangre al corazón, queda comprimida por el útero, se pueden sufrir molestias, especialmente cuando se está acostada sobre la espalda. Para evitarlas, basta con desbloquear dicha vena: lo mejor es acostarse sobre el costado izquierdo, ya que la vena cava inferior pasa a la derecha del útero.

El pulso

La frecuencia cardíaca se acelera entre 10 y 15 latidos por minuto, incluso durante el sueño, y algo más en caso de que sean gemelos. Suele oscilar entre 60 y 90 latidos por minuto. El gasto cardíaco aumenta en un 30 o un 50% desde el final del primer trimestre hasta el final del embarazo. El corazón late más deprisa porque tiene que bombear más sangre y todo el sistema cardiovascular se adapta a los esfuerzos adicionales que inevitablemente hay que realizar durante el embarazo.

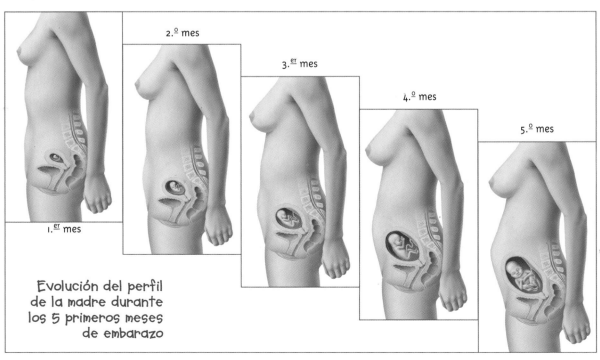

2.º mes

3.ᵉʳ mes

4.º mes

5.º mes

1.ᵉʳ mes

Evolución del perfil de la madre durante los 5 primeros meses de embarazo

La tensión arterial

Baja ligeramente durante los dos primeros trimestres del embarazo porque los vasos sanguíneos están dilatados. Al acercarse el final del mismo, la tensión vuelve a sus valores anteriores (de antes del embarazo), pero no debe sobrepasar el valor 14/9.

La respiración

Es posible que note que su voz cambia de tono o tiene ciertas dificultades para respirar por la nariz. Las modificaciones hormonales debidas al embarazo (*véase* p. 22) a veces provocan una congestión pasajera de la mucosa de la laringe, la tráquea y los bronquios.

Durante la última parte del embarazo, disminuyen el tono y la actividad de los músculos abdominales. El útero ha ido empujando poco a poco hacia arriba el músculo esencial de la respiración, el diafragma, lo que reduce sus movimientos; la respiración pasa a ser «alta» o torácica. Por otra parte, la madre también respira por su bebé, cuyos pulmones no funcionarán hasta el parto; en cada inspiración, hay que obtener entre un 10 y un 15% de aire más de lo normal sin acelerar la respiración. Esta «hiperventilación» tiene, además, la ventaja de beneficiar al feto, ya que hace bajar la presión de dióxido de carbono.

La digestión

Al igual que la vejiga o el estómago, el intestino se encuentra comprimido por un útero que no para de crecer. Sin embargo, los órganos maternos se adaptan y dejan sitio al feto, al líquido amniótico y a la placenta. Al parecer, es el efecto de las hormonas lo que más perturba el funcionamiento del sistema digestivo y provoca a veces ciertas molestias.

La boca

La secreción de saliva aumenta repentinamente al principio del embarazo. Las encías se vuelven más sensibles y sangran durante el cepillado. Los complementos de calcio, fósforo o flúor, que recomiendan algunos médicos de forma preventiva durante el embarazo, no protegen contra las caries dentales, que son, al parecer, más frecuentes durante este período.

Hay que limitar el consumo de azúcar y seguir cepillándose los dientes tres veces al día, después de las comidas. Es conveniente visitar con regularidad al dentista para que detecte y trate las caries durante la gestación. Si fuese necesario, se pueden efectuar radiografías dentales con ciertas precauciones (*véase* p. 49). Recuerde que tener una buena dentadura garantiza una mejor digestión.

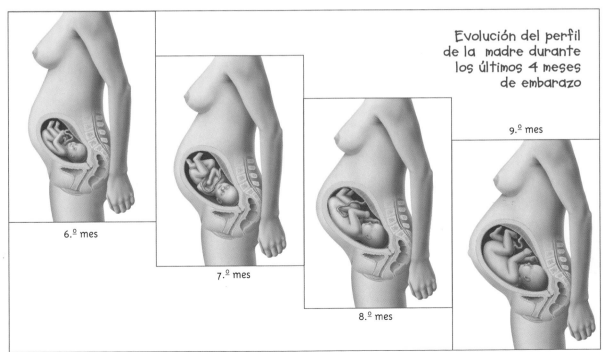

Evolución del perfil de la madre durante los últimos 4 meses de embarazo

6.º mes

7.º mes

8.º mes

9.º mes

El esófago y el estómago

Alrededor del 4.º mes de embarazo puede aparecer una sensación de ardor que surge del estómago y sube por el esófago hasta la garganta. Se trata de la *pirosis*, fenómeno que persistirá hasta el parto y que muchas veces se agrava cuando se está acostada. Se debe a un mal funcionamiento momentáneo del sistema que, en condiciones normales, impide que los alimentos ingeridos retornen y vuelvan a subir.

Bajo la influencia de una hormona especialmente activa durante el embarazo, la progesterona, el estómago se vuelve más perezoso, menos tónico, y esto provoca a veces las náuseas que suelen tener algunas mujeres embarazadas. Los alimentos están más tiempo en el estómago, que se vacía con mayor lentitud; de ahí esa sensación inmediata de hartazgo cuando se come.

En cuanto a la perturbación del funcionamiento del hígado, es mínima y, en todo caso, no es responsable de las náuseas del principio del embarazo.

Los intestinos

Al igual que el estómago y la vesícula biliar, los intestinos se distienden por efecto de la progesterona. El tránsito digestivo se ralentiza y puede generar una tendencia al estreñimiento que se puede combatir con una alimentación adaptada (*véase* p. 61). Este inconveniente puede, no obstante, tener un aspecto positivo: la lentitud de la digestión favorece la absorción por parte del organismo de los elementos nutritivos de los alimentos.

EL PESO

Es muy recomendable llevar una alimentación equilibrada. Resulta inútil comer demasiado con el pretexto de que hay que comer por dos y es igualmente inútil, e incluso peligroso para el feto, comer menos para no engordar. Durante el embarazo se engorda 12,5 kg de media, pero esta cifra varía según la altura, el peso y la morfología de la madre. El feto, la placenta y el líquido amniótico transforman inevitablemente el útero, los pechos y la sangre de la futura madre. El volumen total aumenta para alcanzar, al final del embarazo, un peso de 8 kg. A esto se añaden alrededor de 4 kg de reservas de grasa que se acumulan con vistas a la lactancia.

La eliminación de la orina

Al aumentar el peso del feto, el útero comprime la vejiga y se tienen ganas de orinar más a menudo. Además, el volumen de sangre ha aumentado y los riñones, encargados de filtrar y eliminar los desechos y las toxinas de la sangre, trabajan más. Las cavidades renales y los uréteres, que llevan la orina desde los riñones a la vejiga, están dilatados y son menos tónicos al final del embarazo.

Es bueno saber que durante la gestación puede detectarse azúcar en la orina, sin que suponga un diagnóstico de diabetes. Aunque la presencia de azúcar en forma de lactosa es normal durante los últimos meses, la presencia de glucosa es señal de una pequeña anomalía en la filtración del riñón que muchas veces se debe a una hormona, la progesterona, que ralentiza las funciones renales.

Las modificaciones hormonales

El embarazo va acompañado de complejos procesos hormonales que permiten al organismo adaptarse a sus nuevas necesidades. Producidas por los ovarios cuando la mujer no está en estado y por la placenta durante el embarazo, estas hormonas son esenciales en la vida sexual y genital de la mujer: se trata, especialmente, de la progesterona y de los estrógenos.

El equilibrio entre estas hormonas permite la implantación del huevo en el útero; también son estas hormonas las que garantizan la supervivencia del feto gracias a su acción sobre los músculos lisos, como el útero, que impide las contracciones uterinas durante el embarazo. La única hormona que sólo se segrega a lo largo del embarazo (*véase* p. 18) es la hormona gonadotropina coriónica, que interviene en el mantenimiento del cuerpo amarillo al principio del mismo. A lo largo de la gestación, entrarán en juego otras hormonas, como la prolactina, que activa la modificación de los pechos con vistas a la lactancia, y la oxitocina, bajo cuya influencia se desencadenará el parto (*véase* p. 119).

La adaptación del metabolismo

Las transformaciones químicas que, durante el embarazo, permiten al organismo satisfacer las necesidades de energía, reparar y producir nuevos tejidos y elaborar sustancias vitales no son tan espectaculares como las mencionadas más arriba. Sin embargo, son fundamentales, tanto para la madre como para el futuro bebé.

La alimentación adquiere en este punto toda su importancia porque de ella dependen las aportaciones de calcio, proteínas, hierro, vitaminas, grasas, etc., que necesita el futuro hijo para pasar de un grupo de células, invisibles a simple vista, a convertirse en un ser humano de más de 3 kilos en el momento del parto. El agua, la sal, los lípidos (grasas), los azúcares y las proteínas se transforman para suministrar al feto los elementos nutritivos que puede asimilar su propio metabolismo.

El agua y la sal

Durante el embarazo, para compensar la pérdida de sal debida al aumento del nivel de progesterona, el organismo retiene más agua y sodio. En un tercio de las mujeres en estado, esta retención provoca la aparición de edemas en las piernas, los tobillos o los pies. Si no son generalizados y no están asociados a una hipertensión arterial, los edemas no son peligrosos, aunque hay que vigilarlos y aliviarlos, por ejemplo, con cremas a base de tónicos venosos y, sobre todo, con el uso de medias elásticas. En todos los casos, un régimen bajo en sal resulta inútil y puede ser nocivo.

Los lípidos

El nivel de lípidos aumenta durante el embarazo. De los que circulan por la sangre, la placenta transforma el colesterol, que sirve para producir progesterona y es utilizado por el feto para fabricar otras hormonas. Durante los cuatro primeros meses, el organismo materno almacena reservas de grasa que utilizará más tarde para sus propias necesidades energéticas.

Los azúcares

Durante el embarazo, el organismo utiliza todos sus recursos para producir glucosa y favorecer el suministro de este preciado «carburante» al feto, ya que desempeña un papel fundamental en su propio metabolismo.

Las proteínas

Constituyentes esenciales de la célula, las proteínas son indispensables para la síntesis de nuevos tejidos. Intervienen en cada una de las etapas de las transformaciones metabólicas de los organismos de la madre y el feto. Durante el embarazo, la madre tendrá que consumir alrededor de un 25% más de proteínas; las encontrará en la carne, el pescado y los huevos (*véase* p. 60).

A LO LARGO DE LOS MESES

☀ **1.er mes.** Ya no tiene la regla —es el signo más espectacular— y los pechos empiezan a crecer discretamente. Su cuerpo cambia. Algunas mujeres tienen pequeñas molestias.

☀ **2.º mes.** «Eso» todavía no se ve, pero los pechos se dilatan. Náuseas, irritabilidad, pesadez en las piernas, salivación excesiva, estreñimiento, frecuente necesidad de orinar, etc., son las reacciones normales del organismo que se adapta. También tiene a menudo ganas de dormir durante el día. Intente descansar más.

☀ **3.er mes.** El útero tiene ya el tamaño de un pomelo. ¿Quizá se siente usted mejor? Empieza a engordar, vuelve el placer por la comida: cuidado con la glotonería.

☀ **4.º mes.** El fondo del útero llega a la altura del ombligo. ¿Tiene mucho calor y suda? Es normal y es bueno: permite eliminar los desechos producidos por su organismo y el del bebé. El estómago y los intestinos se vuelven algo perezosos. ¡Cuidado con el estreñimiento!

☀ **5.º mes.** Consume cada día de 500 a 600 calorías más de lo habitual. El vientre se ha redondeado claramente. Tiene cierta sensación de ahogo, aunque ésta se atenuará cuando el bebé baje para encajarse en la pelvis. Piense también en sus riñones: beba mucho, ayuda a eliminar.

☀ **6.º mes.** Engorda de 400 a 500 g por semana. Siga comiendo de forma equilibrada y haga un poco de gimnasia. ¿Duerme mal? Intente cambiar de posición, en especial acostándose sobre el lado izquierdo.

☀ **7.º mes.** Su corazón late más deprisa, la sangre circula más rápido, los órganos funcionan «al máximo de revoluciones», pero todo va bien.

☀ **8.º mes.** Se siente pesada. Tiene contracciones uterinas aisladas y le sorprenden algunos dolores difusos. Gracias al juego de las articulaciones, la pelvis empieza a ensancharse para posibilitar el paso del bebé, que se pone en posición para bajar. Si todavía no lo hace, empiece a tomar calcio (leche y queso) todos los días.

☀ **9.º mes.** El útero ha multiplicado su peso por 10 y su volumen por 500. El minúsculo huevo de los primeros días se ha convertido en un niño de 3 kg. Sus gestos son torpes: el centro de gravedad se ha desplazado. Tenga lista la maleta, pero no se ponga nerviosa. El parto puede llegar entre la semana 38.ª y la 41.ª sin que se pueda prever el día D.

El futuro bebé mes a mes

Estas ocho espectaculares páginas permiten seguir, semana a semana, la formación y la evolución del futuro bebé antes del nacimiento.

EL 1.er MES

El embrión empieza a formarse en el huevo.

1.ª semana

El huevo, que surge de la fecundación, se desplaza a lo largo del tercio externo de la trompa uterina hacia la cavidad uterina, donde se implantará. Durante el proceso de esta migración, experimenta varias multiplicaciones celulares.

2.ª semana

Se producen dos fenómenos importantes.

- El huevo se fija en la mucosa del útero: es la nidación. Iniciada el 6.º o 7.º día, termina el 12.º día y marca verdaderamente el comienzo del embarazo.
- En el huevo se forma el «disco embrionario», constituido por dos capas de células, u hojas: las células se multiplican y se diferencian para formar una estructura compleja. El diámetro del huevo es de alrededor de un milímetro.

4.ª semana: *El huevo se ha convertido en un embrión con forma de judía que mide 5 mm y flota en medio de la cavidad amniótica. Los futuros órganos han empezado a formarse.*

3.ª semana

Comienza a formarse la futura placenta, aparecen esbozos de vasos sanguíneos y de células sexuales, así como una tercera hoja del disco embrionario. Cada una de las tres hojas va a dar origen a tejidos especializados, que a su vez serán el origen de todas las demás células y, por lo tanto, de todos los órganos. Por ejemplo, de la hoja interna (endodermo) derivarán los órganos del aparato digestivo y los del aparato respiratorio; el sistema nervioso y los órganos de los sentidos se formarán a partir de la hoja externa (ectodermo); mientras que la hoja media (mesodermo) será el origen del esqueleto y de los músculos.

4.ª semana

Es un período de transición entre la formación del embrión (embriogénesis) y la de los órganos (organogénesis) del futuro bebé. Los primeros latidos cardíacos se manifiestan hacia el 23.º día. El embrión adquiere su forma definitiva: se parece a una judía, con unas yemas que se convertirán en miembros; los órganos empiezan a desarrollarse. El embrión flota en medio de la cavidad amniótica, unido a la parte externa del huevo por el cordón umbilical, que se está formando. Al final de este primer mes, el embrión mide 5 mm.

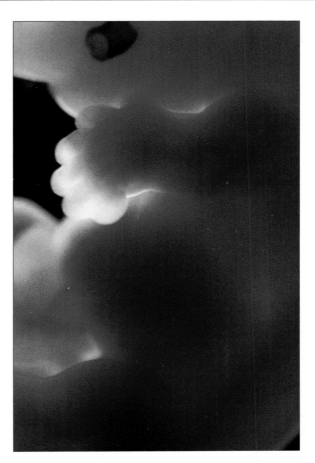

7.ª semana: El embrión mide 2,5 cm. Los miembros y los dedos se individualizan. Los elementos que van a constituir la cara aparecen más claramente: se distingue en esta imagen la protuberancia del ojo izquierdo.

EL 2.º MES

Del embrión al feto.

5.ª-6.ª semanas

Se forman los dientes. El corazón se ha hecho tan grande que forma una pequeña protuberancia; se dibujan las cuatro cavidades cardíacas. Se desarrollan el estómago, el intestino, el páncreas y el aparato urinario.

7.ª-8.ª semanas

Se individualizan los dedos de las manos y los pies, y los diversos segmentos de los miembros. Se empiezan a formar las glándulas sexuales. Paralelamente, se desarrollan los músculos y los nervios, al igual que la médula ósea. Los elementos de la cara se ven con mayor nitidez: dos pequeñas prominencias corresponden a los ojos; dos hoyuelos, a las orejas; y una pequeña abertura, a la nariz y la boca. Al final de este segundo mes acaba el período embrionario; cuando han aparecido los distintos esbozos de órganos, el embrión toma el nombre de *feto*. Al final de esta fase, lo que todavía no es más que un embrión mide entre 3 y 4 cm y pesa de 2 a 3 g.

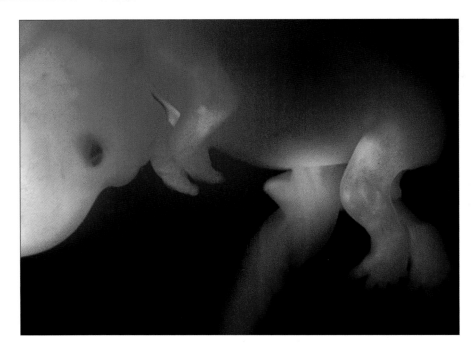

3.er mes: El embrión se ha convertido en feto. El feto está bien instalado en la cavidad del útero. Sus órganos están ahora en su sitio y las diferentes funciones fisiológicas, listas para desempeñar su papel.

EL 3.er MES

¿Es niño o niña?

9.ª-10.ª semanas

El hígado se ha desarrollado considerablemente; aparecen los riñones definitivos y el feto empieza a verter orina en el líquido amniótico. La cara se ve muy bien porque la cabeza se ha enderezado y, progresivamente, adquiere una forma más «humana»: el rostro está casi constituido. Los ojos, que estaban muy separados y situados a cada lado de la cabeza, están ahora de frente, recubiertos por los párpados; se dibujan los labios; y las orejas son como dos pequeñas ranuras. Los miembros se alargan, en especial los brazos.

11.ª-12.ª semanas

Aparecen los primeros huesos. El feto ha empezado a moverse, aunque tan débilmente que la madre todavía no puede notarlo. Se trata de movimientos no relacionados con ningún tipo de estímulo. Sin embargo, gracias al estetoscopio de ultrasonidos, los padres pueden oír los latidos del corazón de su futuro bebé. A lo largo de este mes se diferencian los órganos sexuales: los órganos sexuales masculinos se hacen patentes, aunque no sean visibles en la ecografía.

13.ª semana

Ya se puede medir la cabeza por medio de ultrasonidos. A partir de esta medición se calcula, con un margen de error de algunos días, el final del embarazo (y por tanto la fecha teórica del parto). El feto mide ahora 12 cm desde la cabeza hasta los talones y pesa 65 g.

4.º mes: *Las manos están completamente formadas, se desarrolla el sentido del tacto. Si el feto toca el cordón umbilical con las manos, reacciona a ese contacto alejándose del «objeto» que ha encontrado.*

EL 4.º MES

Visible en la ecografía.

14.ª-15.ª semanas

Empieza a desarrollarse el sentido del tacto: por ejemplo, ya se han formado los receptores de la sensibilidad cutánea de los dedos. El aparato gustativo también empieza a funcionar y el feto se familiariza con el sabor del líquido amniótico en el que flota y que absorbe por la piel o tragándolo. La cabeza tiene un aspecto menos desproporcionado con respecto al resto del cuerpo. Las manos están completamente formadas.

16.ª-18.ª semanas

La piel ya no es tan fina, aunque sigue siendo transparente y deja ver los vasos sanguíneos. El cabello crece. Los músculos se fortalecen y los movimientos son más vigorosos: la madre empieza a sentirlos. Pero el esqueleto todavía no está osificado del todo. Para muchos padres, gracias a la ecografía este 4.º mes es también el momento de una revelación: pueden ver a ese hijo del que habían oído los latidos e incluso pueden apreciar cómo se mueve. Al final de este 4.º mes, el feto mide casi 20 cm y pesa 250 g.

← **5.º mes**: *El feto no se aleja ya de lo que toca con las manos (o los pies), como hacía unas semanas antes. Por el contrario, al contacto de sus manos suele abrir la boca e introducir el pulgar.*

EL 5.º MES

Se mueve mucho.

19.ª-20.ª semanas

Si se trata del primer hijo, ahora la madre siente cómo se mueve. Basta con un estetoscopio obstétrico para oír los latidos del corazón.
La multiplicación de las células nerviosas ha llegado a su fin y, a partir de esta semana, el cerebro crecerá unos 90 g cada mes.

21.ª-23.ª semanas

La piel sigue estando arrugada ya que todavía no contiene grasa, pero tiene un color menos rojizo. Hay más cabello en la cabeza. En el extremo de los dedos, ya hay huellas digitales y uñas. La evolución del aparato respiratorio sigue su curso.
La diferenciación sexual ya es completa.
El futuro bebé mide 30 cm y pesa 650 g.

EL 6.º MES

Casi podría vivir fuera del seno materno.

24.ª-25.ª semanas

El feto sigue moviéndose mucho: de 20 a 60 movimientos cada media hora, lógicamente con variaciones a lo largo del día, ya que tiene fases de vigilia y de sueño, y empieza a reaccionar a los ruidos exteriores. Sus rasgos se afinan: se ven las cejas, el perfil de la nariz es más claro, las orejas son más grandes y se destaca el cuello. A menudo, se chupa el pulgar. A veces, tiene hipo.

26.ª-27.ª semanas

Los pulmones alcanzan un estadio de desarrollo importante, aunque no estarán totalmente listos para funcionar hasta el final del 8.º mes. Si el bebé naciese de forma prematura, quizá podría sobrevivir, pero las posibilidades serían mínimas. Ahora mide 37 cm y pesa 1 kg.

6.º–7.º mes: *Aunque el tacto es el primer sentido que se ha desarrollado, ahora todos los órganos sensoriales del futuro bebé están despiertos. Es capaz de oír. Reacciona con movimientos a los ruidos exteriores: portazos, voz de la madre o el padre, que le llegan deformadas, pero que parece distinguir en el medio de por sí muy sonoro en que se baña.*

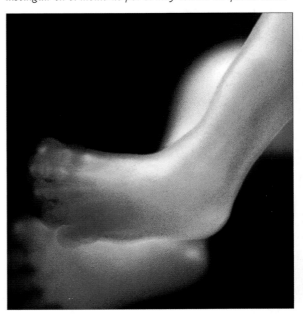

EL 7.º MES

Ya oye.

28.ª-29.ª semanas

Los movimientos respiratorios del feto son cada vez menos desordenados. Los ojos ya se abren por completo. El estómago y el intestino funcionan; los riñones están casi formados, aunque no estarán del todo preparados hasta después del parto. El oído definitivo ya está en su sitio desde el final del 6.º mes y el feto es sensible a los sonidos y lo manifiesta: se sobresalta con los ruidos de las puertas que se cierran de golpe, se agita o se calma según la música que escuchan sus padres...

30.ª-31.ª semanas

El futuro bebé ha crecido tanto que el útero le empieza a resultar algo estrecho: se mueve mucho menos. Al final de este 7.º mes mide 42 cm y pesa 1,5 kg o algo más.

EL 8.º MES

Termina de prepararse.

32.ª-33.ª semanas

Suele ser el momento que elige el feto para adquirir la posición definitiva para el parto; la mayoría de las veces, con la cabeza hacia abajo y las nalgas arriba. Los huesos siguen alargándose y ensanchándose. El futuro bebé traga mucho líquido amniótico y orina mucho.

DEL EMBRIÓN AL BEBÉ

	Peso	Tamaño
1.er mes		5–7 mm
2.º mes	2–3 g	30–40 mm
3.er mes	65 g	12 cm
4.º mes	250 g	20 cm
5.º mes	650 g	30 cm
6.º mes	1 kg	37 cm
7.º mes	1,5 kg	42 cm
8.º mes	2–2,5 kg	47 cm
9.º mes	3 kg	50 cm

34.ª-35.ª semanas

La placenta ha adquirido dimensiones importantes a causa del gran volumen de lo que el feto absorbe y de los desechos que elimina. El bebé mejora su aspecto: le cubre la piel una pequeña capa de grasa; poco a poco, el vello va siendo sustituido por una capa protectora, llamada vernix caseosa, que, a su vez, también desaparecerá. El futuro bebé pesa 2,5 kg y mide 47 cm.

EL 9.º MES

Va a nacer.

36.ª-37.ª semanas

La piel está lisa. La capa de vernix se ha desprendido parcialmente y flota en el líquido amniótico. El cráneo todavía no está del todo osificado: las dos fontanelas, espacios membranosos que hay entre los huesos, se cerrarán algunos meses después del nacimiento.

38.ª-39.ª semanas

El futuro bebé dedica estas últimas semanas, sobre todo, a fortalecerse y ganar peso, y a crecer. Casi no se puede mover y seguramente estará encantado de poder salir. Al final de este mes pesa por lo general unos 3 kg y mide 50 cm.

8.º mes: El bebé ha engordado y ha crecido mucho. Ocupa casi todo el espacio disponible, se encuentra cada vez más estrecho y tiene dificultades para moverse. Dentro de poco estará más a sus anchas, fuera de este medio líquido.

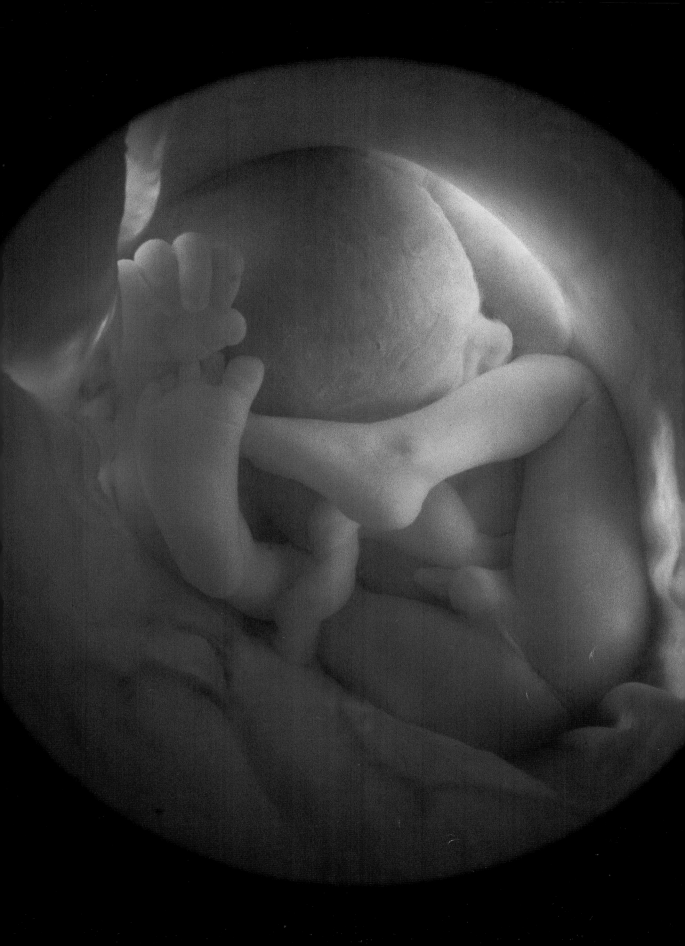

La vida del futuro bebé en el útero

Durante los nueve meses que pasa dentro del útero de la madre, el futuro bebé se desarrolla de forma extraordinaria: nunca más, después del nacimiento, el ser humano experimentará semejantes transformaciones.

En la actualidad, se sabe mucho más que hace unos años sobre cómo se forman y empiezan a funcionar los principales órganos del bebé. Sin embargo, quedan muchos interrogantes por contestar. Los mecanismos que intervienen son bastante complejos. Algunos, como los que permiten alimentarse al futuro bebé, requieren órganos particulares, como la placenta, que son indispensables en el embarazo y sólo existen durante ese período. Los medios de que disponemos hoy en día, en especial la ecografía, demuestran que, bajo formas imperceptibles para la madre, el embrión manifiesta una importante actividad desde el principio del embarazo.

Hacia el 4.º mes, la madre empieza a notar que el niño se mueve. Las famosas «patraditas» serán quizá para ella la verdadera señal de que vive y crece un niño en su interior. Estos movimientos son la demostración de una vitalidad que se ha iniciado mucho antes de que la madre pueda darse cuenta. Los movimientos del cuerpo y los latidos del corazón traducen también el despertar de los sentidos del feto y su actividad dentro del útero, incluso aunque en los dos últimos meses del embarazo tendrá que portarse mejor por falta de espacio.

LA PLACENTA: UN FILTRO, MÁS QUE UNA BARRERA

Cuidado: casi todos los medicamentos atraviesan el filtro placentario. La placenta tampoco protege completamente al feto de los virus, bacterias o parásitos que pueden provocar una infección. No obstante, este hecho no es automático y el peligro depende del estadio del embarazo y del seguimiento médico. En todos los casos, consulte con su médico y nunca tome medicamentos sin su consejo.

Primero, se alimenta

Para desarrollarse, el futuro bebé necesita «alimentos» y oxígeno; a medida que se forma, el organismo también tiene que deshacerse de residuos que hay que eliminar. Estos intercambios se operan con el cuerpo de la madre, al que el feto está conectado mediante unos «anexos»: la placenta y el cordón umbilical, a los que hay que añadir el saco amniótico (o bolsa de las aguas), es decir, las membranas y el líquido que rodean al feto. Estos anexos, que se han formado después de la fecundación, se eliminarán (después del nacimiento del niño) en el momento del parto llamado *alumbramiento* —salvo el líquido amniótico, que se evacua antes del nacimiento.

El líquido amniótico: el medio en el que vive el niño

A medida que aumenta de volumen, el embrión se aleja de la zona de implantación en la pared del útero. Al mismo tiempo, se forma una cavidad a su alrededor: es lo que vulgarmente se llama *bolsa de las aguas*. Rápidamente, dicha bolsa se llena de líquido. También aumenta de tamaño y acaba por ocupar completamente el útero hacia la 10.ª semana. El futuro bebé vivirá en esta cavidad durante los nueve meses de gestación, flotando en el líquido amniótico (que toma su nombre de la membrana que lo rodea, el *amnios*).

El líquido amniótico desempeña varias funciones: mantiene al feto a temperatura constante, le permite moverse, lo protege de los golpes y de los microbios que podrían llegar del exterior por la vagina; también aporta al niño agua y sustancias nutritivas que el feto absorbe a través de la piel o tragándolas. El feto elimina parte de este líquido cuando orina. El líquido amniótico se renueva constantemente. El estudio de su color y de las sustancias que contiene sirven para conocer el estado de salud del feto (*véase* p. 48).

Pero el bebé se alimenta principalmente con los elementos que transporta la sangre de la madre y que llegan por el cordón umbilical a través de la placenta.

La placenta

Placenta significa en latín 'torta'. En efecto, este órgano tiene la apariencia de una torta pegada al útero con dos caras. Una de las caras proviene de la transformación de la mucosa del útero en la zona donde se implantó el huevo (generalmente, en el fondo del útero), y la otra procede del embrión. El cordón umbilical, que une el embrión con la placenta está fijado a esta «cara fetal». El cordón contiene tres vasos sanguíneos: dos arterias para la circulación de la sangre del feto hacia la placenta y una vena para la circulación de la sangre de vuelta hacia el feto.

• *Una zona de intercambios entre madre e hijo.* Justo al principio del embarazo, el huevo está envuelto por una capa de células llamada *trofoblasto*: es la futura placenta. Estas células, que garantizan la nidación del huevo en el útero, se introducen en la mucosa uterina. Allí, proliferan y producen múltiples brotes. Así se forma una especie de árbol frondoso, con ramas muy enmarañadas que se dirigen hacia los vasos sanguíneos que irrigan el útero de la madre. La sangre del feto, por su parte, irriga las miles de pequeñas yemas situadas en el extremo de las ramas. Los intercambios (*véase* más adelante) se verifican entre ambos lados de las paredes de las yemas, sin que las dos sangres se mezclen.

La placenta se constituye entre la 4.ª semana y el 4.º mes del embarazo: está bien delimitada a partir del 3.er mes y los intercambios con el feto no están del todo establecidos hasta el inicio del 4.º mes. Luego, la placenta crece paralelamente al desarrollo del útero. Al final, se parece a un disco esponjoso de 20 cm de diámetro y 3 cm de grosor, y pesa de 500 a 600 g.

• *Una «torta» muy nutritiva para el feto.* Durante mucho tiempo se pensó que las circulaciones sanguíneas del feto y de la madre estaban en comunicación. Sin embargo, los fisiólogos han demostrado que existe una independencia absoluta entre las dos circulaciones y han definido el papel de la placenta como el de un filtro especializado situado entre la madre y el feto.

La sangre de la madre llega a la placenta por las arterias del útero. Las sustancias nutritivas y el oxígeno que transporta atraviesan el filtro placentario y, a tra-

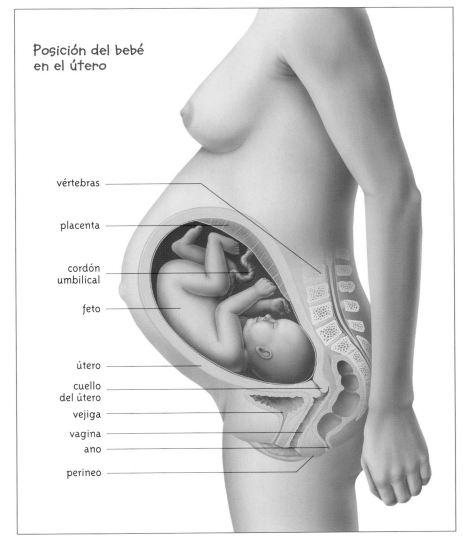

Posición del bebé en el útero

vértebras

placenta

cordón umbilical

feto

útero

cuello del útero

vejiga

vagina

ano

perineo

VIGILE LOS MOVIMIENTOS DEL FETO

Al final del embarazo, es normal que no perciba
tan a menudo los movimientos enérgicos de su bebé,
ya que tiene menos sitio para moverse.
Pero debe notar cómo se mueve al menos una
vez cada doce horas. Si tiene alguna duda,
en especial a lo largo de los dos últimos meses,
no vacile en ir a la maternidad: los latidos
de su corazón les tranquilizarán a todos.

vés de la vena umbilical, llegan hasta el feto. La sangre del feto llega a la placenta por las arterias umbilicales. Está cargada de desechos y de dióxido de carbono que atraviesan el filtro placentario para pasar a la sangre materna. El organismo de la madre se encarga de eliminarlos (por los riñones y los pulmones), ya que los pulmones del feto sólo funcionan después del parto.

Los intercambios que se realizan en la placenta afectan sobre todo al oxígeno y el dióxido de carbono, al agua, a las sales minerales y a los alimentos. Pero estos intercambios, que no siempre se operan en ambos sentidos, son selectivos. Por ejemplo, los iones (hierro, zinc, magnesio, cobre, yodo) y algunas vitaminas (B, C) atraviesan con facilidad la placenta; otras vitaminas (A, D, E, K) y los lípidos (grasas) sólo pasan en pequeñas cantidades.

La placenta no es sólo el órgano donde tiene lugar este mecanismo de intercambios vitales; también tiene otras misiones, algunas de las cuales todavía no se conocen muy bien: produce, por ejemplo, las hormonas necesarias para el buen desarrollo del embarazo y del feto. El organismo de la madre puede, sin duda, tolerar ese «injerto» que es el feto esencialmente gracias a la placenta.

Se mueve mucho

La primera «actividad» del futuro bebé consiste en los latidos cardíacos regulares y rápidos, que se manifiestan por primera vez hacia la 4.ª semana. Desde la 7.ª semana, el embrión se mueve. Primero se trata de vibraciones del cuerpo y de las extremidades y, luego, de ondulaciones o contorsiones del conjunto del cuerpo. Estos movimientos son espontáneos, independientes de cualquier tipo de estímulo. Hacen que el embrión se desplace, aunque de forma imperceptible para la madre; alcanzarán mayor complejidad a partir de la 10.ª semana.

Realiza algunos movimientos imperceptibles y tiene hipo

La ecografía ha permitido observar otros movimientos, más imperceptibles pero igualmente vitales. A partir de la 15.ª semana aparecen los primeros movimientos similares a los de una actividad respiratoria: dilataciones y contracciones de la caja torácica. Irregulares e intermitentes, se ven interrumpidos por suspiros e hipo (movimientos bruscos del tórax y el abdomen del feto). Este hipo, cuya frecuencia será mayor durante el tercer trimestre, es un fenómeno regular y normal; dura de uno a veinticinco minutos y se repite hasta seis veces al día.

Da «pataditas»

Hacia el 3.er mes los músculos y las articulaciones se han desarrollado y el feto puede mover los brazos y las piernas de forma independiente. Aparecen entonces las «pataditas» (para la madres, se tratará más bien de una sensación de roce en el útero). Algunas son rápidas, potentes y súbitas; otras, lentas y como perezosas. La actividad «rápida» se debe a un fuerte impulso que moviliza todo el cuerpo del feto y lo hace cambiar de posición. La actividad «lenta» sólo afecta a una parte del miembro, por ejemplo, la mano. Estos movimientos, que la madre sólo percibirá a partir del 4.º mes (sobre todo entre la 16.ª y la 20.ª semana), se producen regularmente del 5.º al 9.º mes. Su intensidad aumenta hasta el 7.º mes para disminuir después: a partir del 8.º mes, el bebé ha crecido tanto que el útero le resulta demasiado pequeño para poder moverse a sus anchas, aunque sigue moviéndose (*véase* recuadro).

En la segunda mitad del embarazo, también se distinguen períodos de intensa actividad y otros de tranquilidad que parecen corresponderse con el sueño del feto. Durante el tercer trimestre, el feto duerme al mismo tiempo que su madre y también mientras ésta hace la digestión. En contrapartida, demuestra una mayor actividad física cuando su madre está sometida a una emoción o tiene estrés. De igual forma, reacciona moviéndose a los estímulos exteriores que llegan hasta sus órganos de los sentidos, como por ejemplo un portazo.

Sus sentidos despiertan

Hasta el final del siglo XIX se creía que los bebés eran ciegos y sordos cuando nacían. Hoy en día, se sabe que el feto dispone de sorprendentes dotes sensoriales al menos desde el 6.º mes de embarazo. Durante estos últimos años, varios estudios y experimentos han demostrado estas aptitudes precoces, que permiten al feto percibir estímulos y manifestar su sensibilidad a los ruidos, al tacto, al calor, a la luz, a los sabores... Los descubrimientos más recientes hacen pensar que ciertas reacciones y actitudes del bebé cuando nace sólo son el reflejo de la historia de su vida fetal. Al parecer, el recién nacido guarda en su cuerpo la «memoria» de las sensaciones percibidas en el vientre de su madre.

Aguza el oído

Desde el punto de vista anatómico, el oído interno del feto está totalmente desarrollado a partir de la mitad del embarazo. ¿Acaso quiere decir esto que el feto oye desde entonces todo lo que pasa a su alrededor? Aunque la función auditiva ha sido, sin duda, la más estudiada, las opiniones siguen siendo divergentes: ¿a partir de qué momento oye el feto?, ¿qué oye exactamente?

Lo cierto es que el bebé reacciona dentro del útero a una gran variedad de sonidos. No olvidemos que se encuentra en un medio que es muy sonoro por naturaleza: latidos del corazón de su madre, ritmo del flujo sanguíneo en su propio cordón umbilical o borborigmos en el intestino materno. También se ha podido comprobar que el bebé percibe, al menos en los últimos tres meses del embarazo, ruidos exteriores como los portazos, la voz de su madre o de su padre, la música que escuchan... y que reacciona a esos estímulos por medio de movimientos. Incluso, responde a sonidos de frecuencia demasiado alta (por ejemplo, ultrasonidos) o demasiado baja para un oído adulto.

Unas semanas o meses más tarde, el recién nacido se calmará cuando se acurruque contra el «corazón» de su madre: quizá porque mantiene el recuerdo de los latidos escuchados cuando estaba en el útero.

Aprecia las caricias

Al igual que en todos los órganos de los sentidos, en la piel hay elementos especialmente sensibles a los estímulos: son los receptores de la sensibilidad cutánea. En el futuro bebé, estos receptores aparecen muy pronto (a las 8 semanas, en lo que se refiere a los de la boca y de la cara, a las 11 en los dedos) para alcanzar el nivel máximo de sensibilidad a partir del 6.º o 7.º mes.

Las reacciones provocadas por los estímulos del sentido del tacto evolucionan a medida que el feto se desa-

PARA EVALUAR EL BIENESTAR DEL FUTURO BEBÉ

Los movimientos del embrión y del feto son «respuestas» a los estímulos internos o externos, y los ruidos de su corazón traducen directamente su estado. Estudiar el comportamiento del futuro bebé durante el embarazo es una buena forma de evaluar su desarrollo muscular y su madurez neurológica. Por este motivo, para apreciar el estado de salud del feto, lo que los médicos llaman el «bienestar fetal», se recurre principalmente a la vigilancia de la actividad física y los latidos del corazón. También se controlará sistemáticamente el ritmo cardíaco durante el parto, generalmente con un sensor fijado a un cinturón que se coloca alrededor del vientre de la madre.

rrolla. Al inicio del embarazo, el feto tiene tendencia a alejarse de lo que toca con las manos o los pies: las paredes del útero, el cordón umbilical o algunas partes de su propio cuerpo. Si llega a tocar uno de esos «objetos», por ejemplo, con la planta de los pies, dobla los dedos y sube las rodillas. Al contacto de las manos, la boca se abre, pero gira la cabeza. Por el contrario, a partir del 6.º o 7.º mes, acercará la cabeza a las manos, meterá el pulgar en la boca y se lo chupará (un gesto reflejo que persiste después del nacimiento).

También reacciona claramente cuando se palpa o acaricia el vientre de la madre. Un método particular de preparación al parto, la haptonomía (véase p. 100), utiliza estas posibilidades de contacto para desarrollar la comunicación entre la madre —y el padre— y el bebé que está en el útero. Se cree que estas «caricias afectivas» pueden incluso tener un papel importante en el desarrollo del futuro recién nacido (maduración del sistema nervioso durante el período fetal o relaciones posteriores del bebé con su madre).

Es más sensible al dolor que al frío

El feto no es sólo sensible a las caricias, como lo demuestra la intensidad de sus reacciones durante una intervención médica o quirúrgica practicada en el útero. Por ejemplo, cuando es necesario poner una inyección en el abdomen para una transfusión sanguínea, se provoca claramente una sensación de dolor. Lo mismo ocurre cuando se efectúan manipulaciones in utero:

entonces se observan modificaciones del ritmo cardíaco que podrían ser el reflejo de la incomodidad que experimenta el feto.

El feto es, sin embargo, poco sensible a las variaciones de la temperatura externa, ya que se atenúan ampliamente con el sistema de regulación térmica del cuerpo de la madre y con el líquido amniótico en el que flota el bebé. No obstante, se mueve más cuando el útero está expuesto a un calor intenso, por ejemplo, de un foco —reacción confirmada por el hecho de que, a la inversa, un recién nacido que tiene frío pierde su tono muscular (sufre «hipotonía»).

Es capaz de ver

Se sabe que el desarrollo del ojo se inicia en el 18.º día, que los músculos oculares se forman muy pronto y que los ojos del feto se mueven cuando duerme o cambia de posición. La estructura del globo ocular es definitiva el 7.º mes, momento en el que, además, se abren los párpados. Actualmente, se tiene por tanto la certeza de que el feto —como ocurre en el caso de los hijos prematuros— es capaz de ver a partir de ese 7.º mes.

Pero, ¿qué ve? Sin duda, no hay mucho que ver en su limitado campo de visión (que lo seguirá siendo tras el nacimiento, *véase* p. 139). Sin embargo, los receptores visuales ya parecen ligeramente sensibles a la luz. Por ejemplo, cuando un estímulo es lo bastante intenso y contrastado para atravesar la pared uterina y el líquido amniótico, como puede ser el caso del sol o de un potente rayo de luz artificial, el futuro bebé reacciona moviéndose al cabo de algunos segundos.

Ya le gusta el azúcar

El feto se encuentra en un medio que podríamos calificar de «acuático» y es difícil saber qué percibe con la nariz y a qué es sensible su olfato. Pero, teniendo en cuenta la gran importancia que tienen los olores para el recién nacido (*véase* p. 198), es fácil imaginar que la función olfativa no está absolutamente ausente en el bebé dentro del útero.

Por el contrario, sus reacciones en materia de gusto se conocen mejor. En este terreno, sus facultades están muy desarrolladas, ya que su sistema gustativo es activo a partir del 3.er mes. Su sensibilidad presenta una preferencia pronunciada por los sabores dulces. Si, por ejemplo, se inyecta una solución azucarada en el líquido amniótico, el futuro bebé acelera y multiplica los movimientos de deglución (se constata este mismo fenómeno cuando la madre es diabética, ya que el índice de glucosa del líquido amniótico es también más elevado). Después del nacimiento, seguirá manifestando una clara preferencia por lo dulce (*véase* p. 198).

¿CUÁNDO EMPIEZA A VER, OÍR Y OLER EL FUTURO BEBÉ?

Algunos órganos de los sentidos funcionan desde el segundo trimestre del embarazo, aunque el despertar de los sentidos se produce durante el tercer trimestre.

Final del 3.er mes: el tacto y el gusto

Parece ser que el tacto es el primer sentido que aparece. Los receptores de la sensibilidad cutánea de los dedos, por ejemplo, están dispuestos desde el final de 3.er mes. Hacia la mitad del embarazo, los movimientos de respuesta del feto a las caricias del vientre de la madre son una demostración de su gran sensibilidad al tacto. También es el momento en el que el futuro bebé se familiariza con el sabor (especialmente los sabores dulces) del líquido amniótico que absorbe: desde el final del 3.er mes su sistema gustativo está listo para funcionar.

Final del 6.º mes: la audición y la visión

El oído interno del feto está totalmente desarrollado desde la mitad del embarazo y su sistema auditivo funciona con normalidad entre el 6.º mes y medio y el 7.º (el nervio auditivo es el único nervio absolutamente funcional a partir de esta edad). Pero, ¡es inútil intentar enseñarle ya lenguas extranjeras!

Aproveche para hacerle oír la voz de su padre. Al igual que sucede con la voz de la madre, estos sonidos le llegan de forma completamente deformada, pero lo estimulan, y quién sabe si después del nacimiento no recordará su eco… En cuanto a los órganos de la vista (especialmente la estructura del ojo), están lo suficientemente desarrollados como para permitirle ver a partir del 7.º mes. Por el contrario, no se sabe a ciencia cierta desde cuándo posee olfato, aunque es muy probable que el futuro bebé perciba los olores mucho antes de salir al aire libre.

El seguimiento del embarazo

Desde el diagnóstico del embarazo
hasta la última consulta
antes de dar a luz, cada
visita al médico es una ocasión
para conocer el estado de salud
de la futura madre, detectar
posibles problemas y también
de informarla y aconsejarla,
lo que siempre la tranquilizará.

La primera consulta médica

La primera consulta es un momento esencial para el desarrollo del embarazo. Sirve para diagnosticarlo con certeza, calcular la fecha probable del parto, evaluar el historial médico y solicitar los análisis necesarios.

En principio, el primer reconocimiento prenatal debe realizarse antes del final del primer trimestre, es decir, antes de la 14.ª semana de ausencia de la regla (o amenorrea). Confirma el embarazo y sirve para poner al día el historial médico de la madre y prever el desarrollo de la gestación. También permite definir y prevenir los problemas que podrían requerir una vigilancia médica especial.

Es un buen momento para elegir quién, médico o comadrona, controlará el embarazo y dónde se desea dar a luz.

Varias consultas en una

Sea cual fuere el orden de las preguntas, el médico necesita la ayuda de la madre para poder actuar con eficacia. Para él, esta primera visita representa la posibilidad de conocerla desde el punto de vista médico y personal y, para la madre, la ocasión de hacer balance. El futuro padre no está obligado a acompañarla ni a pasar un reconocimiento médico, pero, si está presente, sus respuestas a las preguntas sobre sus antecedentes —que pueden influir en el futuro bebé— serán de gran ayuda y, por qué no, podrá exponer sus propias dudas.

LOS OBJETIVOS

- **Diagnosticar** el embarazo.
- **calcular** la fecha probable del parto.
- **Evaluar** su historial médico.
- **Detectar** anomalías actuales.
- **Evaluar** posibles riesgos posteriores.
- **Precisar** las existencia de una enfermedad genética.
- **Solicitar** los análisis complementarios necesarios (orina, sangre, determinación del grupo sanguíneo, etc.).
- **Informar, aconsejar y tranquilizar** a la futura madre.

La vida cotidiana

Lo primero que querrá saber el médico es la edad. Le preguntará la fecha y las características de las últimas reglas y establecerá la fecha previsible del parto (*véase* p. 18). Le pedirá que le explique sus costumbres personales, profesionales, familiares u otras.
- Personales: nerviosismo, tabaco, calidad del sueño, toma de medicamentos, alimentación, etc.;
- Profesionales: transportes, cansancio, estrés, horarios, trabajo nocturno, etc.;
- Familiares: otros hijos, ayuda en casa, etc.

No dude en confiarle sus preocupaciones, sean de orden material o psicológico, al igual que los problemas en el trabajo o si tiene cierta sensación de soledad.

El historial médico

Al margen de la afecciones o enfermedades graves (*véase* p. 58) y las operaciones que haya podido padecer, la madre tendrá que enumerar los trastornos que sufre en la actualidad; por ejemplo, debe comentar una alergia, un problema ocular, dolores de espalda, migrañas, etc.

• El historial ginecológico y obstétrico. Una vez más, tendrá que contestar a una serie de preguntas: ¿le reconoce algún ginecólogo? ¿cuándo fue la última consulta? ¿el último frotis? ¿ha tenido problemas ginecológicos en el pasado? ¿qué tratamientos siguió? ¿qué método anticonceptivo usaba antes del embarazo?

¿Es su primer embarazo? No se olvide de precisar si ha sufrido una interrupción voluntaria de embarazo o ha tenido un aborto. ¿Tiene hijos? ¿Cómo se desarrollaron sus anteriores embarazos? ¿Y los partos? ¿Y después del parto? ¿Les dio de mamar? ¿Cuánto pesaban sus anteriores hijos al nacer? ¿Cómo están hoy en día?

• La historia familiar. También tiene su importancia. Es posible que haya oído hablar, en su familia o en la del futuro padre, de una predisposición a una enfermedad hereditaria, como la diabetes o la hemofilia. Si ha consultado a un genetista antes del embarazo, ¿qué recomendaciones le hizo? (*véase* p. 16)

Una evaluación de la A a la Z

Ya está usted preparada para la parte más física del reconocimiento médico general. El médico la pesará, determinará su estatura y controlará su presión arterial. A continuación, pasará a la auscultación cardíaca y pulmonar. Pedirá un análisis de sangre para saber el grupo sanguíneo y el factor Rh, al igual que los del futuro padre (*véase*, más adelante, «La cuestión del factor Rh»).

El examen ginecológico

Se realiza sobre una camilla ginecológica, en la que estará tumbada sobre la espalda con las piernas abiertas y los pies sobre los estribos.

El médico empieza por un control del estado de la vulva y de la tonicidad de los músculos del perineo, que sostienen el conjunto cuello del útero-útero-recto-vagina-vejiga; seguirá con la inspección de la mucosa de la vagina y del cuello del útero, que el médico puede ver a través de un instrumento —el espéculo— que introduce en la vulva para separar las paredes de la vagina y poder examinarla con detenimiento. Cuando hay secreciones de color blanquecino, pérdidas de sangre o lesiones visibles, el médico solicitará que se analicen unas muestras para descubrir, por ejemplo, una posible infección.

Seguidamente, el médico hará una palpación o tacto vaginal introduciendo uno o dos dedos enguantados en la vagina para palpar los ovarios y el útero desde dentro. De esta forma evaluará las modificaciones que ha experimentado este último, sabrá si se ha redondeado y flexibilizado y en qué proporción ha crecido, con lo que podrá comunicarle aproximadamente la edad del embrión o del feto. Para finalizar, realizará un reconocimiento de los pechos y de los pezones.

El diagnóstico del embarazo

En algunos casos es difícil estar seguro de que una mujer está realmente embarazada: si tiene ciclos irregulares y es difícil calcular un retraso de la regla; si se ha quedado embarazada justo después de dejar de tomar un anticonceptivo oral; si el retraso de la regla es demasiado corto para ser significativo o si la interpretación de los síntomas clínicos es errónea debido a una razón especial (retroversión uterina, fibroma, obesidad).

En estos casos, sólo un diagnóstico biológico del embarazo —análisis hormonal de la sangre—, prescrito por el médico, podrá confirmar o descartar el embarazo.

Los exámenes complementarios

En según qué países, algunos exámenes son sistemáticos, mientras que otros sólo se recomiendan. Sea como fuere, todos tienen su importancia para que el seguimiento del embarazo se efectúe en las mejores condiciones.

• Los exámenes más frecuentes:

— análisis de sangre para obtener un recuento celular (hemograma) y determinar los niveles de hemoglobina y de azúcar (glucemia), conocer el grupo sanguíneo y el factor Rh, así como detectar niveles de aglutininas anormales (*véase* más adelante);

LA EXPOSICIÓN AL DIETILESTILBESTROL

Entre 1965 y 1975, se llegó a recetar de manera casi habitual a las mujeres embarazadas un medicamento para evitar el aborto durante el 1.er trimestre: se trata del dietilestilbestrol. Este producto se retiró del mercado en 1975, cuando se descubrió que las niñas que habían estado expuestas al mismo en el útero de su madre podían presentar posteriormente ciertas anomalías en el aparato genital.

Estas anomalías son responsables de esterilidad, abortos espontáneos durante los dos primeros trimestres del embarazo, una tasa de embarazos extrauterinos superior a la media, un riesgo de parto prematuro multiplicado por dos y un significativo riesgo de padecer cáncer del cuello del útero.

Por lo tanto, si usted nació en esa época, intente averiguar, preguntando a su madre o a su ginecólogo, si ha estado expuesta al dietilestilbestrol durante su propia gestación, ya que entonces convendría que fuera vigilada con especial atención. Si lo sabe, el médico podrá diagnosticar lo antes posible un embarazo extrauterino, vigilará el estado del cuello del útero con regularidad, para detectar una amenaza de parto prematuro, y prescribirá reposo, incluso hospitalización domiciliaria si el riesgo es grave. Si las modificaciones del cuello uterino son importantes, puede que efectúe un «cerclaje» al principio o durante el embarazo: esta operación consiste en cerrar el cuello del útero con un hilo; la realiza el tocoginecólogo, la mayor parte de las veces con anestesia general y no suele requerir más de un día de hospitalización (*véase* p. 43).

SIDA Y EMBARAZO

El sida (siglas de «síndrome de inmunodeficiencia adquirida») es una enfermedad vírica que se transmite por vía sexual o sanguínea.

El embarazo no parece tener ninguna incidencia sobre el desarrollo de la enfermedad en una mujer embarazada seropositiva (es decir, portadora del virus sin que presente ningún síntoma de la enfermedad). Por el contrario, en menos de un 10% de los casos, el virus se transmite al feto durante el embarazo.

Las consecuencias para el niño

Los conocimientos actuales no permiten todavía saber por qué se transmite el virus sólo en ciertos casos. Además, es imposible comprobar durante el embarazo si el feto está o no infectado. La punción de sangre fetal está, en estos casos, completamente contraindicada, ya que se correría el peligro de inocular el virus a un bebé seronegativo. Sólo un porcentaje de los niños que nacen seropositivos desarrollan la enfermedad en los dos primeros años de vida. En cuanto al resto, los especialistas no tienen todavía suficientes datos para juzgar la evolución de su estado.

Lo que se puede hacer hoy en día

Cuando se descubre que una mujer es seropositiva al principio del embarazo, se le informa de los riesgos y ella puede llegar a decidir interrumpir su embarazo en cualquier momento. Si prefiere seguir con la gestación, será objeto de una vigilancia médica y obstétrica en la que interviene un médico especialista en enfermedades infecciosas. Además, se administra un tratamiento de carácter preventivo durante el embarazo y el parto para minimizar los riesgos de transmisión materno-fetal. Durante el parto, se refuerzan las medidas higiénicas. Un equipo pediátrico se hace cargo del recién nacido. La lactancia está contraindicada. La madre, lógicamente inquieta, también necesitará una ayuda psicológica adecuada.

— análisis de orina que incluya una determinación de la presencia de albúmina o de azúcar;

— pruebas serológicas para determinar la exposición previa o el padecimiento actual de algunas enfermedades infecciosas, como la rubéola, la toxoplasmosis (enfermedad parasitaria que se contrae al comer carne cruda y que muchas veces transmiten los gatos; *véase* p. 52), la sífilis o la hepatitis vírica;

— pruebas específicas para diagnosticar la infección por el virus del sida si hay antecedentes de situaciones personales o médicas de riesgo (mujeres casadas con hemofílicos, mujeres emigradas de África ecuatorial y del Caribe, mujeres que tienen muchas parejas sexuales, mujeres cuya pareja es bisexual y mujeres toxicómanas que utilizan jeringuilla; *véase* recuadro);

— un frotis cervical y vaginal si el último se llevó a cabo hace más de un año;

— una ecografía para ver si el embarazo se ha iniciado sin problemas.

Los controles posteriores

Puede que después de esta primera consulta y de someterse a todas las pruebas solicitadas queden en su poder los resultados de los análisis, informes u otra documentación: asegúrese de guardar todo muy bien, ya que tendrá que pasar otros reconocimientos médicos en los que serán de utilidad. No considere que se trata de visitas puramente de rutina. Cada una tiene su importancia aunque todo sea siempre normal. En cualquier momento se podría detectar una anomalía que requiriese tratamiento o, incluso, un ingreso en el hospital.

Entre cada visita, anote las preguntas que le surjan y confíe a su médico o comadrona todas sus inquietudes, aunque no le parezcan «razonables». No vacile en solicitar una consulta si detecta el más mínimo problema antes de la fecha establecida para la siguiente visita.

Después de la primera visita, quizá se pregunte quién está mejor preparado para llevar el seguimiento de su embarazo: su médico de cabecera, una comadrona, el tocoginecólogo, ¿por quién decidirse? Su elección no será la misma si vive lejos de un centro hospitalario, si tiene a su disposición los especialistas necesarios o si vive cerca de una maternidad. Exponga estas cuestiones a su médico de cabecera, quien la ayudará a analizar las distintas opciones y tal vez pueda aconsejarla un tocoginecólogo o una comadrona adscritos al servicio de maternidad. Si el seguimiento lo hace al margen del sistema sanitario público, inscríbase desde el principio del embarazo en la maternidad en la que tiene previsto dar a luz (algunas, por cierto, lo exigen). De esta forma tendrá un historial y podrá visitar a los médicos y las comadronas para hacer el seguimiento del embarazo. En todos los casos, hay que solicitar una pronta consulta médica si se detecta una anomalía en el desarrollo de la gestación.

La cuestión del factor Rh

Existen cuatro grupos sanguíneos principales, A, B, AB y O, así como diferentes subgrupos, entre los que el más conocido es el que se establece a partir del llamado *factor Rh*. Se trata de un grupo de sustancias antigénicas que se encuentran en la superficie de los glóbulos rojos y que difieren de una persona a otra. Según presenten o no en la sangre uno de estos factores en concreto, el tipo de sangre se divide en Rh positivo (Rh+) o Rh negativo (Rh–); el 85% de la población es Rh+ y el 15%, Rh–.

¿Qué es la incompatibilidad Rh?

Entre los distintos grupos sanguíneos puede haber incompatibilidades que son la causa de algunos problemas. Si alguien recibe sangre incompatible con la suya, su organismo se defenderá de los agentes intrusos fabricando anticuerpos (llamados *aglutininas*) que atacarán a los glóbulos rojos extraños. Es el caso de las mujeres que son Rh– y han concebido con un hombre Rh+ un hijo a su vez Rh+ (situación que afecta alrededor de un embarazo de cada once).

Normalmente, la sangre del feto y la de la madre no se mezclan. Sin embargo, a veces algunos glóbulos rojos del feto pasan a la sangre de la madre durante el embarazo y, sobre todo, durante el parto, cuando la placenta se libera. El organismo de la madre Rh– los identifica como extraños y comienza a producir anticuerpos: se inmuniza contra estos glóbulos rojos Rh+. Las consecuencias sobre la salud de la madre son nulas, pero pueden perjudicar al niño o, más concretamente, a futuros hijos. Si se fabrican durante un primer embarazo, los anticuerpos no suelen ser lo suficientemente numerosos como para afectar gravemente al primer hijo. Pero esta situación planteará problemas a partir de los siguientes embarazos (siempre y cuando el hijo sea Rh+). Una vez fabricados, los anticuerpos permanecen en el organismo de la madre; pueden, por lo tanto, atravesar la barrera de la placenta, destruir los glóbulos rojos del feto y producir una anemia que podría ser moderada o muy grave y provocar la muerte del niño *in utero*.

EL CÁLCULO DEL TÉRMINO DEL EMBARAZO

El final del embarazo es difícil de prever, ya que depende de la precisión de la fecha de la concepción, una fecha que a veces es complicado definir con exactitud (véase pp. 17–18). Sin embargo, se puede determinar el principio del embarazo (con un margen de tres días) gracias a la medición del embrión, lo que se puede hacer con una ecografía realizada al mes y medio o dos meses de gestación. A partir del 3.er mes, la ecografía proporciona una información menos precisa sobre la edad del feto. Para calcular el final del embarazo, se añaden nueve meses de calendario a la fecha de la concepción, o cuarenta y una semanas a la fecha de la última regla.

¿Cómo prevenir y tratar la incompatibilidad Rh?

Se puede detener la fabricación de estos anticuerpos mediante la inyección de gammaglobulinas que neutralizan los glóbulos rojos Rh+. De esta forma, se administra a la madre Rh– que da a luz a un hijo Rh+ una inyección de gammaglobulinas justo después del parto, antes de que en la propia mujer se active el proceso de inmunización con la producción de anticuerpos. Esta inyección también será sistemática para este tipo de madres en todas las situaciones en las que la sangre pueda pasar del feto a la madre: interrupción de embarazo, aborto, embarazo extrauterino, etc.

Sin embargo, esta prevención sólo es útil cuando la madre no posee todavía anticuerpos. Si la mujer Rh– ya ha desarrollado anticuerpos, la vigilancia del feto durante un nuevo embarazo deberá tener en cuenta imperativamente su grado de anemia. La mayoría de las veces, se provocará el parto entre la 35.ª y la 39.ª semanas para que el bebé nazca antes de que la anemia sea demasiado grave. En los casos más graves o cuando el feto está seriamente afectado antes de alcanzar la madurez suficiente para sobrevivir (alrededor de 30 semanas de embarazo), se tendrá que proceder a una transfusión de sangre mientras está dentro del útero de la madre. Estas transfusiones sólo se practican en centros especializados. Si el embarazo está bastante avanzado, siempre se puede provocar el parto antes de tiempo y sustituir completamente la sangre del recién nacido mediante lo que se llama *exanguinotransfusión*.

¿Dónde y cómo dar a luz?

La familia y los amigos se prodigan en amables consejos, aunque contradictorios; nueve meses parecen una eternidad y usted cree que tiene todo el tiempo del mundo para pensar… Por regla general, tomará la decisión siguiendo las recomendaciones del médico. Pero es bueno pensar desde el inicio del embarazo en qué sitio dará a luz, aunque sólo sea para informarse lo antes posible en el establecimiento deseado.

La elección debe guiarse por criterios como la calidad de los cuidados, el equipamiento del centro, la proximidad al domicilio y, naturalmente, la personalidad y el modo de vida. En todo caso, es indispensable respetar unas debidas reglas de seguridad.

Muchas madres desearían disociar el nacimiento, símbolo de vida, del hospital, símbolo de enfermedad. Cada vez es mayor el interés por el parto en el domicilio o algunas modalidades especiales, como el parto en el agua; sin embargo, estas prácticas siguen siendo muy poco frecuentes. Además, los servicios de maternidad de hospitales y clínicas han mejorado no sólo las condiciones de seguridad sino también el trato con las pacientes.

Dar a luz en una maternidad

Los accidentes relacionados con el parto han disminuido desde que los nacimientos se realizan en el marco médico. Un establecimiento hospitalario tiene todo el personal necesario para el cuidado de la madre y del recién nacido. El equipo básico, disponible las 24 horas del día, se compone de una comadrona, un tocólogo y un anestesista. Si es necesario practicar una cesárea, se incorporan al equipo una enfermera y un auxiliar. Un pediatra se encarga de examinar al recién nacido y está dispuesto a intervenir de urgencia si tiene necesidad de alguna atención especial. La *sala de partos*, en la que tendrá lu-

gar el acontecimiento, está equipada con todo el instrumental requerido para la ocasión y el oportuno material de reanimación por si surge algún problema. Cerca de esta sala hay un quirófano, donde en cualquier momento puede procederse a una cesárea. Siempre se dispone de una incubadora por si hay que mantener al bebé a una determinada temperatura o debe ser trasladado al servicio de neonatología (en el caso de que su estado exija cuidados especializados). En resumen, está todo previsto para la seguridad de la madre y la del bebé.

Cuando se trata de embarazos de riesgo, se precisa una vigilancia particular o se declara una enfermedad durante el embarazo, lo mejor es contar con la perfecta seguridad de un establecimiento especializado, provisto de todos los medios de vigilancia e intervención. Es el caso, por ejemplo, de la necesidad de una operación inmediata del recién nacido en caso de una malformación.

Una vez haya decidido dónde dará a luz, no espere demasiado para pedir hora para una consulta. El equipo del centro se encargará de darle todas las indicaciones necesarias: las consultas que deberá realizar en el centro, los documentos necesarios para completar su historial, los trámites de inscripción para el parto, etc.

Dar a luz en casa

Habitual hace algunas décadas, el parto en el domicilio es hoy en día más bien raro: en los países industrializados, sólo una mujer de cada 1 000 da a luz voluntariamente en su casa, exceptuando los Países Bajos, donde esta proporción alcanza el 30% (aunque, en este país, para prevenir cualquier problema, unas ambulancias-hospital equipadas con material de reanimación aparcan delante del domicilio de la mujer que da a luz). Este sistema tiene sus adeptos y sus detractores. Los médicos no suelen mostrarse muy favorables, por motivos de seguridad.

En casa, las posibles complicaciones que pueden plantearse durante el parto no se pueden diagnosticar ni tratar. Y nunca se pueden excluir los problemas, incluso en los casos de embarazos que se consideran *a priori* sin riesgos. La tasa de accidentes imprevisibles durante un parto (que requieren, por ejemplo, un cesárea en el último momento) es de un 8%. El principal peligro para la madre es que sea víctima de una hemorragia después del alumbramiento; hemorragia que no podría controlarse a tiempo. Tampoco hay que menospreciar la rapidez con la que, a veces, es necesario intervenir para reanimar al recién nacido o evacuarlo a un centro de servicios médicos especializados.

ESCOGER LA MATERNIDAD

Cada centro tiene sus reglas de funcionamiento: infórmese antes. ¿Se le propondrá o impondrá la provocación del parto? ¿Tendrá a su disposición la epidural en cualquier momento? ¿Su hijo estará a su lado o en una nursery? ¿Tendrá una habitación individual, con cuarto de baño y teléfono? ¿Los horarios de visita son flexibles o estrictos? Y finalmente, en los centros privados, ¿cuánto tendrá que pagar?

No obstante, el parto en casa puede tentar a algunas madres que temen el aspecto demasiado técnico y profesional del hospital, y que quieren recibir a su bebé en casa, con el padre, en un ambiente más íntimo y cálido. Un parto domiciliario se prepara con antelación. Tendrá que estar presente un tocólogo o una comadrona. También habrá que prever la posibilidad de evacuación urgente de la madre o el hijo a un centro hospitalario.

Dar a luz en el agua

El agua tiene propiedades relajantes y parece que acelera la dilatación del cuello del útero. Estas propiedades han llevado a explorar la posibilidad de dar a luz dentro del agua; una opción que se ofrece en algunas maternidades. Sin embargo, este método está poco extendido, ya que requiere un equipo adecuado y una vigilancia médica constante. Es indispensable la proximidad del quirófano para acelerar el nacimiento en caso de urgencia o para tratar a la madre si se presentan dificultades.

El parto se desarrolla normalmente en dos tiempos: primero en el agua, para la fase de dilatación del cuello del útero, y luego fuera del agua, en la camilla de partos, para la fase de expulsión. Una vez se ha iniciado el parto, la madre está, alternativamente, un cuarto de hora en una bañera llena de agua y un cuarto de hora en la camilla de partos para que la comadrona pueda controlar los latidos cardíacos del niño. Como es lógico, la bañera está esterilizada y su forma particular permite adoptar muchas posturas. Se añade agua caliente o fría al gusto de la madre. Un poco antes de la expulsión, la madre pasa a la camilla de partos donde se desarrollará el nacimiento propiamente dicho en las mismas condiciones que un parto clásico (*véase* p. 121).

♀ QUISIERA SABER

¿Es necesario que el padre esté presente en la primera consulta?

♀ No es indispensable, pero puede ser útil. Algunas de las preguntas que hace el médico le afectan directamente. Por ejemplo, el padre debe comentar si padece o ha padecido una infección transmisible que pueda haberse contagiado a la madre. Es importante saber si en su familia hay gemelos, una predisposición a la obesidad o la hipertensión, antecedentes de una enfermedad con componentes hereditarios, como la diabetes, o de alguna anomalía propia del recién nacido, como la luxación congénita de cadera.

¿Hay que abandonar todas las actividades deportivas durante el embarazo?

♀ Desde luego que no. Pero, cuidado con confundir actividad con exceso. La marcha, la natación o la gimnasia la ayudarán a prepararse para el parto.

¿El tabaco representa un riesgo para el bebé?

♀ Sí. Una madre que fuma 10 cigarrillos diarios corre más peligro de dar a luz un niño de poco peso.

¿Qué es un cerclaje?

♀ El cerclaje consiste en cerrar el cuello del útero con un hilo (que el tocólogo quitará unos días antes de salir de cuentas). Esta operación se hace bajo anestesia general entre los 2 meses y medio y los 3 meses de embarazo. Acompañado de un reposo absoluto durante la gestación, el cerclaje permite prevenir un parto prematuro.

¿Se debe informar de una miopía o cualquier otro problema ocular?

♀ Sí. Puede ocurrir que la capacidad de visión disminuya durante el embarazo. Las mujeres que llevan lentes de contacto pueden constatar una disminución de la hidratación del ojo. La miopía puede empeorar; es prudente consultar al oftalmólogo.

¿A partir de cuándo se nota que el niño se mueve?

♀ Es a partir del 5.º mes cuando se empieza a notar cómo da «patadas», aunque haya empezado a moverse antes. Su fuerza crecerá en el 6.º mes; después, por falta de espacio, se verá obligado a refrenar sus impulsos.

¿Cuántos kilos se engorda?

♀ Varía, según el peso habitual y la altura de la madre, entre 10 y 20 kilos. De media, aumenta entre 10 y 12 kilos.

¿Es peligroso para el niño el herpes genital?

♀ La infección por herpes puede tener graves consecuencias en el sistema nervioso del bebé. Un brote de herpes genital en el momento del parto justifica automáticamente una cesárea.

El seguimiento médico del embarazo

El seguimiento del embarazo tiene como objetivo comprobar su buen desarrollo, detectar los problemas que podrían afectar a la madre o al futuro bebé y prevenir los riesgos de un parto prematuro.

Las consultas y los reconocimientos regulares se han convertido en uno de los gajes de los embarazos —y de los partos— que se desarrollan en las mejores condiciones médicas. ¿Son demasiado médicas? Es posible. Pero representan la garantía de una seguridad que no ha dejado de mejorar durante estos últimos años, tanto para la madre como para el hijo. Para una mujer embarazada, limitar los riesgos no es sólo aprovecharse de técnicas de control sofisticadas como la ecografía, sino también tomar ciertas precauciones, especialmente en lo que se refiere a medicamentos, vacunas y radiografías.

Las consultas

La primera consulta que debe realizarse entre las 2 y 4 semanas de retraso de la regla; irá seguida generalmente por una visita médica mensual hasta el octavo mes del embarazo, y a partir de entonces quincenal o incluso semanal hasta que llegue el parto. Naturalmente, en caso de aparición de problemas concretos, por ejemplo, un riesgo de parto prematuro (hoy en día, todavía 1 de cada 20 niños nace antes de tiempo), la madre podrá verse obligada a ir al médico más a menudo.

HACER BALANCE CON REGULARIDAD

Hasta el parto, cada consulta es el momento para hacer una evaluación de la adaptación de las costumbres en función del embarazo: reposo, alimentación, reuniones informativas, preparación al parto. No espere a las consultas obligatorias para comunicar al médico o a la comadrona que la atienden cualquier inquietud o, también, cualquier síntoma que note, por mínimo que sea.

Las 6 preguntas de cada visita

El médico o la comadrona que la tratan, al interrogarla sistemáticamente sobre la evolución de su estado, intentará hacer una evaluación global de la situación.

• **¿Tiene contracciones uterinas?** Tiene la impresión de que su vientre se endurece. Es como si el útero se «hiciese una bola» por momentos; no tiene por qué ser doloroso, puede durar todo el embarazo y acentuarse al final. Pero, esas contracciones deben ser poco frecuentes y poco marcadas: menos de 10 por día antes del 9.º mes.

• **¿Tiene pérdidas de sangre?** En caso afirmativo, haga reposo de inmediato y llame al médico, que buscará las causas.

• **¿Tiene secreciones líquidas?** Puede tratarse de secreciones normales blanquecinas y un poco viscosas, de secreciones vaginales olorosas, con picores y quemazón local en caso de infección, simples pérdidas de orina o —lo que es más preocupante— un derrame de líquido amniótico blanco opalescente y de olor insípido.

• **¿Nota cómo se mueve el bebé?** Primero, con una especie de roces (que reconocerá mejor en un segundo embarazo que en el primero) y, luego, auténticos movimientos, «patadas». En el último trimestre, a veces notará un sobresalto muy localizado: es el hipo del futuro bebé que refleja su bienestar. En ningún caso el feto debe dejar de moverse durante más de 12 horas (*véase* p. 34).

• **¿Siente quemazón al orinar?** Si es así, puede indicar que sufre una infección de orina.

• **¿Tiene fiebre?** La fiebre es muchas veces señal de infección y debe consultar con el médico sin demora.

El reconocimiento médico y el reconocimiento obstétrico

Siempre se compone de los mismos elementos: medición del peso (aumenta alrededor de 1 kg por mes los primeros seis meses y cerca de 1,5-2 kg por mes durante los tres últimos meses, es decir, un total de 10 a 15 kg); control de la presión arterial (la media es 12/7); examen de las piernas y los pies (la hinchazón es síntoma de edema). El reconocimiento obstétrico girará sobre todo alrededor del niño. Al palpar el abdomen, el médico pretende identificar la cabeza, las nalgas, la espalda y la posición del feto. Mide la altura del útero con una cinta métrica para saber el volumen del feto y su desarrollo, y escucha los ruidos del corazón con el estetoscopio para verificar que son regulares (120 latidos por minuto). Con la palpación vaginal, mide la longitud del cuello uterino y verifica si está cerrado. En la última consulta antes del parto, comprobará la buena presentación del futuro bebé, que habrá adoptado una posición casi definitiva, así como las dimensiones de la pelvis de la madre.

Si ya ha habido que practicar una cesárea en un parto anterior o si la madre ha sido operada, por ejemplo, de un fibroma, el útero tendrá cicatrices. Las paredes del útero serán más o menos frágiles pero ningún examen puede predecir si, a lo largo de un nuevo embarazo, resistirán o se desgarrarán con las contracciones uterinas, provocando un aborto tardío u obligando a realizar una cesárea a última hora. Este riesgo merecerá un atención especial en la última consulta antes del parto. Si la pelvis es normal y la cesárea anterior no tuvo ninguna complicación, las cicatrices serán probablemente de buena calidad y no tendrá por qué ser necesaria otra cesárea, aunque muchos tocólogos tienden a decantarse por su práctica ante la mínima posibilidad de contratiempos.

Los exámenes complementarios

Se trata, una vez más, de verificar que todo va bien para poder, en caso contrario, tomar las medias adecuadas.
• El triple screening. El análisis en la sangre de la madre de unos marcadores bioquímicos (alfafetoproteína y betaHCG) a las 15-17 semanas de embarazo permite seleccionar con una fiabilidad del 60% las embarazadas con más riesgo de tener un feto afectado por el síndrome de Down o por espina bífida. Los resultados del análisis no son un diagnóstico, sino sólo el cálculo de un índice de riesgo y, en el caso de ser elevado se procede a practicar una amniocentesis.
• El análisis de orina. Para determinar la presencia de proteínas, albúmina y azúcar en la orina.
• La ecografía. En ausencia de anomalías evidentes, se realizan dos o tres ecografías durante el embarazo.
• El test de O'Sullivan. Este test, también denominado prueba de sobrecarga oral de glucosa, se realiza entre la 24 y la 28 semana de gestación y sirve para detectar la aparición de diabetes durante el embarazo.

La ecografía

Gracias a la ecografía, se puede obtener una imagen del futuro bebé; una imagen que el médico puede descifrar e interpretar, mientras que antiguamente sólo podía palpar y escuchar el feto. Este examen dura de veinte a cuarenta minutos. Se realiza en un hospital o una consulta ginecológica especialmente equipada. No es ni doloroso ni peligroso y, por lo tanto, es una herramienta muy valiosa para los embarazos de riesgo. Sin embargo, es caro y no es necesario utilizarlo por simple curiosidad.

¿En qué consiste la ecografía del embarazo?

El principio de la ecografía es el de un radar de ultrasonidos que permite, por ejemplo, detectar los submarinos. El oído humano no puede captar los ultrasonidos. Emitidos por una fuente, se reflejan sobre su objetivo y vuelven como un eco a la fuente, de donde viene el nombre de ecografía. En medicina —y en el caso de las ecografías del embarazo—, un cristal de cuarzo emite los ultrasonidos que, recogidos por un sensor, se amplifican y proyectan en una pantalla, donde se reconstruye la imagen del feto.

El especialista pasa por el abdomen de la mujer gestante un aparato emisor-receptor de ultrasonidos y comenta las imágenes que aparecen en la pantalla. Saca una fotografía de las más significativas, que se incluirán en el historial y servirán para controlar la evolución del futuro bebé entre las distintas ecografías. También puede utilizarse un aparato con forma de sonda que se introduce por la vagina: en este caso, las imágenes son más precisas, ya que la fuente está más cerca del útero.

LOS SÍNTOMAS QUE PONEN SOBRE AVISO

• **contracciones.** Unas contracciones del útero, dolorosas y frecuentes (cada 5 o 10 min), asociadas o no a pérdidas de sangre, son una amenaza de parto prematuro. El reposo estricto es obligatorio, al igual que la abstinencia sexual.

• **Pérdidas de sangre.** Al principio del embarazo, pueden ser el síntoma de un aborto precoz o un embarazo extrauterino. Más tarde, pueden significar anomalías en la placenta, con riesgo de hemorragia masiva.

• **fiebre.** Es síntoma de una infección. Si persiste más de 24 horas, no vacile en consultar a su médico.

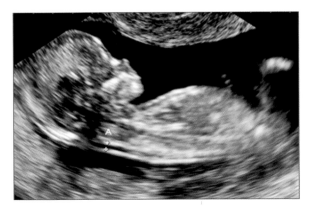

↑ **Imagen ecográfica a las 12 semanas**
En estas ecografías médico se fija sobre todo en la traslucencia nucal (el espacio que hay entre las flechas).

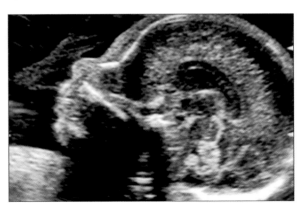

↑ **Imagen ecográfica a las 22 semanas**
Las ecografías en esta fase del embarazo sirven para analizar el correcto desarrollo del cerebro.

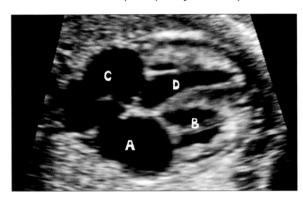

↑ **Imagen ecográfica a las 22 semanas**
En esta ecografía se aprecian claramente las cuatro cavidades del corazón: aurícula derecha (A), ventrículo derecho (B), aurícula izquierda (C) y ventrículo izquierdo (D).

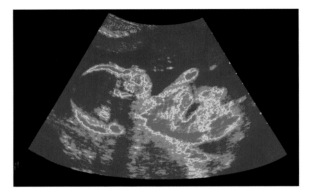

↑ **Imagen ecográfica a las 22 semanas**
Ecografía en color en la que se aprecia la correcta evolución del feto, que ya mide 20 cm y pesa 500 g.

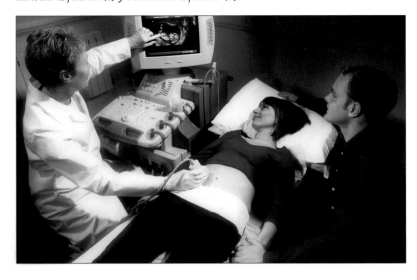

← **Examen ecográfico**
Efectuado en presencia del padre, este examen suele ser a menudo para él un momento emocionante que le ayuda a tomar conciencia de la realidad de su futuro hijo.

¿Cómo se desarrolla el estudio?

Cuando se haga la primera ecografía, se le recomendará que vaya con la vejiga llena —beba un litro de agua tres cuartos de hora antes del examen—, ya que los ultrasonidos se transmiten mejor a través de un líquido. En las siguientes ecografías esto ya no será necesario por la presencia del líquido amniótico desde el final del 1.er trimestre.

Antes de pasar el aparato por el abdomen, se aplica un gel que elimina las burbujas de aire y permite una visión mejor; en caso de que utilice una crema antiestrías, acuérdese de dejar de aplicársela una semana antes del reconocimiento.

Durante la ecografía, quizá se sorprenda por lo que ve en la pantalla: no es una fotografía, sino una imagen que, para poder entenderse, tiene que ser «leída», descifrada, por el especialista. Si el padre del bebé la acompaña, también verá la imagen; la ecografía es muchas veces el primer «contacto» con su futuro hijo.

Una vez se ha terminado el reconocimiento, podrá llevarse «fotografías» de lo que ha visto en la pantalla. A veces, se puede pedir que graben las imágenes ecográficas en cinta magnética.

Hacia la 22.ª o la 24.ª semana, si el ángulo de visión es bueno y usted desea saberlo, quizá el especialista pueda revelarle el sexo del bebé (sin embargo, hay que saber que el margen de error es de un 20%). A usted le corresponde avisar antes del reconocimiento si desea información o no sobre este particular (*véase* recuadro). Y no se sienta decepcionada si «no se ve nada»; es posible que el bebé esté mejor situado la próxima vez.

Por regla general, se realizan dos o tres ecografías durante el embarazo.

• La primera ecografía. Realizada entre la 8.ª y la 12.ª semana, sirve para calcular el principio del embarazo y determinar si se trata de gemelos. Se puede medir el volumen del embrión. A partir de la 7.ª semana, la ecografía puede detectar los latidos cardíacos del embrión. A las ocho semanas, la imagen muestra la masa redondeada del embrión en la cavidad uterina. La cabeza, que representa casi la mitad del tamaño total del embrión, se puede medir a partir de la 11.ª o 12.ª semana. Si el inicio del embarazo se ve perturbado por dolores o pérdidas de sangre, la ecografía permite diagnosticar una amenaza de aborto o de un embarazo extrauterino.

• La segunda ecografía. Se realiza entre las semanas 20 y 22 y permite, si el ángulo de visión es el adecuado, conocer el sexo del bebé. Pero, sobre todo, sirve para detectar una posible malformación del feto, ya que se puede aumentar la imagen de todos los órganos y revi-

¿NIÑO O NIÑA?

¿Hay que saberlo con antelación? Con la información sobre el sexo del bebé que va a nacer que puede proporcionar un examen ecográfico, el interrogante queda hoy en día abierto. ¿Tiene verdaderas ganas de saberlo o le cuesta resistirse a las posibilidades que ofrece la técnica? La verdadera pregunta es ésta. Lo mejor es que el padre y la madre estén de acuerdo, ya que cuando uno de los dos progenitores lo sabe, acaba siempre por revelar el secreto. Y si no lo hace, la espera no se comparte con serenidad. Reflexionen juntos sobre las razones profundas que les animan e informen sin complejos al médico de su decisión, sea cual sea, antes del examen.

sar en detalle. Ante una malformación, se puede considerar la interrupción del embarazo.

• La tercera ecografía. Se efectúa entre la 32.ª y la 34.ª semana, durante el 8.º mes, y no es indispensable si la gestación se desarrolla correctamente. Sirve para controlar el crecimiento del bebé y la cantidad de líquido amniótico. También permite localizar la placenta, definir la posición del feto y detectar una malformación tardía.

Otras técnicas de control del embarazo

Hay otros exámenes que permiten seguir con mayor precisión el estado del bebé en el útero. Estos exámenes sólo se efectúan cuando así se indica en la consulta genética o bien cuando se trata de gestaciones con problemas, ya que algunos de ellos comportan ciertos riesgos.

El Doppler

Este aparato, del tamaño de un lápiz, funciona con ultrasonidos y sirve para medir la velocidad de desplazamiento de los glóbulos rojos en la sangre dentro de los vasos sanguíneos (arterias uterinas, vasos del cordón umbilical, arterias cerebrales del feto). Sólo los especialistas usan el Doppler y está reservado a los embarazos de riesgo, cuando se teme un retraso en el crecimiento del feto.

Esta prueba se está generalizando ya que permite establecer un mapa de la circulación sanguínea entre la madre y el feto, y es muy útil para determinar la vitalidad del feto y poder detectar sufrimiento fetal.

NO TOME MEDICAMENTOS SIN CONSEJO MÉDICO

Nunca tome ningún medicamento durante la gestación, para usted o su futuro hijo, sin que se lo haya recetado el médico. Los somníferos, por ejemplo, causan dependencia y plantean un problema en lo que concierne a la lactancia: problema que afecta tanto a la madre como al lactante después del nacimiento.

La amniocentesis

La amniocentesis consiste en la extracción de una muestra de líquido amniótico. La punción se realiza entre la 16.ª y la 20.ª semana de gestación, incluso antes; es indolora y rápida (uno o dos minutos), por lo que no requiere anestesia. Se realiza con la madre acostada, siempre bajo control ecográfico para localizar la placenta y el feto. La punción se practica con una aguja muy fina que atraviesa la pared abdominal, entre el pubis y el ombligo, hasta llegar al interior de la bolsa de las aguas para extraer entre 10 y 20 cm³ de líquido amniótico.

El riesgo de aborto relacionado con la amniocentesis es muy bajo (de 0,5 a 1%). Sin embargo, se recomienda a la madre que repose durante un día o dos después de la extracción.

El análisis de las células fetales recogidas permite establecer el mapa de los cromosomas (cariotipo fetal), con lo cual se puede conocer el sexo del hijo y diagnosticar anomalías cromosómicas, como la trisomía 21 (síndrome de Down). También se realiza un análisis bioquímico del líquido amniótico, lo cual permite diagnosticar otras alteraciones. Los resultados de esta prueba se conocen normalmente al cabo de quince días. La amniocentesis no es obligatoria aunque está recomendada en mujeres de más de 35 años o en casos con antecedentes médicos concretos.

Es posible que la amniocentesis se realice en fases más avanzadas del embarazo, con distintas finalidades. Por ejemplo, puede practicarse hacia la mitad del embarazo si se piensa que puede haber una incompatibilidad Rh materno-fetal, ya que mediante el análisis del líquido amniótico puede determinarse si el trastorno está causando una destrucción de los glóbulos rojos fetales y es preciso instaurar un tratamiento (*véase* p. 41). Cuando se efectúa al final del embarazo, la amniocentesis sirve sobre todo para medir el grado de madurez pulmonar del feto cuando resulta necesario adelantar el parto.

La biopsia corial

Se trata de la toma de una muestra de las células que formarán la placenta —el tejido que da lugar a la placenta se llama *corion* y las células que lo forman son idénticas a las de feto. Esta toma se practica con ayuda de una aguja, al igual que la amniocentesis, o con una cánula que se introduce en el útero por las vías naturales. Se realiza siempre bajo un estricto control ecográfico, pero no requiere anestesia ni hospitalización.

La biopsia corial se puede efectuar a partir de la 9.ª semana y proporciona en pocos días los mismos datos que la amniocentesis. Sin embargo, comporta alrededor de un 5% de riesgo de aborto y, por lo tanto, está reservada a los embarazos en los que el peligro de transmisión de anomalías cromosómicas es muy alto.

La punción del cordón umbilical

Este examen consiste en la toma de una muestra de sangre del feto mediante una punción del cordón umbilical, por lo que puede considerarse como una simple extracción de sangre.

La punción se hace bajo control ecográfico y se puede realizar desde la 18.ª semana hasta el final de la gestación. Permite diagnosticar algunas enfermedades de la sangre (hemoglobinopatías, problemas de coagulación), detectar anomalías de los cromosomas y, sobre todo, saber si el feto está afectado por una enfermedad infecciosa de la madre, como la rubéola o la toxoplasmosis.

cuidarse cuando se está embarazada

El efecto de los medicamentos, las vacunas y las radiografías en una mujer embarazada y su futuro bebé suscita temores legítimos. No obstante, una serie de precauciones permiten limitar considerablemente los riesgos.

Si cae enferma durante la gestación (por ejemplo, contrae una bronquitis, una infección urinaria, un simple catarro, etc.), sobre todo no tome ningún fármaco por su propia iniciativa. Consulte con su médico: sólo le recetará medicamentos que han demostrado ser inocuos para el feto. Si sufre de una enfermedad crónica (diabetes, cardiopatía), puede que el médico se vea obligado a modificar el tratamiento. De igual forma, hay vacunas inofensivas, mientras que otras son peligrosas (*véase* más adelante). En cuanto a las radiografías que se consideren eventualmente necesarias, se realizarán bajo ciertas condiciones.

Medicamentos y embarazo

Una regla de oro: nunca decida usted misma qué medicamentos conviene tomar. Si ha tomado aspirinas antes de saber que estaba en estado, no se preocupe, pero sepa que algunos medicamentos presentan efectos secundarios nocivos para el feto, en especial al principio de la gestación.

Siempre es mejor evitar los productos de los que se ignoran los efectos a largo plazo. De todo modos, el médico podrá ayudarla a combatir y curar algunos problemas o trastornos menores que pudieran presentarse.

• Contra la tos. Evite los preparados medicamentosos de venta en farmacias. Aunque los expectorantes que contienen carbocisteína no parecen presentar problemas, no deben tomarse antitusígenos, generalmente derivados de la morfina.

• Contra el catarro. Los productos para destapar la nariz sólo deben usarse de forma puntual.

• Contra los dolores de cabeza y la fiebre. El paracetamol no parece presentar riesgos en las dosis habituales, pero la aspirina, que tiene efectos sobre la coagulación de la sangre, está prohibida en el 2.º y 3.er trimestre y durante los quince días que preceden el parto.

• Contra el cansancio y la anemia. Aunque la alimentación sea equilibrada, las necesidades de hierro, vitaminas y oligoelementos son mayores durante el embarazo. Algunos médicos los recetan sistemáticamente durante la gestación para luchar contra una posible carencia.

También se pueden recetar algunos medicamentos para el futuro bebé. El organismo de la madre servirá de vehículo para esas sustancias que se usan para tratar algunas enfermedades congénitas (contraídas por el feto durante el embarazo) o trastornos del ritmo cardíaco del feto.

Vacunas y embarazo

En relación con sus consecuencias para la mujer embarazada o el feto, las vacunas se pueden clasificar en tres categorías.

• Peligrosas. Hay que evitar bajo todos los conceptos las vacunas contra la fiebre amarilla (salvo en casos de extrema necesidad, por ejemplo, si se debe ir a un país donde la enfermedad es endémica), contra la poliomielitis por vía oral (vacuna Sabin), o contra enferme-

dades menos graves como la tos ferina, las paperas, el sarampión y la rubéola (aunque no se haya detectado ninguna malformación del feto cuando la madre es vacunada al principio del embarazo).

• Desaconsejadas. Las vacunas contra la brucelosis (peligro de fuertes reacciones), la difteria (sólo en casos de urgencia), la rabia (sólo en casos de urgencia), la tuberculosis (B.C.G.) y la fiebre tifoidea, por riesgo de reacciones fuertes; además, el tratamiento de la enfermedad en la madre no tiene consecuencias en el feto.

• Inofensivas. Se trata de las vacunas contra el cólera, la gripe, la hepatitis B, la poliomielitis (sólo la vacuna inyectable Salk) y el tétanos (aconsejada en el campo).

RADIOGRAFÍAS Y EMBARAZO

Las mujeres embarazadas temen a menudo que les hagan radiografías. En realidad, aunque las irradiaciones masivas comportan evidentemente riesgos graves, el diagnóstico médico por rayos X, o radiografía, no tiene consecuencias para el feto si se respetan ciertas condiciones, especialmente en función del momento de la gestación y la necesidad real de hacer una radiografía. Recuerde, sobre todo, que siempre hay que indicar que se está embarazada antes de una radiografía, incluso dental. Cuando existe la posibilidad de un embarazo, los exámenes radiológicos deben practicarse en la primera parte del ciclo, es decir, antes de la fecundación. Durante el 1.er trimestre de embarazo, las radiografías necesarias (por ejemplo, las de los dientes o las que se hacen para diagnosticar una enfermedad) se harán con un delantal de plomo que detiene las radiaciones y protege el abdomen. No se deben hacer reconocimientos que requieran varias radiografías, en especial si la región del cuerpo que hay que explorar está cerca del abdomen o si la gestación es reciente. Al igual que con los medicamentos, los riesgos mayores se sitúan entre el 15.º día y el 3.er mes. Durante el 2.º y 3.er trimestres, las radiografías (siempre con la protección de un delantal de plomo) se limitarán a los casos de diagnóstico de enfermedades graves. Al final del embarazo, la radiografía de la pelvis, o radiopelvimetría, que se realiza para apreciar la forma y las dimensiones de la pelvis materna y evaluar las posibilidades de parto por las vías naturales, es inofensiva.

Las posibles complicaciones

A lo largo del embarazo se pueden producir diversas complicaciones que comprometen su buen desarrollo, a veces de forma radical. Pero a menudo se puede detectar el peligro y adoptar las precauciones necesarias.

Algunas enfermedades, a menudo benignas fuera de la gestación, suelen ser peligrosas cuando afectan a una mujer embarazada. Otras complicaciones se deben a la propia gestación. Ante estos problemas, son indispensables la prevención y el control médico. Los riesgos de aborto o de parto prematuro, y de contagio del feto más o menos grave según la naturaleza de las enfermedades y el momento del embarazo en el que se contraen, deben incitar a la mujer embarazada a estar especialmente vigilante. La fiebre (a partir de 38 °C) es el síntoma principal de cualquier infección: es una señal de alarma que debe llevar a consultar rápidamente con el médico.

Las infecciones urinarias

Durante el embarazo, el riesgo de infección urinaria aumenta. Por una parte, el mayor nivel de progesterona dificulta el vaciado completo de la vejiga; por otra, la compresión del útero sobre la vejiga también tiene parte de responsabilidad. Este tipo de infección afecta a alrededor del 10% de las mujeres embarazadas y puede provocar un nacimiento prematuro del bebé.

La mujeres que han padecido infecciones urinarias repetidas tendrán que controlarse y reaccionar sin demora ante los siguientes síntomas: dolor en la zona del pubis, deseo de orinar frecuente o sensación de quemazón cuando se orina. Sólo un análisis de orina permitirá identificar el germen responsable y establecer un diagnóstico preciso. Luego, el médico recetará un tratamiento antibiótico adecuado para prevenir la propagación de la infección hasta los riñones (pielonefritis).

La rubéola

La rubéola es una enfermedad vírica que afecta generalmente a los niños. Se caracteriza por una erupción cutánea y por la presencia de ganglios inflamados en el cuello. En los adultos, muchas veces pasa inadvertida. Esta enfermedad, en sí totalmente benigna, es peligrosa durante el embarazo: no para la propia madre, sino para el feto.

La rubéola puede ser causa de aborto o de diversas malformaciones del embrión: cataratas, malformaciones cardíacas, sordera o retraso psicomotor. No existe ningún tratamiento curativo eficaz para la rubéola y la vacunación está contraindicada durante el embarazo. El tratamiento, por lo tanto, sólo puede ser preventivo. Durante la primera consulta, el médico (*véase* p. 40) le prescribirá un análisis de sangre (prueba serológica) para comprobar si está inmunizada contra la rubéola. Si ya ha padecido esta enfermedad o ha sido vacunada, el organismo habrá desarrollado anticuerpos —detectables en la sangre— que la protegen para siempre.

Si, por el contrario, no está inmunizada, debe evitar el contacto con niños que puedan ser portadores del virus. Por tanto, no olvide vacunar a sus propios hijos.

Establecer un diagnóstico

El período de incubación de la rubéola es de 14 a 21 días. Una mujer embarazada que ha estado en contacto con un niño afectado por la enfermedad debe hacerse un análisis (serología) durante los diez días siguientes al

EVITAR UN ABORTO

Para prevenir el peligro de un aborto durante el 2.º trimestre o de un parto prematuro, hay que diagnosticar precozmente cualquier infección que afecte al organismo a lo largo de la gestación. No dude en acudir al médico si tiene fiebre, pérdidas de sangre o una simple duda; pero tampoco se inquiete en exceso. La mayor parte de las infecciones no tendrán consecuencias si se tratan a tiempo. Cuando se establece un peligro de aborto o de parto prematuro, es obligatorio seguir un reposo estricto. Se puede realizar un cerclaje (*véase* p. 45) y el embarazo seguirá su curso natural.

contacto. Un resultado negativo no permite establecer una conclusión definitiva y hay que realizar otro análisis 15 o 20 días más tarde. Sólo esta segunda prueba permitirá saber si ha sido contagiada o no. Los dos análisis deben realizarse en el mismo laboratorio para evitar cualquier error de interpretación.

Del mismo modo, si sufre una erupción cutánea sin motivo aparente, hay que pedir de inmediato una prueba serológica de la rubéola. Cuando no se puede deducir que la causa es una antigua inmunización, deberá pasar un segundo análisis 15 días más tarde.

Consecuencias para el feto

Las mujeres embarazadas que han contraído la rubéola deben esperar al 4.º mes de embarazo para saber si el niño que gestan se ha contagiado, ya que la punción de cordón umbilical para obtener una muestra de sangre del feto no se puede realizar antes. Sólo este análisis de sangre permite comprobar la presencia o ausencia de infección en el feto. Las consecuencias varían según el momento del embarazo en el que se haya contagiado la madre.

• Al principio del embarazo. Los riesgos de malformación del feto son grandes (de un 50 a un 90% de los casos).

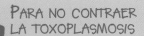

PARA NO CONTRAER LA TOXOPLASMOSIS

Alimentación

Cocine bien las carnes, en especial el cerdo, el cordero y el buey. Renuncie por completo al bistec tártaro.

Las carnes preparadas de forma industrial son preferibles a las carnes que se venden en los mercados o que vienen directamente de la granja. No vacile en comprar carne congelada (el toxoplasma muere a −18 °C).

Lave con mucha agua todas las frutas y verduras que crecen a ras de tierra, sobre todo si las va a comer crudas (en especial, la lechuga).

Higiene

Lávese bien las manos antes de cada comida y después de manipular carne cruda o tierra. Evite el contacto con los gatos. Si tiene uno, no lo alimente con carne cruda y haga que otra persona desinfecte su caja todos los días.

En ese momento se puede optar por una interrupción del embarazo. Se pueden esperar también los análisis de la sangre fetal, pero, después de la 12.ª semana, un aborto es complicado, tanto desde el punto de vista técnico como psicológico.

• En mitad del embarazo. Los riesgos de malformación fetal son menores, pero no inexistentes: en un 15% de los casos, el niño tendrá secuelas. En este momento de la gestación, se puede hacer una punción de cordón umbilical: el análisis de la sangre fetal permitirá saber si el niño se ha contagiado o no, aunque no podrá determinar la gravedad de la infección. Consulte con el especialista todas sus dudas antes de decidir si seguir o interrumpir el embarazo. Si se decide seguir, será necesaria una vigilancia ecográfica regular.

• Al final del embarazo. Los riesgos de malformación del feto son nulos. Sólo existe una amenaza de infección pulmonar que justifica un control prolongado del recién nacido.

La toxoplasmosis

Esta enfermedad se debe a un parásito que vive en la carne y en la tierra. También los gatos son portadores (el animal se infecta al comer carne cruda o poco hecha) y pueden transmitir a sus amos el parásito que eliminan con sus excrementos. Esta afección, en sí inofensiva, puede tener graves consecuencias si una madre contagiada la transmite al feto por vía placentaria.

Diagnóstico y tratamiento

Hoy en día, en la primera visita de control del embarazo se solicita sistemáticamente una prueba serológica para determinar si la mujer no ha tenido la toxoplasmosis o si la ha padecido previamente y ya está inmunizada frente a esta enfermedad. Es cierto que no existe ningún tratamiento preventivo, ya que no hay vacuna; sin embargo, si sabe que no está inmunizada, es conveniente adoptar algunas precauciones simples para evitar el contagio (véase recuadro).

Para las mujeres no inmunizadas, es indispensable un control regular, con la práctica de pruebas serológicas repetidas durante toda la gestación, ya que la mayoría de las veces la enfermedad pasa inadvertida. Si se advierte un contagio reciente, un tratamiento antibiótico, recetado lo antes posible, reduce el peligro de contagio del niño al nacer, pero no atenúa la gravedad de la infección fetal cuando ésta ya existe.

Contagio del niño

En el caso de que la madre padezca toxoplasmosis en el curso del embarazo, habrá que efectuar una punción del cordón umbilical para obtener una muestra de sangre fetal y determinar si el feto también ha sido contagiado.

Las consecuencias para el feto son distintas según el momento del embarazo en el que la mujer contrae la toxoplasmosis.

• Durante la primera mitad del embarazo. El peligro de transmisión de la enfermedad al feto no es muy alto (5 a 10% de los casos). Pero, en caso de producirse, la infección es extremadamente grave, ya que afecta al sistema nervioso y ocular del niño. Si se confirma que el feto está gravemente afectado, se puede optar por la interrupción del embarazo. En caso contrario, se deberá seguir con el tratamiento hasta el parto para evitar la propagación de la infección a distintos órganos del feto.

• Al final del embarazo. Los riesgos de contagio del feto son más altos pero, por el contrario, las consecuencias de la infección son menos peligrosas para el niño. La gestación puede, por lo tanto, continuar bajo tratamiento.

La listeriosis

La listeriosis se suele contraer al ingerir alimentos contaminados por un bacilo, *Listeria*, en especial con productos lácteos no pasteurizados. Se trata de una enfermedad infecciosa benigna, excepto para la mujer embarazada, ya que si no se cura rápidamente, puede causar un aborto, un parto prematuro o la muerte del feto, que se contagia por mediación de la placenta.

En el adulto, la enfermedad se traduce por un estado febril comparable al que produce la gripe. Por lo tanto, cuando se tiene una fiebre inexplicable y persistente durante más de 24 horas, hay que pensar enseguida en la posibilidad de una listeriosis y hacerse un análisis de sangre para buscar el bacilo. Se debe recetar de inmediato un antibiótico que, administrado durante dos o tres semanas, suele bastar para bloquear el desarrollo de la infección.

El embarazo extrauterino o ectópico

A lo largo de su viaje hacia el útero, a veces el huevo ve interrumpida su progresión. En esos casos se desarrollará fuera del útero, en general en una de las trompas

---

PARA EVITAR LA LISTERIOSIS

Alimentación

• Renuncie a la leche cruda, a la nata fresca a granel y a los quesos fermentados o prensados y no cocidos.

• Decántese más por la leche y la nata fresca pasteurizadas (UHT).

• Elija los quesos cocidos (roncal, gruyère, emmenthal, comté, parmesano, appenzell) o fundidos (crema de gruyère, etc.).

Higiene

• Lávese bien las manos antes de cada comida.

---

de Falopio. Este tipo de embarazos, llamados extrauterinos o ectópicos, no es viable: el feto suele morir antes del 3.er mes. Hay varios factores que favorecen un embarazo extrauterino: malformaciones del aparato genital, antecedentes de salpingitis u operaciones de las trompas.

El embarazo extrauterino se manifiesta la mayor parte de las veces con un dolor abdominal fuerte y repentino o con hemorragias, debidas a la ruptura de la trompa por la presión del embrión que crece. Estas hemorragias pueden producirse precozmente (y ser confundidas con simples reglas), pero también puede suceder que la hemorragia sólo se desencadene al cabo de dos o tres meses. En estos casos, puede resultar mortal para la madre.

Para prevenir este peligro, es necesario intentar detectar lo antes posible el embarazo extrauterino. Cuando la prueba del embarazo es positiva y, sin embargo, la ecografía no revela la presencia del embrión en el útero, el diagnóstico es muy probable. Se deberá confirmar con una laparoscopia. Realizada bajo anestesia general, la laparoscopia consiste en introducir en el abdomen (por una pequeña incisión en la pared abdominal) un aparato óptico que permite visualizar los órganos y a través del cual pueden introducirse instrumentos quirúrgicos en caso necesario. Si se confirma el embarazo extrauterino, se debe efectuar con urgencia una laparoscopia para retirar el embrión de la trompa. De esta forma se evitan las hemorragias internas, cuyas consecuencias pueden ser muy graves. Cuanto antes se lleve a cabo esta intervención, más oportunidades tendrá la mujer de conservar la trompa en buen estado para un futuro embarazo.

EL ABORTO

Un aborto es siempre un acontecimiento dramático para una mujer, aunque no afecta para siempre a su organismo y no pone en peligro el éxito de futuras maternidades. Un segundo aborto es poco frecuente y, generalmente, se suele determinar la causa y poner un tratamiento adecuado. Dependiendo del momento de la gestación, un aborto se clasifica en precoz –cuando el embarazo se interrumpe espontáneamente en el 1.er trimestre– o tardío –cuando el embarazo se interrumpe entre el 4.º y 6.º mes.

El aborto precoz

Esta patología, bastante frecuente (de 10 a 15% de los embarazos), ocurre cuando la madre tiene una enfermedad infecciosa o, lo más habitual, cuando el feto presenta anomalías cromosómicas. Estas anomalías normalmente no tiene carácter hereditario y no se tienen por qué reproducir durante una nueva gestación. Sin embargo, el peligro aumenta con la edad de la madre.

Los primeros síntomas son hemorragias, contracciones uterinas o la desaparición de las señales de embarazo. La ecografía permite establecer el diagnóstico al revelar que el embrión no se desarrolla y no tiene actividad cardíaca. Si es éste el caso, el médico procede a una evacuación mediante aspiración del contenido uterino. La hospitalización no excede de un día. A veces, la expulsión es espontánea y se manifiesta por una hemorragia. Pero, incluso en estas ocasiones, hay que consultar al médico para comprobar que la expulsión de los restos embrionarios ha sido total.

El aborto tardío

Se suele deber a una malformación del útero o a un cuello del útero cerrado de forma insuficiente. También se puede explicar por la presencia de una infección, como la listeriosis. El peligro de un aborto tardío se detecta a veces durante los diversos reconocimientos que se hacen a una mujer embarazada, especialmente cuando se constatan modificaciones en la longitud o apertura del cuello del útero. Si se sabe que existe esta amenaza, la mujer debe, en primer lugar, guardar un reposo absoluto y limitar sus movimientos a las simples necesidades de su higiene personal. En algunos casos, se realiza un cerclaje. Durante el 8.º mes, el ginecólogo retira el hilo que cerraba el cuello uterino y el parto puede realizarse de forma normal. Las mujeres que ya han tenido abortos tardíos deberán averiguar si tienen un anomalía en el útero. Este tipo de anomalías se tratan para evitar el riesgo de repetición.

El parto prematuro

Durante el embarazo, el cuello del útero tiene una forma alargada y está cerrado. Alrededor de un mes antes de la fecha probable del parto, se acorta y empieza a abrirse. Cuando este fenómeno se produce demasiado pronto —a partir del final de 6.º mes—, existe una amenaza de parto prematuro. Esta modificación del cuello suele estar asociada a contracciones frecuentes (cada cinco o diez minutos). Las causas de los partos prematuros son diversas, pero en el 50% de los casos son identificables: enfermedad infecciosa, malformación del útero o cuello del útero insuficientemente cerrado (a menudo, detectado en las mujeres cuyas madres tomaron dietilestilbestrol; *véase* p. 39). Los embarazos de gemelos o trillizos, que provocan un aumento del volumen del útero, dan lugar más a menudo que los otros a partos prematuros. Finalmente, el exceso de actividad y la realización de trabajos duros constituyen también factores de riesgo.

Cuando, hacia el final del 6.º mes o principios del 7.º, se manifiesta la amenaza de un parto prematuro y la dilatación del cuello del útero es ya importante, la mujer debe guardar cama y, a veces, ser hospitalizada; es imperativo abstenerse de mantener relaciones sexuales. Incluso en los casos menos graves es absolutamente necesario el reposo. Se pueden recetar productos que actúan como sedantes uterinos y detienen las contracciones.

Sin embargo, la mejor terapia es la preventiva. El médico puede efectuar un cerclaje a las mujeres que ya han presentado riesgos de parto prematuro o han tenido abortos durante embarazos precedentes. Para las mujeres que tienen un trabajo duro o realizan largos trayectos cotidianos, es obligado el reposo. Finalmente, es esencial el control sistemático de las infecciones —en especial, urinarias— y su rápido tratamiento.

Las anomalías de la placenta

Un embarazo puede presentar problemas por culpa de una mala inserción de la placenta, que acaba recubriendo o obstruyendo (parcial o totalmente) el cuello del útero. Otro tipo de complicación es que la placenta se despegue de la pared uterina antes del parto.

La placenta previa

Cuando la placenta cubre el orificio interno del cuello uterino y se interpone así entre el feto y la vagina, impide el parto por vía natural. Además, provoca un riesgo de hemorragia, ya que los vasos grandes del útero y la placenta se pueden romper.

Si una ecografía revela esta anomalía, llamada *placenta previa*, se deben tomar varias precauciones: es obligatorio el reposo, al igual que la abstinencia sexual; no se pueden practicar exploraciones vaginales. La mujer debe ser hospitalizada al final del embarazo y el parto sólo puede llevarse a cabo mediante cesárea.

El hematoma retroplacentario

Cuando la placenta se desprende —en parte o en su totalidad— durante los últimos meses de la gestación, suelen producirse hemorragias asociadas a contracciones uterinas dolorosas y permanentes. Las mujeres embarazadas que sufren de hipertensión arterial están más expuestas a este accidente, que puede acarrear la muerte del feto y desencadenar una grave hemorragia en la madre.

Para prevenir estas complicaciones, se debe practicar un cesárea con carácter de urgencia. El hematoma retroplacentario afecta a menudo a las mujeres que ya han tenido esta anomalía en un primer embarazo. Durante los embarazos ulteriores, la madre deberá ser hospitalizada al final de la gestación.

La hipertensión arterial y la toxemia gravídica

La hipertensión arterial puede tener consecuencias graves. El feto puede sufrir un retraso en su crecimiento (hipotrofia) debido a una nutrición insuficiente e, incluso, morir. La madre también puede padecer graves complicaciones, como convulsiones. La hipertensión arterial es también causa de muchos hematomas retroplacentarios.

Cuando la hipertensión se presenta asociada a edemas —de los miembros y, sobre todo, de la cara— y eliminación de proteínas en la orina (proteinuria), desemboca en el síndrome de toxemia gravídica. Esta complicación puede evolucionar hacia un estado convulsivo de la madre muy grave, llamado crisis de eclampsia, que en ocasiones llega a provocar un coma. Los signos precursores de este tipo de crisis son zumbidos de oído y fuertes dolores abdominales. La madre debe ser hospitalizada sin tardanza y sometida a una estricta vigilancia.

Hoy en día, estas crisis son poco habituales, ya que a la mujer hospitalizada a causa de la toxemia gravídica se le practican numerosas pruebas que permiten juzgar su evolución y la del feto: ecografía, Doppler de la arteria umbilical, Doppler de las arterias cervicales, registro del ritmo cardíaco del feto... Según los resultados, el especialista decidirá si es imprescindible adelantar el parto o no.

El herpes genital

Se trata de un virus que generalmente produce vaginitis dolorosas y lesiones que afectan a la vulva o al interior de la vagina; aunque existen formas de herpes que no presentan síntomas. La prescripción de un tratamiento antivírico durante el embarazo es hoy en día objeto de controversia.

En caso de herpes genital de la madre, el principal riesgo para el feto es la infección durante el parto. Este tipo de infecciones son raras, pero muy graves. Por este motivo, se practica sistemáticamente la cesárea a todas las madres que sufren de herpes en el momento del parto.

Si ya ha tenido erupciones de herpes, tenga cuidado y avise al médico o a la comadrona. Si al acercarse la fecha del parto observa secreciones vaginales anormales, consulte enseguida con su médico.

La diabetes gestacional

Debido a los cambios biológicos inherentes al estado de la mujer embarazada, a veces se observa la presencia de diabetes durante la segunda parte de la gestación. Esta diabetes, llamada gestacional, se detecta mediante la búsqueda sistemática de glucosa (azúcar) en la sangre y la orina, a lo que se suma el control del peso de la madre y del volumen del feto en cada ecografía. Se sospecha de su existencia cuando la mujer ha dado a luz un primer hijo de más de 4,5 kg. Si se confirma el diagnóstico, se impone un tratamiento (régimen alimenticio adaptado o inyecciones de insulina). La diabetes representa una amenaza de muerte para el feto. Para prevenir este peligro, en ocasiones se provoca el parto entre la 37.ª y la 38.ª semanas. Después del nacimiento, se vigila al bebé, que podría sufrir una bajada del nivel de azúcar en la sangre (hipoglucemia).

Los embarazos de riesgo

Los embarazos de riesgo son lo que presentan un peligro virtual para el niño y, algunas veces, también para la madre. En estas situaciones concretas, el control del embarazo exige un cuidado muy especial.

¿Quiénes presentan embarazos de riesgo? Las mujeres que esperan gemelos, o trillizos; la mujeres muy jóvenes o, al contrario, de una edad relativamente elevada; las que sufren alguna enfermedad grave; y, finalmente, las que tienen dependencia del alcohol y de las drogas. En todos estos casos, el futuro bebé se encuentra más expuesto a los peligros de un parto prematuro, de una hipotrofia (es decir, que su peso sea notoriamente insuficiente) e incluso a la muerte dentro del útero.

Los embarazos múltiples

Nunca se debe descartar la posibilidad de tener gemelos, trillizos e, incluso, cuatrillizos, etc., sobre todo si existen antecedentes en la familia o se ha recurrido a una técnica de reproducción asistida. Un reconocimiento clínico en el que se detecte un útero muy voluminoso puede hacer pensar en un embarazo múltiple, pero sólo la ecografía permitirá un diagnóstico inequívoco.

Las mujeres que esperan gemelos están más expuestas a los riesgos de toxemia gravídica, parto prematuro e hijos de peso reducido (hipotrofia). Por lo tanto, deben disminuir su actividad y someterse a controles con mucha regularidad. Aunque no sea necesario guardar cama constantemente, deberán reservarse períodos de reposo a lo largo del día. Se desaconsejan los desplazamientos largos y los viajes a partir del 5.º mes. Desde ese momento, el control médico será más extremado. Se harán frecuentes ecografías para detectar una posible hipotrofia del feto. Cuando el simple reposo no ha sido suficiente para eliminar la aparición de contracciones o modificaciones del cuello del útero, se debe hospitalizar a la mujer. En principio, no son necesarios el cerclaje ni un tratamiento preventivo de las contracciones; a menudo, el reposo es la mejor de las prevenciones.

Las precauciones que se deben tomar cuando se esperan gemelos deben reforzarse cuando se prevé la llegada de 3 hijos o más. Estos embarazos se viven a veces como un acontecimiento desconcertante, incluso angustioso. En estos casos, son muy útiles una buena información y una asistencia psicológica antes del parto.

Las madres muy jóvenes

Las adolescentes de entre 11 y 18 años están expuestas, a causa de su juventud, a un considerable número de peligros a lo largo de la gestación. Los problemas de toxemia gravídica, parto prematuro, malformaciones o hipotrofia del feto se dan con mayor frecuencia en las mujeres muy jóvenes que en las más mayores. Existen varios motivos: las jóvenes (en especial, antes de los 15 años) tienen un organismo que no ha alcanzado aún la madurez completa. Muchas de ellas viven mal el hecho de estar embarazadas e intentan esconder su estado, con lo que el control será menos regular. Además, el modo de vida y las costumbres, en especial el consumo de tabaco o alcohol, suelen ser poco adecuados para el buen desarrollo de un embarazo —lo que ignoran por

ESPERANDO VARIOS BEBÉS

Un embarazo de gemelos o múltiple debe controlarse más que otros: cuanto antes se establezca el diagnóstico, antes se podrá iniciar el seguimiento médico. Consulte por tanto con regularidad a su médico y respete sus recomendaciones. La principal precaución que debe tomarse para evitar el parto prematuro es el reposo, sobre todo a partir del 5.º mes. Evite los trayectos y viajes agotadores y, si no puede hacerlo, no vacile en pedir la baja laboral. No descuide la alimentación (véase p. 60). Si se siente desconcertada ante la perspectiva de dar a luz a 2 o 3 hijos (o más), no dude en buscar apoyo psicológico y ayuda a la hora de preparar el material de puericultura adecuado.

simple falta de información. Por todo ello, se considera imprescindible que las adolescentes embarazadas reciban un adecuado apoyo psicológico y que se sometan a un control muy estricto, con consultas más frecuentes que permitirán detectar y tratar posibles problemas.

El embarazo a los 40 años

El número de mujeres que tienen un primer hijo con 40 o más años ha aumentado durante estos últimos años en la mayoría de los países occidentales. Un primer embarazo a esta edad exige una vigilancia muy estricta. Hoy en día, por ejemplo, la amniocentesis se recomienda sistemáticamente a las mujeres embarazadas de más de 35 años para detectar posibles malformaciones congénitas del feto, en especial anomalías cromosómicas, cuya frecuencia aumenta con la edad materna. Los riesgos de aborto, parto prematuro e hipotrofia del feto también son mayores, ya que la mujer está más predispuesta a tener hipertensión arterial o a desarrollar un fibroma. Finalmente, los casos de parto con cesárea son también más numerosos en las mujeres de unos cuarenta años.

Las enfermedades crónicas

Las mujeres que tienen una enfermedad crónica, sea cual fuere —diabetes, enfermedad cardíaca o renal, etc.— deben consultar al médico como mínimo desde el principio de la gestación y, si es posible, antes de quedar embarazadas, para conocer los efectos de la enfermedad sobre el embarazo y, a la inversa, evaluar la incidencia del embarazo en la enfermedad. La futura madre deberá someterse a una vigilancia muy especial, muchas veces con la colaboración estrecha entre el médico que lleva su enfermedad y el especialista que sigue su embarazo. Cuando se padecen determinadas enfermedades graves, como una afección cardíaca grave, el embarazo está radicalmente contraindicado, ya que podría poner en peligro la vida de la madre. Sin embargo, estos casos son raros. La mayor parte de las enfermedades pueden tratarse con suficientes garantías como para no impedir a una mujer concebir un hijo. A pesar de todo, la futura madre deberá someterse a un seguimiento riguroso y, a veces, será necesaria la hospitalización.

Los efectos de la droga

Las mujeres embarazadas toxicómanas se consideran pacientes de riesgo por varios motivos. A menudo son portadoras de hepatitis crónica o diversos virus, y el consumo de drogas compromete el buen desarrollo del embarazo. Además, muchas de ellas viven en condiciones de control médico insuficiente. Naturalmente, los peligros que afectan a la madre y su hijo dependen del tipo de droga.

Aunque los derivados del cannabis (hachís, marihuana) no producen malformaciones en el feto, sus efectos son idénticos a los del tabaco, razón más que suficiente para dejar de consumirlos. Las sustancias alucinógenas provocan abortos y malformaciones congénitas. Los opiáceos (morfina, heroína) y la cocaína generan una dependencia física y psíquica en la madre y, por consiguiente, en el niño desde su nacimiento. Si la gestante interrumpe el consumo de este tipo de drogas de forma súbita, puede ser víctima de un síndrome de abstinencia y el feto puede morir. Toda tentativa de desintoxicación durante el embarazo implica la hospitalización (*véase* recuadro). Cuando la madre no se ha desintoxicado durante el embarazo, un equipo de especialistas deberá hacerse cargo del niño desde el momento del nacimiento para intentar desintoxicarlo.

El uso de cocaína durante el embarazo presenta otros peligros. Aumenta los riesgos de aborto, parto prematuro, hematoma retroplacentario y feto de peso excesivamente bajo. También puede provocar graves complicaciones (infarto de miocardio, convulsiones, hipertensión arterial, perforación intestinal), que ponen en peligro la vida de la madre y la del niño.

DESINTOXICACIÓN Y EMBARAZO

Los recién nacidos que tienen síndrome de abstinencia, debido a la interrupción súbita del consumo de droga, suelen ser víctimas de convulsiones, desórdenes neurológicos y de conducta y, a veces, malformaciones digestivas, renales o cerebrales. Durante la gestación, la desintoxicación requiere hospitalización, ya que la cura debe ser progresiva. Además, para la mujer que inicia este proceso es indispensable una asistencia psicológica. A las mujeres embarazadas que se niegan o no pueden iniciar una cura de desintoxicación, al menos hay que aconsejarles que reduzcan las dosis. Por último, para una madre toxicómana está absolutamente contraindicado dar de mamar a su bebé.

La vida diaria

Alimentación, sueño, higiene, trabajo,
desplazamientos: la vida cotidiana
de la mujer embarazada se ve afectada por
la gestación. Aunque no padezca las pequeñas
molestias que puede suscitar su estado,
debe adaptar sus costumbres y cuidar
con especial dedicación su cuerpo.

La alimentación

El organismo de la madre proporciona al futuro bebé todos los nutrientes que necesita durante los nueve meses de embarazo. Comer bien es por lo tanto importante, tanto para usted como para él.

Comer bien no significa comer por dos, sino alimentarse dos veces mejor. Hoy en día se sabe que la mujer embarazada ni debe engordar mucho ni hacer regímenes para no arriesgarse a provocar graves carencias en ella o en su futuro bebé. Las proteínas, que son como la materia prima del organismo y permiten construir y renovar los tejidos; los glúcidos (azúcares), que aportan energía; los lípidos (grasas), que sirven para fabricar el sistema nervioso del niño; las vitaminas, que se encuentran en las frutas y las verduras; y las sustancias minerales son, en resumen, los elementos que satisfacen las necesidades alimenticias.

¿cuáles son sus necesidades?

Durante el embarazo, las necesidades variarán según el peso que tenía la madre en el momento de la concepción, el gasto de energía (¿hace usted deporte o lleva una vida sedentaria? ¿trabaja? ¿es su primer hijo?), las costumbres alimenticias (¿no desayuna? ¿come deprisa al mediodía? ¿es usted muy golosa?) y los aspectos hereditarios (¿es usted de una familia de personas delgadas o tiene tendencia a engordar fácilmente?).

El papel de las calorías

Las calorías son el carburante que procura energía al organismo. Cada alimento tiene un valor energético que se calcula en kilocalorías. Algunos aportan pocas; otros, muchas: 1 g de proteínas = 4 calorías, 1 g de glúcidos = 4 calorías, 1 g de lípidos = 9 calorías. De promedio, el organismo necesita de 1 800 a 2 200 calorías al día para funcionar con normalidad: debe mantener la temperatura a 37 °C, hacer trabajar los músculos y el cerebro, y cubrir las necesidades derivadas de la digestión. Cuanto más duras son las actividades, más calorías se consumen. Si no se come lo suficiente, el organismo recurre a sus reservas y se adelgaza. Si se come demasiado, las calorías se almacenan y se engorda.

LOS GRUPOS DE ALIMENTOS

Grupo 1: leche y productos lácteos. Aportan proteínas animales, calcio, materias grasas, vitamina A y vitaminas del grupo B.

Grupo 2: carne, pescado, huevos. Aportan proteínas animales, hierro, materias grasas y vitaminas del grupo B.

Grupo 3: verduras y frutas. Aportan glúcidos simples, fibra, vitamina C, caroteno, ácido fólico y sales minerales.

Grupo 4: cereales y derivados (entre ellos, el pan), patatas y legumbres. Aportan glúcidos complejos (almidón), proteínas vegetales, fibras, vitaminas del grupo B y sales minerales.

Grupo 5: las grasas de adición, la mantequilla y la nata fresca aportan vitamina A. Las margarinas y el aceite aportan ácidos grasos esenciales y vitamina E.

Grupo 6: productos dulces, postres, mermelada, azúcar, refrescos... Son fuentes de energía inmediatas.

Grupo 7: agua y bebidas varias. El agua es la única bebida indispensable. *Véase también la p. 442.*

Las necesidades de la mujer embarazada

En todos los casos, hay que cubrir las necesidades inherentes a la formación de la placenta, el aumento de las glándulas mamarias y de la masa sanguínea, el crecimiento del feto y la preparación de las reservas para poder dar de mamar (aunque no tenga previsto hacerlo).

Según la actividad física, una mujer de 25 años y peso normal requiere entre 1 800 y 2 200 calorías al día. Si está embarazada, añadirá 100 calorías a su ración habitual durante el primer trimestre; y sólo serán necesarias 250 calorías adicionales durante los dos últimos trimestres. Estas cifras son indicativas: es importante evitar los abusos, no saltarse ninguna comida y llevar una alimentación equilibrada, suficiente, variada y bien repartida a lo largo del día.

Equilibre su alimentación

Según su constitución física y su estatura, aumentará entre 9 y 12 kg durante el embarazo (*véase* recuadro). Pésese con regularidad. El aumento de peso debe ser progresivo. Intente no «picar» entre las comidas. Oblíguese a hacer tres comidas, más uno o dos tentempiés (a media mañana y por la tarde).

Coma de todo

Durante el embarazo hay que comer de todo, aunque se deban controlar algunos elementos. En primer lugar, las proteínas: son indispensables para el buen desarrollo del niño y, en especial, de su cerebro. Si su alimentación habitual ya incluía una buena cantidad de proteínas (lo que es probable), el suplemento aconsejado es sólo de 10 a 20 gramos al día. Las proteínas se encuentran en la carne, el pescado, los huevos y los productos lácteos. También contienen proteínas, aunque en menor cantidad, las legumbres y los cereales.

El calcio es necesario para la formación de los huesos y los dientes. Para garantizar las necesidades del bebé sin que la madre sufra una pérdida ósea, debe tenerse en cuenta el consumo de calcio. Los alimentos ricos en calcio son, en primer lugar, los productos lácteos y sus derivados. Además, hay que disponer de la cantidad necesaria de vitamina D, factor de absorción del calcio. La vitamina D se fabrica principalmente en la piel bajo la influencia de los rayos del sol. Por lo tanto, hay que exponerse suficientemente al sol. Los alimentos que más vitamina D contienen son los aceites de pescado, el hígado, los pescados grasos, los huevos y los productos lácteos no desnatados.

El embarazo se acompaña también de un claro aumento de las necesidades de hierro, sobre todo en los últimos meses. Lo encontrará en el hígado, la carne y el pescado, los huevos, las legumbres y, en menor cantidad, en las verduras y los cereales.

Beba mucha agua

El agua facilita los intercambios entre el organismo de la madre y del feto. Beba como mínimo entre 1 y 1,5 l de agua sin gas al día: de media, tres vasos en cada comida, más dos vasos por la mañana y otros dos por la tarde.

Además, puede beber té o café ligeros, infusiones, leche, zumos de frutas frescas sin azúcar, zumos de verduras y caldos de verduras.

Evite las sustancias nocivas

• El alcohol. Pasa directamente a la sangre de la madre y, por consiguiente, a la del futuro bebé a través de la placenta. Suprima por completo los alcoholes fuertes (aperitivos, digestivos, etc.). Renuncie a beber vino o cerveza durante los tres primeros meses (a causa de los riesgos de malformación para el niño durante este período clave). Luego, puede permitirse un vaso de vino en la comida o una copa de cava en una fiesta.
• El tabaco. El embarazo es un buen momento para que la madre (y el padre) dejen de fumar. La nicotina, el monóxido de carbono y el alquitrán tienen efectos nocivos, no sólo para los padres fumadores, sino para el feto y la placenta. El tabaquismo puede provocar abortos, nacimientos prematuros y niños de poco peso.

EL AUMENTO DE PESO DURANTE EL EMBARAZO

El peso adicional que se adquiere durante el embarazo dependerá tanto de la alimentación como de la morfología.

Los casos particulares
Comerá más si...
✤ Todavía no tiene 18 años y su crecimiento aún no ha terminado.
✤ Tiene un trabajo muy duro.
✤ Ya ha tenido varios hijos muy seguidos.
✤ Espera gemelos.

¿cómo controlarse?
El incremento de peso durante el embarazo debe ser de aproximadamente 1 a 1,5 kg al mes, es decir, de 11 a 13 kg. Un aumento de más de 15 kg se considera excesivo y uno de menos de 5 kg puede indicar un retraso en el desarrollo del feto. Durante el embarazo no se debe hacer dieta. El aumento adecuado de peso es necesario para el buen desarrollo del feto y el seguir una dieta podría suponer un menor aporte de nutrientes para el mismo. Debe tenerse en cuenta que resulta más difícil controlar el aumento de peso en las últimas etapas del embarazo, por lo que es importante no excederse en el peso durante los primeros meses.

Tras el parto, el exceso de peso se reduce en el año siguiente con una alimentación sana y equilibrada y la práctica regular de ejercicio.

Los menús de la semana durante el embarazo

Una alimentación variada, repartida en tres comidas principales, es suficiente para satisfacer las necesidades del organismo sin tener que recurrir a una cocina complicada.

Martes

MERIENDA
Muesli con yogur

CENA
Acelgas hervidas
Lenguado al horno
Fruta

DESAYUNO
Bizcocho casero
Leche entera
Fruta

MEDIA MAÑANA
Muesli con yogur

Lunes

DESAYUNO
Cereales
Leche entera
Fruta

MEDIA MAÑANA
Pan integral
Jamón
Fruta

COMIDA
Ensalada de pasta
Pechuga a la plancha
Fruta

AL ACOSTARSE
1 vaso de leche

COMIDA
Menestra de verduras
Asado de ternera
Fruta

MERIENDA
Pan con queso
y fruta

CENA
Arroz con tomate
Tortilla a la francesa
Fruta

AL ACOSTARSE
1 yogur
queso fresco

Miércoles

DESAYUNO
Zumo de frutas
Tostadas con mermelada

MEDIA MAÑANA
Pan integral con jamón
Fruta

COMIDA
Lentejas con arroz
Tortilla de patatas
Fruta

MERIENDA
Yogur y compota
 de manzana

CENA
Ensalada variada
Rape a la plancha
Fruta

AL ACOSTARSE
Requesón (60-100 gr)

Jueves

DESAYUNO
Tostadas
 con mermelada
Yogur

MEDIA MAÑANA
Pan integral
 con queso

COMIDA
Pastel de patata
Mero a la plancha
Fruta

MERIENDA
Leche y fruta

CENA
Crema de verduras
Pechuga de pavo
 a la jardinera
Fruta

AL ACOSTARSE
1 vaso de leche

Viernes

DESAYUNO
Cereales
Yogur
Fruta

MEDIA MAÑANA
1 vaso de leche

COMIDA
Arroz con gambas
 y guisantes
Librito de lomo
Fruta

MERIENDA
Pan y queso
 de untar
Un zumo de frutas

CENA
Espinacas con jamón
Bacalao fresco
Fruta

AL ACOSTARSE
1 yogur

Sábado

DESAYUNO
Leche con chocolate
Pan tostado
 con miel
Fruta

MEDIA MAÑANA
Un zumo de frutas

COMIDA
Garbanzos cocidos
Costillas de cordero
Fruta

MERIENDA
Yogur de fruta
 y galletas

CENA
Ensalada variada
Merluza a la plancha
Fruta

AL ACOSTARSE
Queso fresco
 (60-100 gr)

Domingo

DESAYUNO
Yogur de cereales
Fruta

MEDIA MAÑANA
Un yogur de frutas

COMIDA
Paella
Ensalada variada
Fruta

MERIENDA
Pan con jamón

CENA
Sopa
Croquetas de pollo
Fruta

AL ACOSTARSE
1 vaso de leche

NO OLVIDE LA BEBIDA

Un litro de agua
 o más al día:
2 vasos por la mañana
3 vasos durante la comida
2 vasos por la tarde
3 vasos durante la cena

El sueño

Un embarazo modifica inevitablemente algunas funciones del organismo. El sueño no escapa a esta norma. Puede resultar difícil dormirse o el sueño puede ser irregular a lo largo de estos nueve meses.

¿Duerme usted bien? O, por el contrario, ¿tiene por naturaleza el sueño ligero? No se sorprenda si el embarazo perturba sus costumbres en este terreno. Mientras que durante el 1.er trimestre no podrá resistirse al sueño, durante los últimos meses le resultará bastante difícil conciliarlo.

Los primeros meses

Al principio del embarazo, sentirá probablemente un deseo irresistible de dormir en diferentes momentos del día. Este fenómeno es frecuente e incluso común. Se explica por las modificaciones hormonales que sufre el organismo y no significa que exista ningún problema especial de salud.

RELÁJESE

Acostada sobre la espalda, con los ojos cerrados, concéntrese en la respiración. Estire bien el cuello, hacia atrás y hacia delante, acercando la barbilla al pecho y bajando los hombros. Coloque las palmas de las manos en la parte baja del vientre para seguir con ellas el ritmo de la respiración. Respire lentamente hasta que consiga un espiración larga y lenta, seguida de una inspiración sin esfuerzo.

A partir de ese momento, acuéstese de costado doblando las piernas. Coloque uno o dos cojines bajo la cabeza y otro entre las piernas.

Siga atenta a la respiración y deje que su cuerpo se relaje cada vez más en cada espiración. Empiece por distender bien los músculos de los pies, suba hasta la pelvis y, luego, relaje el conjunto de la espalda y los riñones hasta los hombros. Relaje los brazos, el cuello y todos los músculos de la cara, dejando que los párpados se noten pesados. Tendrá muchas posibilidades de dormirse.

Dormir mucho

Esta tendencia a la somnolencia no siempre está exenta de problemas, sobre todo, cuando se trabaja fuera de casa. Pero, tranquilícese, desaparecerá al final del 3.er mes. Dentro de lo posible, es mejor no luchar contra esta necesidad de dormir. De forma espontánea, tendrá ganas de llevar una vida tranquila y no trasnochar. Aproveche para concederse largas noches de sueño e intente encontrar momentos de reposo durante el día.

No se inquiete

Aunque sea menos habitual, para algunas mujeres el 1.er trimestre constituye curiosamente un período de noches agitadas. La espera de un bebé exige una preparación psicológica importante y la gestante puede ser víctima de una ansiedad que perturbe su sueño: miedo a no querer suficientemente a su hijo, aprensión ante la llegada de una nueva vida necesariamente diferente… Este tipo de angustia es totalmente normal y no debe dudar en hablar de ello con su pareja o con un(a) amigo(a). Siga también los consejos del médico o de la comadrona para combatir el insomnio (*véase* recuadro).

Aproveche la tregua

El principio del 2.º trimestre del embarazo es un período de calma en todos los aspectos. Las molestias del 1.er trimestre (náuseas, ansiedad) han terminado; las de los últimos dos meses aún no han empezado. El vientre se redondea y pronto notará cómo se mueve el bebé, cuya presencia se hace cada vez más evidente para los demás miembros de la familia.

Todos estos elementos contribuyen a crear un contexto de bienestar que favorece un sueño sereno. Además, todavía puede dormir en la posición que prefiera, incluido sobre el vientre: el feto se adapta a todas las posturas y no se siente nunca comprimido.

Los últimos meses

A partir del 5.º o 6.º mes, estas condiciones ideales desaparecen poco a poco. La madre tiene dificultades para encontrar una postura para dormir confortablemente, le asaltan pesadillas durante la noche o se despierta por los movimientos del bebé. Por este motivo muchas veces el final del embarazo esté marcado por el insomnio. El insomnio no tiene ninguna incidencia sobre el futuro bebé, que sigue sus propios ritmos de sueño y vigilia. Sin embargo, el cansancio resultante puede obligarla a descansar más durante el día. Si, a pesar de todo, no consigue dormir, el médico le recetará sedantes o somníferos ligeros para que no acumule un exceso de fatiga antes del parto.

Movimientos que la despiertan

Al final del embarazo, el bebé se mueve más y estos movimientos pueden despertarla en plena noche. No hay remedio para este problema. Pero al menos, tranquilícese: un feto que despliega una gran actividad nocturna puede convertirse tranquilamente en un bebé que duerma bien durante la noche.

Calambres dolorosos

Si la despiertan unos calambres en las piernas o los pies, dese un largo masaje en los músculos afectados y, manteniendo la pierna bien estirada, tire de los dedos hacia usted hasta que el dolor desaparezca. Si no consigue solucionarlo, hable de ello a la comadrona o al médico, ya que estos tirones musculares pueden deberse a una carencia de vitaminas. Un tratamiento a base de magnesio o de vitamina B podría aliviarla.

Noches agitadas

Al margen de cualquier enfermedad física, puede que las noches se vean agitadas por los sueños. El embarazo implica tales cambios que suele ser un período muy rico en sueños; aunque a veces éstos se conviertan en pesadillas, especialmente durante los últimos meses, cuando las diferentes aprensiones que se tienen se expresan durante la noche: miedo al parto, miedo a tener un hijo anormal, miedo a no saber actuar después del nacimiento. Estos temores son naturales y no debe vacilar en comentarlos durante las consultas médicas o las sesiones de preparación al parto.

¿Cómo dormir?

← Con un cojín
Al tumbarse sobre el lado izquierdo, evitará ejercer presión sobre la vena cava, que devuelve la circulación sanguínea de la parte baja del cuerpo hacia el corazón y pasa a la derecha del útero. Quizá se sienta más cómoda si coloca en su rodilla derecha una almohada o un cojín. No se preocupe si no está cómoda al principio: el cuerpo terminará adaptándose.

Sobre el lado izquierdo →
Cuando el volumen y el peso del bebé son considerables, dormir sobre el vientre es desagradable. Tumbada sobre la espalda también experimenta una sensación de malestar y ahogo. El útero ejerce presión en la vejiga y los vasos sanguíneos, lo que dificulta la circulación de la sangre y hace más difícil la respiración. Para evitar estos inconvenientes, acuéstese sobre el lado izquierdo.

Las pequeñas molestias

Unas pequeñas molestias, debidas a los mayores esfuerzos que se le exigen al organismo, jalonan a veces el embarazo. No son una amenaza ni para su propia salud ni para la del futuro bebé, pero pueden perturbar la vida diaria. Es razonable pedir soluciones que las alivien.

Lo que tiene	Lo que receta el médico	Lo que puede hacer
ANEMIA. Está cansada y pálida, se ahoga enseguida: le falta hierro y ácido fólico.	Hierro y ácido fólico a partir del 7.º mes. Unos análisis de sangre regulares para controlar el peligro de anemia y, si es necesario, un tratamiento para corregirla.	Coma berros, espinacas, lentejas, judías blancas, frutos secos, yema de huevo, hígado, chocolate, endivias, melón, queso, aguacates, pimientos e hígado de ave para el ácido fólico.
ARDOR DE ESTÓMAGO. El jugo gástrico sube con mayor facilidad hacia el esófago y le provoca ardores y eructos ácidos.	Algunos medicamentos alivian los ardores de estómago. (No tome bicarbonato.)	Evite los platos con salsas, las verduras crudas, las especias, las bebidas gaseosas, las grasas cocidas y el café. Duerma con el tronco elevado.
CALAMBRES. Unos calambres en las pantorrillas y los pies la despiertan por la noche.	Magnesio y vitamina B6 para atenuarlos.	Dese masajes en las pantorrillas de abajo arriba, tirando del pie hacia la pierna; ande con los pies descalzos; duerma con los pies elevados.
DOLOR DE ESPALDA. A partir del 5.º mes puede que sufra dolores de espalda; el útero ha crecido y tira de la columna vertebral.	Reposo, calor (bolsa de agua caliente o esterilla eléctrica); infiltraciones antiinflamatorias en caso de lumbago agudo o ciática.	Unos ejercicios cotidianos reforzarán los músculos del vientre y de la espalda; nade de espaldas; adopte una buena posición para andar, llevar cosas, etc. (*Véase* p. 72).
DOLORES ABDOMINALES. Además de los tirones de los primeros meses, un 50% de la mujeres padecen dolores abdominales, en la ingle o en la región del sacro a partir del 5.º mes.	Vitaminas y relajantes musculares.	El reposo es la única regla que se puede adoptar para aliviar el dolor.
DOLORES DEL PUBIS. Al parecer, los dolores del pubis durante el 3.er trimestre se deben a la acción de las hormonas sobre la unión de los huesos de la pelvis.	Las vitaminas de grupo B a veces son eficaces.	Aproveche cualquier momento para hacer reposo.
ESTREÑIMIENTO E HINCHAZÓN ABDOMINAL. Tiene estreñimiento desde hace poco o el estreñimiento habitual se agrava. Una hormona muy activa durante el embarazo, la progesterona, actúa sobre los intestinos, que se vuelven más perezosos.	Supositorios de glicerina y de aceite de parafina. El resto de los laxantes son peligrosos para usted y para el futuro bebé. Beba agua mineral rica en magnesio.	Coma verduras y ensalada; evite los alimentos con fécula, excepto el arroz; decántese por el pan semiintegral; beba un gran vaso de agua sin gas al despertarse; pasee durante media hora al día.
FATIGA, SOMNOLENCIA. Durante los primeros meses, se siente cansada y tiene sueño sin motivo aparente.	Nada especial, ¡descanse! (*Véase* p. 64.)	Duerma todo lo que necesite. Échese la siesta si puede y acorte sus veladas.

Lo que tiene	Lo que receta el médico	Lo que puede hacer
GANAS DE ORINAR. Tiene ganas de orinar más a menudo, ya que la necesidad aparece en cuanto la vejiga está medio llena.	Si nota quemazón al orinar, conviene hacer un análisis de orina y aplicar tratamiento para combatir una posible infección urinaria.	Beba mucho para evitar los picores que surgen si la orina está demasiado concentrada.
HEMORRAGIAS DE LAS ENCÍAS. Las encías sangran durante el cepillado.	Una limpieza de boca que realizará el dentista.	Elija un cepillo de dientes suave y aplíquese masajes en las encías.
HEMORROIDES. Esas venas varicosas en la región del ano son frecuentes al final del embarazo y producen prurito. Se atenúan después del parto.	Pomadas a base de antiinflamatorios y analgésicos, y tónicos venosos en caso de crisis —si es necesario, una pequeña operación para eliminar un coágulo.	Trate el estreñimiento (*véase* la página anterior) y evite los alimentos demasiado picantes.
INSOMNIO. Al final del embarazo, quizá sea víctima de insomnio. El futuro bebé se mueve más; los dolores y los calambres la despiertan.	Un somnífero suave en caso de insomnio más grave.	Coma poco por la noche; evite los excitantes; las tisanas podrán ayudarla a conciliar el sueño; haga un poco de relajación (*véase* p. 64.) Duerma sobre una superficie dura.
MAREOS Y PÉRDIDA DE CONOCIMIENTO. Se deben a variaciones de la tensión arterial o a una bajada del nivel de azúcar en la sangre.	Si los problemas persisten, averiguar si los mareos tienen origen diabético o cardíaco.	Pase con suavidad de la posición acostada a la posición erguida; duerma preferiblemente del lado izquierdo; evite estar mucho tiempo seguido de pie.
NÁUSEAS Y VÓMITOS. Desde la 3.ª semana hasta el 4.º mes, suelen ser frecuentes los vómitos por la mañana, las náuseas y la salivación excesiva; aunque no tienen consecuencias.	Medicamentos antivomitivos (antieméticos) y antinauseosos. Si vomita muy a menudo y adelgaza, quizá sea necesaria una hospitalización para combatir la deshidratación.	Por la mañana, levántese con suavidad; desayune en la cama si es posible. Coma poco de una vez, pero coma a menudo; evite los alimentos indigestos; beba mucho, descanse.
PECHO DOLORIDO. Casi todas las mujeres embarazadas tienen los pechos hipersensibles durante los tres primeros meses. A veces, duelen los pezones.	Ninguna recomendación particular.	Lleve los pechos bien sujetos; cambie la talla de sujetador y decántese por los de algodón; cuando se aplica cremas o lociones evite la zona de los pezones.
PRURITO. Frecuente al final del embarazo, es de una intensidad variable. La causa puede ser una modificación del funcionamiento del hígado.	Un control hepático para descartar una enfermedad del hígado; antihistamínicos. (Los medicamentos a base de cortisona, tomados durante un plazo largo, favorecen las estrías.)	Evite los productos de higiene personal alergénicos (perfumes, desodorantes). Utilice un jabón neutro y ropa de algodón.
SALIVACIÓN. A veces, la salivación aumenta mucho al final del embarazo y desaparece después del parto.	Ningún tratamiento puede evitarlo.	Intente tragar la saliva o escupirla cuando le moleste mucho.
SECRECIONES VAGINALES. Las secreciones vaginales abundantes, blanquecinas e inodoras se deben a las modificaciones hormonales. Cuidado: una secreción de líquido opalescente puede deberse a una fisura de la bolsa de las aguas.	Análisis para detectar cualquier infección vaginal. Las secreciones suelen ir acompañadas de picores o quemazón locales.	Cuide su higiene íntima; sobre todo, no realice duchas vaginales; utilice braguitas de algodón; evite los salva-slips, que favorecen las micosis y los gérmenes.
VARICES, PESADEZ DE PIERNAS. Aparecen varices o se agravan las ya existentes, a menudo acompañadas de una sensación de pesadez, calambres, picores, hormigueo o hinchazón de las piernas y los tobillos.	Medias elásticas de contención para impedir su desarrollo; tónicos venosos, cremas o geles, que pueden ofrecer un alivio momentáneo. Si las varices persisten después del parto, habrá que consultar a un especialista (flebólogo).	Evite los tacones, las prendas ajustadas, estar de pie o con las piernas cruzadas y las fuentes de calor cerca de las piernas. Dese masajes ligeros; dúchese las piernas y los pies alternativamente con agua tibia y fría; duerma con las piernas elevadas.

La belleza y los cuidados corporales

La mujer embarazada, la futura madre, no olvida sin embargo su forma física y su belleza. Algunos cuidados simples la ayudarán a paliar sin dificultades lo que podríamos llamar, púdicamente, las «pequeñas servidumbres del embarazo».

Aunque es cierto que el cansancio, las modificaciones hormonales y el aumento de peso afectan más a unas mujeres que a otras, hay que saber que algunos inconvenientes son perfectamente evitables —a poco que la interesada se preocupe. He aquí cómo sacar provecho de los cambios del cuerpo provocados por la gestación, desde la cabeza a los pies.

El cabello

Nunca ha tenido tanto pelo ni éste ha estado tan bonito. Bajo los efectos de los estrógenos, hormonas que se segregan abundantemente (*véase* p. 22), el embarazo mejora los cabellos secos y abiertos, e incluso frena la caída normal. Sin embargo, puede ser un problema para los cabellos grasos. No es grave, a condición de lavarlos con frecuencia con un champú suave y evitar, dentro de lo posible, secarlos con una fuente de calor excesivo o colocada demasiado cerca, cosas que acentuarían el problema. También se puede aplicar, después del champú, una crema de cuidado capilar regenerante.

Algunos dermatólogos desaconsejan las decoloraciones y las permanentes durante la gestación para evitar reacciones alérgicas inesperadas. Nada impide usar tintes vegetales, menos agresivos.

LAS UÑAS

En general, las hormonas del embarazo tienen un efecto beneficioso en las uñas: se vuelven más duras y crecen más deprisa que de costumbre. Si, a pesar de todo, las encuentra más frágiles, déjeselas cortas. Volverán a crecer fuertes y vigorosas después del parto. Si suele limárselas y pintárselas, nada impide que siga haciéndolo.

Durante las semanas siguientes al parto, tendrá la impresión de que se le cae mucho pelo. En realidad, no se le cae más del que se le caía antes de quedar embarazada. Para paliar una caída de cabello que le parece excesiva, siempre puede seguir un sencillo tratamiento a base de vitaminas y cistina, que acelera la salida del cabello, y tomar sales de hierro durante dos o tres meses.

Los cuidados del cuerpo

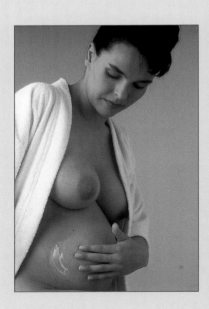

El vientre ↑
Dese un masaje en el vientre, desde el ombligo hacia las costillas y luego volviendo a bajar, con una crema con elastina.

La piel

Durante el embarazo, la piel de la cara se embellece. Es más fina, más transparente. El reposo, la supresión del tabaco y el alcohol, y una buena higiene alimentaria mejoran evidentemente la tez. Sin embargo, el embarazo deja en el cuerpo unas huellas menos estéticas. No se abandone sin hacer nada ya que, hoy en día, no es sólo posible sino que es aconsejable cuidar y prevenir estos pequeños contratiempos.

La cara

Las hormonas secan la piel. Si usted ya tenía por naturaleza una piel seca antes de quedarse embarazada, cambie sus productos de belleza. Evite los tónicos a base de alcohol para no resecar aún más la epidermis y aplíquese una crema hidratante. Deje que su piel respire lo máximo posible y no se ponga maquillaje que obstruya los poros.

• La «máscara del embarazo». Por culpa siempre de la acción de las hormonas, algunas mujeres (en especial las morenas) notan que están extrañamente pigmentadas. La «máscara del embarazo» (cloasma para los especialistas) aparece en forma de unas manchas oscuras casi simétricas en la frente, las sienes, los pómulos y las mejillas —de donde viene el nombre de *máscara*. Aunque, desgraciadamente, no existe ningún método para impedir esta acumulación de pigmento que da esa sensación de mancha, se puede limitar evitando exponer la cara al sol, sin haberse aplicado previamente una crema de protección total, y todos los productos cosméticos perfumados y con alcohol. No dude en pedir consejo a su farmacéutico si las etiquetas de los productos no le parecen claras.

Por regla general, la «máscara» desaparece después del parto, aunque, eso sí, a veces muy poco a poco. Si, a pesar de todo, ésta se mantiene, consulte a un dermatólogo. Le recetará un preparado despigmentante y le

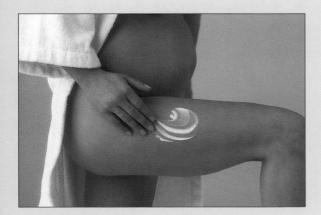

Las piernas ↑
Si nota las piernas pesadas, dese un masaje en los muslos con movimientos circulares regulares, desde el interior hacia el exterior. Puede utilizar una crema reafirmante con elastina o simplemente aceite de almendras. Pero no se haga muchas ilusiones sobre su eficacia para hacer desaparecer las estrías; aunque contribuya a mantener la elasticidad de la piel.

Los pechos ↓
Con las manos planas, realice ligeros masajes subiendo desde los pezones hacia el hombro.

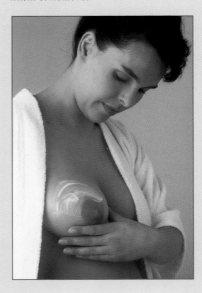

EL CALZADO

¿Tropieza a menudo? Es absolutamente normal: el centro de gravedad se ha desplazado y las articulaciones son más débiles. No es el momento ideal para montarse encima de unos tacones altos que la desequilibren todavía más. Use, por lo tanto, zapatos planos y considere 3 cm como el máximo de tacón. En cuanto a las botas, olvídelas hasta el año siguiente, ya que comprimen la pantorrilla y podrían hinchar las piernas y los pies (edemas), e incluso provocar varices. Sepa que quizá se vea obligada a comprar zapatos de uno o dos números más del que usa habitualmente y, a veces, constatará que, mucho después de parto, sigue necesitando ese número mayor.

aconsejará, sin duda, que nunca más vuelva a exponer su cara al sol sin una protección máxima (existen leches autobronceantes que consolarán en buen medida a las adeptas fervientes del bronceado).

• *Maquillaje y desmaquillado.* Para el maquillaje, una sola regla: haga lo que quiera. Lo importante es que se sienta guapa. Simplemente, tenga cuidado con los productos con alcohol y perfumados, ya que durante el embarazo aumenta el peligro de padecer alergias. Para desmaquillarse, opte por los productos suaves y no astringentes.

• *El cuello, el escote y los brazos.* Entre el 2.º y el 5.º mes de embarazo, a veces aparecen pequeños puntos rojos en forma de estrella. No se preocupe: estos «angiomas estelares» suelen desaparecer dos o tres meses después del parto.

El cuerpo

¿Las areolas de los pechos se oscurecen, a veces aparece una línea morena y vertical en mitad del vientre, las cicatrices se colorean? Todo es normal y volverá a su estado previo dos o tres meses después del parto, cuando ya no esté bajo las influencias hormonales de la gestación. La línea morena se atenuará con ejercicios de musculación, que devolverán a la piel su elasticidad y la retensarán —aunque quizá tarde un poco en desaparecer.

• *Las estrías.* Si tiene predisposición y la piel ha perdido parte de su elasticidad, corre el peligro de que le aparezcan estrías rojizas que progresivamente se vuelven blanquecinas (su tono se atenúa a menudo algu-

nos meses después del parto). Pueden aplicarse cremas antiestrías que hidratan la piel, pero nada evitará la aparición de esas estrías en el vientre, las nalgas, los muslos y los pechos. Las estrías no sólo están relacionadas con el aumento de peso, sino también con la elasticidad de la piel, que es hereditaria. Sin embargo, es recomendable darse un masaje cada día con una crema a base de elastina o, más sencillo, con aceite de almendras.

• *La higiene.* Los mismos consejos que en el caso de la cara: utilice productos no alergénicos. Lávese con un jabón suave y, si lo desea, aplíquese por la noche una leche suave y no perfumada para facilitar el buen equilibrio de la piel.

Los pechos

Aunque no utilice normalmente sujetador, llévelo durante el embarazo. Desde el principio, los pechos se hinchan bajo el efecto de la hipersecreción hormonal y la piel del pecho es muy frágil. Para que el peso de los senos no la distienda más de lo necesario, deberá sostenerlos con un sujetador bien adaptado, con copas profundas y tirantes amplios. Póngaselo también por la noche y refuerce la tonicidad de la piel del pecho con duchas de agua fresca. A pesar de que su firmeza y su aspecto ya nunca serán iguales después del embarazo (y esto no tiene nada que ver con dar de mamar), puede conservar unos pechos muy bonitos... aunque quizá tenga que comprar sujetadores de talla superior.

El tipo

En primer lugar, adopte siempre posturas correctas en todas las actividades más habituales de su vida. Saber sentarse, tumbarse y estar de pie correctamente se convierte en algo más esencial que nunca en un momento en el que las piernas y la espalda pueden sufrir bajo el peso de una carga adicional. Por regla general, los médicos aconsejan no aumentar más de 10 o 12 kg durante la gestación, para evitar una sobrecarga ponderal. Pero muchas mujeres aumentan más de peso sin que por ello tengan un mayor número de problemas.

Su aspecto general dependerá también de cómo se vista. Los vestidos cómodos, en los que no se sentirá comprimida —sin olvidar un calzado plano y de número adecuado (*véase* recuadro)— no harán más que mejorar su tipo, ya que se sentirá mejor en su propio cuerpo.

La posición del cuerpo

Aprenda a estar de pie y sentada sin que le moleste el vientre. Realice con regularidad algunos movimientos sencillos de gimnasia o, incluso, un poco de deporte (*véase* p. 82). Manténgase recta, basculando la pelvis hacia delante pero sin arquear los riñones ni contraer los abdominales. Gracias a unos ejercicios apropiados (*véase* pp. 72-77) puede también hacer trabajar con suavidad algunos músculos, como los de la espalda, que suelen ponerse a prueba durante el embarazo. Los ejercicios le permitirán ganar flexibilidad y control del cuerpo, con lo que obtendrá un auténtico bienestar físico.

La ropa

Ante todo escoja ropa cómoda, lo que no significa poco elegante. Con unas mallas, una camisa o un jersey amplios unirá comodidad y estética. Los fabricantes de ropa premamá ofrecen modelos que siguen las modas y, especialmente, pantalones muy adaptables, de talla variable y perfectamente cortados, que sirven desde el principio hasta el final del embarazo. Algunas mujeres llevan encantadas grandes camisetas (en verano) o jerseys muy amplios (en invierno) y destacan el vientre anudando un gran pañuelo por debajo. Todas las fantasías están permitidas, con una sola condición: que la ropa no apriete.

• *La ropa interior.* Elíjala de algodón para evitar alergias y micosis. Los tejidos sintéticos favorecen la proliferación de gérmenes vaginales, sobre todo durante el embarazo.

• *Medias y panties.* Dado que el uso de ligueros es casi imposible y que las gomas a medio muslo son poco recomendables para la circulación sanguínea, renuncie a las medias y lleve panties. Los hay especiales para embarazadas, aunque también puede usar los que utiliza normalmente cortándolos por la cintura. Si nota las piernas pesadas o tiene tendencia a las varices, compre medias elásticas compresivas. No se asuste del nombre: algunas son bonitas, las hay en todos los colores y le proporcionarán una comodidad y un bienestar insospechados.

♟ QUISIERA SABER

¿Es verdad que el acné desaparece durante el embarazo?

♟ Generalmente sí, pero por desgracia no para siempre. El acné vuelve, y muchas veces con más fuerza, después del parto. Si se agravase durante la gestación, como ocurre en algunas ocasiones, evite la exposición al sol y consulte a su dermatólogo para que efectúe una limpieza de piel y le recete un tratamiento local.

¿Qué son las estrías?

♟ Son unas marcas primero rojizas y luego blancas, en forma de rayas, que aparecen en la piel. Se deben a la rotura, y no a la distensión, de la fibras elásticas de la dermis en algunas pieles que son menos elásticas. Un aumento grande de peso no es, por lo tanto, la única causa, aunque las favorece. Las estrías suelen surgir hacia el 6.º mes de embarazo. Las pieles más jóvenes parecen ser las más propensas.

¿Hay que llevar un cinturón de embarazo?

♟ No sólo su eficacia no ha sido nunca demostrada, sino que está totalmente desaconsejado en caso de embarazo normal. Si los músculos abdominales no trabajan, les costará mucho más volver a su tono normal después del parto.

En caso de pérdidas, ¿qué tipo de protección hay que utilizar?

♟ Cambie a menudo de braguita o utilice salva-slips (con moderación para evitar las irritaciones alérgicas). No se ponga compresas, salvo en caso de hemorragia, y descarte completamente los tampones a causa de los riesgos de infección.

¿Es cierto que durante el embarazo se debilitan los dientes y las encías?

♟ Con una alimentación equilibrada no tendrá ningún problema de descalcificación. Por el contrario, muchas mujeres sufren gingivitis durante el embarazo por culpa de la fragilidad de los vasos sanguíneos y el sarro y la placa dental. Pida a su dentista que le haga una limpieza de boca y trate la gingivitis con enjuagues. Para mayor seguridad, pida que le recete flúor en comprimidos.

¿Tiene la piel tendencia a ajarse durante el período del embarazo?

♟ Bajo la acción de las hormonas, la piel de la cara y del cuello pueden secarse un poco, lo que agrava la situación de las pieles naturalmente secas y frágiles. Puede poner remedio con una buena crema de día y de noche.

La gimnasia diaria

A lo largo del embarazo, el bebé va aumentando de peso y desestabiliza el equilibrio habitual de la madre. Algunos ejercicios sencillos, realizados con regularidad, ayudan a que el cuerpo trabaje correctamente, con lo que se evitan los dolores de espalda.

Estar de pie correctamente

Este ejercicio permite estirar las vértebras y los músculos cervicales. Póngase de pie con los pies ligeramente separados, a una distancia igual al ancho de su pelvis. Cierre los ojos. Intente concentrarse en cómo se mantiene en equilibrio. Nota cómo su cuerpo oscila suavemente de delante a atrás y de derecha a izquierda (véase, más adelante, «Basculación de la pelvis»). Imagínese entonces que tiene un jarrón encima de la cabeza y que intenta llevarlo sin que se le caiga.

Sentarse cómodamente

Para evitar ataques de ciática, dolores de espalda y trastornos de la circulación, cuando está sentada el eje de los muslos tiene que formar un ángulo recto con el del abdomen. El problema es que la sillas son siempre demasiado altas, lo que anima a cruzar las piernas para reequilibrar el cuerpo. Y la columna vertebral, desestabilizada, entorpece la circulación de los miembros inferiores. Solución: busque un apoyo para poner las piernas a una altura superior.

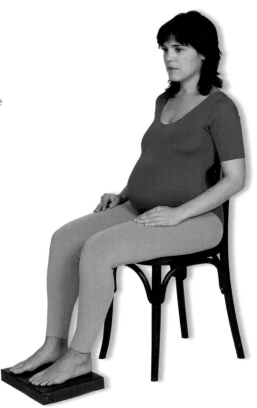

Tumbarse en el suelo

Está menos flexible y, quizá, le moleste el vientre. Estos son algunos consejos para pasar de la posición erguida a la posición acostada sobre el suelo. Esta forma de actuar debe convertirse en un reflejo. Repita el ejercicio varias veces seguidas: le sorprenderá su sencillez.

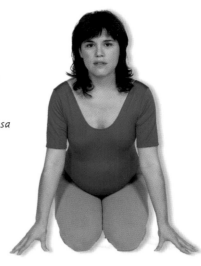

1. Primero, póngase en cuclillas manteniendo la espalda bien recta. De esta forma, todo el peso del cuerpo descansa en las piernas y no se fuerzan ni la espalda ni los abdominales.

2. Luego, póngase de rodillas, con las nalgas apoyadas ligeramente en los talones.

3. Siéntese sobre el costado apoyándose en las manos. El eje del cuerpo debe desplazarse con suavidad.

4. Recuéstese suavemente sobre el costado y separe poco a poco los brazos, siempre apoyando las manos.

La posición tumbada sobre la espalda quizá le parezca muy incómoda. En ese caso, modifíquela recostándose sobre el lado izquierdo. Esta molestia se explica por la presión que ejercen el peso del feto y el volumen del útero sobre ciertos vasos sanguíneos. El útero por sí solo pesa 1 kg al final del embarazo, el niño unos 3 kg, el líquido amniótico un poco más de 3 kg y la placenta 500 g. No es por lo tanto sorprendente que, con esta sobrecarga desacostumbrada, la pared de los vasos, aún cuando mantenga su tono, resulte comprimida y en consecuencia que el caudal sanguíneo se ralentice.

5. Ahora, podrá acostarse completamente. Doble los brazos y déjese caer lentamente sobre la espalda.

Ejercitar las piernas

Este es un ejercicio que se debe practicar con regularidad para favorecer la circulación de la sangre en las piernas (a poder ser, después del «puente», que permite estirar la columna vertebral, véase p. 96). Repita el ejercicio con cada pierna varias veces. Si nota que se le cansa el muslo, puede sostenerlo con las manos.

1. Tumbada sobre la espalda y con las piernas flexionadas, respire tranquilamente.

2. Levante la pierna derecha hasta la vertical. Efectúe movimientos circulares con el pie, primero en un sentido y, luego, en el otro. Baje después la pierna derecha y repita el ejercicio con la izquierda. Si al levantar la pierna hacia el techo siente dolor o tensión, no la fuerce. Coloque simplemente el tobillo derecho sobre la rodilla izquierda (o a la inversa) y mueva luego el pie, siempre como si quisiese dibujar una circunferencia.

Basculación de la pelvis en posición erguida

Cuando está de pie, sobre todo al final del embarazo, el peso del bebé empuja el vientre hacia adelante y le obliga a arquear la espalda. El siguiente ejercicio permite atenuar la combadura de la espalda manteniendo el vientre relajado. Repítalo varias veces seguidas e intente acordarse de rectificar su postura en cuanto se ponga de pie.

1. De pie, con los pies separados una distancia equivalente a la de la pelvis, sitúe una mano a la altura del ombligo y la otra en la depresión lumbar.

2. Deje que la mano de detrás resbale hasta las nalgas, mientras la que tiene en el vientre sube hacia el pecho. Permita que la pelvis siga este movimiento. El pubis sube hacia arriba. La curvatura lumbar se atenúa. El vientre está flexible.

Levantarse por etapas

Al levantarse por etapas, evitará los movimientos que debilitan la espalda y que los músculos abdominales trabajen en exceso.

1. Está tumbada de espaldas en la cama o el suelo después de un ejercicio. Flexione las piernas, con los pies planos, y gire hacia un lado.

2. Utilice la mano que queda arriba para apoyarse; incorpórese sobre el otro codo. Gírese para ponerse a gatas.

5. Levántese apoyándose en ese pie y poniendo el otro al lado. Ya está usted de pie. La combadura lumbar es la correcta.

4. Ponga un pie en el suelo, controlando que lo sitúa lo más cerca posible de la rodilla opuesta y manteniendo la espalda bien recta.

3. Compruebe que está bien apoyada en las rodillas y las manos. Acerque las manos hacia las rodillas.

Masaje del cuello y de la nuca

Un masaje de este tipo en la región del cuello y de la nuca, centro de muchas tensiones, favorece la relajación muscular y la circulación sanguínea en esta zona.

1. Empiece por adoptar una posición cómoda, por ejemplo, sentada con las piernas entrecruzadas. Levante un poco las nalgas para que el plano de los muslos esté en ángulo recto con el del abdomen. Manténgase recta con las manos sobre las rodillas.

Cierre los ojos si le ayuda a concentrarse y a notar mejor los movimientos. Primero, efectúe movimientos de delante hacia atrás.

2. Empuje la cabeza hacia delante hasta que el mentón toque la parte alta del pecho. Luego, levante suavemente la cabeza.

3. Vuelva a la posición inicial evitando que la cabeza sobrepase el eje de los hombros. Repita el ejercicio cinco veces.

4. Ahora, realice movimientos de derecha a izquierda. Primero, mire hacia delante y gire la cabeza manteniendo la barbilla a la misma altura.

5. Luego, gire la cabeza hacia el otro lado, como si dijese «no», cuidando siempre de no dejar caer la barbilla. Repita el ejercicio cinco veces.

La mecedora

Este ejercicio, que constituye un auténtico masaje de la espalda, alivia los frecuentes dolores lumbares que se padecen al final del embarazo. Se trata de un automasaje que se puede hacer en solitario y tantas veces como sea preciso. Antes de realizar los movimientos, debe desbloquear la espalda con el ejercicio del puente (*véase* p. 96).

1. *Correctamente tumbada sobre la espalda y con las piernas juntas, cójase las piernas justo por debajo de las rodillas. Los brazos deben estar relajados y no deben tirar de las rodillas hacia el pecho. Las manos sólo sirven para mantener juntas las rodillas.*

2. *Déjese caer suavemente sobre el costado izquierdo, pero sin pasarse, para no tener que esforzarse demasiado al volver a la posición inicial.*

3. *Vuelva a la posición inicial. La cabeza, la nuca y la espalda deben estar siempre en el eje de las piernas.*

4. *Déjese caer ahora hacia el lado derecho. Guíese por el movimiento, por su ritmo.*

5. *Disfrute plenamente de los efectos calmantes de este movimiento de mecedora. La respiración se va soltando y la espalda se relaja cada vez más, mientras se mece suavemente de un lado a otro.*

El trabajo durante el embarazo

Al igual que muchas mujeres de hoy en día, tiene usted una actividad profesional. Ahora que está embarazada, ¿qué se puede hacer para que el embarazo no sufra las consecuencias y que el trabajo tampoco se vea afectado?

El embarazo es un estado natural y no una enfermedad, pero a veces exige modificar un poco el modo de vida. ¿En qué medida afectará esta situación al trabajo? Y, a la inversa, ¿el trabajo puede influir en el desarrollo del embarazo? Estas preguntas requieren respuestas matizadas que dependen de cada mujer —de cómo se presenta el embarazo— y de la naturaleza del trabajo. Tampoco hay que olvidar que las mujeres que no trabajan fuera de casa suelen realizar un trabajo efectivo igualmente importante, se trate de las actividades del hogar o del cuidado de otros hijos.

Un efecto muchas veces saludable

Contrariamente a lo que se cree, el riesgo de parto prematuro es menor para las mujeres que ejercen una actividad profesional que para el resto. ¿Tiene, pues, un efecto saludable el trabajo? Indirectamente, sí. Las mujeres que trabajan suelen estar mejor informadas y mejor controladas en el plano médico. Sin olvidar que el trabajo no tiene por qué ser obligatoriamente agotador: seguir realizando una actividad que gusta, mantener el contacto con los colegas o los clientes y permanecer abierta al mundo exterior presentan también aspectos positivos en el terreno psicológico.

El ejercicio de una profesión no es, por lo tanto, en sí mismo un factor de riesgo para la gestante, aunque puede serlo en ciertos casos. Por ejemplo, las mujeres que ya han sufrido un aborto o un parto prematuro en un embarazo anterior y las que esperan gemelos o trillizos se arriesgan a que su(s) hijo(s) nazcan antes de tiempo. Para prevenir ese peligro, deben descansar, lo que puede significar tanto limitar las labores domésticas como pedir una modificación del horario de trabajo o dejar de trabajar antes del plazo previsto por la legislación vigente. Pero, si el embarazo no presenta complicaciones particulares, no hay ningún motivo que impida que la futura madre siga trabajando si quiere hacerlo.

condiciones de trabajo difíciles

No obstante, incluso en los casos en los que la gestación se presenta con normalidad, puede ocurrir que un trabajo por sí mismo duro constituya un peligro de parto prematuro. Las mujeres embarazadas que trabajan en condiciones difíciles (alrededor del 20% de la población femenina activa) tienen hasta un 40% de partos prematuros, frente al 6% de media en los países occidentales. Bajo esta clasificación se pueden englobar principalmente cuatro categorías profesionales: las dependientas, el personal médico-social, las obreras especializadas y el personal de industrias de servicios. Las condiciones de trabajo de estos oficios suelen ser duras.

El trabajo en cadena, el estar de pie durante más de tres horas consecutivas o el transporte repetido de car-

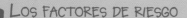

LOS FACTORES DE RIESGO

Estar de pie durante más de tres horas.

Llevar cargas de más de 10 kg.

Trabajar en un ambiente frío, demasiado seco o demasiado húmedo.

Estar expuesta a un nivel de **ruido** alto o a las vibraciones de las máquinas.

Tener que realizar **trayectos** cotidianos de más de una hora y media.

CUIDARSE DURANTE EL EMBARAZO

Según los países, la legislación prevé un cierto número de semanas de reposo antes de la fecha prevista del parto. Si es necesario, el médico que la sigue también puede prescribir bajas adicionales.

Infórmese y siga algunas recomendaciones que, en la mayoría de los casos, son más cuestión de sentido común que de reglamentación.

En casa

Está claro que ahora que está embarazada no debe ponerse a hacer la limpieza general del año. Intente que la ayuden en las tareas cotidianas y en el cuidado de los niños. Al ver que la familia va a aumentar, ¿quizás tengan previsto mudarse? Si es así, intente hacerlo hacia la mitad del embarazo, mejor que al principio o al final. Si le han dado la baja laboral, siga escrupulosamente los consejos del médico o la comadrona que la tratan y saben lo que le conviene: una simple reducción de la actividad o, en algunos casos, un reposo en cama durante varias horas al día. Si puede permitírselo, contrate una empleada del hogar. No olvide interrumpir regularmente su actividad, tanto en casa como en el trabajo, para hacer algunos movimientos de relajación (véase p. 72).

Su oficio

Tenga cuidado con el cansancio y el estrés. No multiplique las actividades que se añaden a su trabajo. Esté atenta a las condiciones en las que trabaja (véase recuadro). Si ejerce una profesión especialmente dura, pida a su empresario o jefe de personal un cambio de puesto o, al menos, una reducción del tiempo de trabajo o un ajuste de los horarios. Si su profesión la expone a productos tóxicos, hable con el médico de la empresa en cuanto sepa que está embarazada para obtener un traslado durante la gestación.

Los desplazamientos

Cuando tenga que utilizar los transportes públicos, no dude en hacer valer sus derechos: debe aprovechar la prioridad para ocupar los asientos. No corra por los pasillos del metro o para coger un autobús que está a punto de arrancar sin esperarla. Tenga cuidado para no resbalar o tropezar en las escaleras. No se precipite. De forma general, sea cual fuere el tipo de transporte, intente limitar la duración y el número de desplazamientos a lo largo del día (a poder ser, no más de media hora diaria).

---

gas pesadas (superiores a 10 kg) son evidentemente fuentes de cansancio perjudiciales para las gestantes. El propio entorno puede ser desfavorable: es el caso de los lugares con un nivel sonoro ambiente elevado, cuando hay que padecer las vibraciones de las máquinas o trabajar en una atmósfera muy fría, muy seca o especialmente húmeda.

Finalmente, una jornada laboral semanal superior a las 40 horas y unos trayectos cotidianos de más de una hora y media (lo ideal sería que no llegasen a sobrepasar la media hora) son también factores de riesgo nada desdeñables.

Cuanto más alto es el número de factores negativos que conlleva un tipo de trabajo, más elevado es el riesgo de un parto prematuro. En ese caso, tendrá que pedir un traslado a otro puesto y, si fuese necesario, hablar con su médico si la empresa no quiere tener en cuenta su embarazo. No olvide que los ruidos, las malas posturas, el cansancio, etc., también deben vigilarse si ejerce una actividad profesional en su domicilio. Esté alerta.

Oficios peligrosos

En último lugar, existen profesiones que representan un peligro para la mujer embarazada y, en especial, para el feto, porque implican, por ejemplo, la manipulación de productos químicos tóxicos o la exposición a radiaciones. Las enfermeras y las mujeres que trabajan en los servicios de radiología o en la industria química pueden verse afectadas por este tipo de peligros.

Si usted ejerce una de estas profesiones, tiene que tomar precauciones desde el principio del embarazo y consultar lo antes posible con el médico de su empresa. En los países occidentales, los sistemas de protección social suelen tener en cuenta estos casos particulares y el médico podrá intentar que la trasladen a otro puesto. También, si trabaja en contacto con niños en calidad de maestra, enfermera de pediatría, etc., y no está inmunizada contra la rubéola, tendrá que ser aislada temporalmente si se declara una epidemia en el centro donde trabaja.

Los desplazamientos y los viajes

Si el embarazo evoluciona sin problemas, nada impide viajar. Sin embargo, hay que evitar los desplazamientos largos a partir del 7.º mes: la posibilidad de un parto prematuro ya no se puede excluir, por lo que es mejor no alejarse mucho de la maternidad.

A veces, los viajes están desaconsejados para las mujeres embarazadas porque pueden generar incomodidad y cansancio, y consiguientemente aumentar el riesgo de parto prematuro. Pero todo depende de las condiciones en las que vaya a desplazarse.

Los medios de transporte

No se pueden establecer comparaciones entre un paseo en bicicleta, un trayecto en autobús o en coche, y un largo viaje en tren o en avión. Para los desplazamientos fuera de la ciudad donde se vive, recuerde que el tren es preferible al coche, y el avión, al tren.

La bicicleta

Es un medio de transporte práctico pero incómodo. Somete el cuerpo a numerosas vibraciones y exige esfuerzos musculares poco recomendables para la mujer embarazada, sobre todo a partir del 4.º o 5.º mes. Renuncie a la bici en cuanto el vientre se redondee para evitar una caída que podría tener graves consecuencias para el futuro bebé.

LOS BUENOS REFLEJOS

Para prevenir cualquier sorpresa desagradable, antes de salir de viaje pida a su médico o comadrona una carta que resuma los elementos que figuran en su historial.

En cuanto llegue, localice el médico o el hospital más cercano.

Durante la estancia, evite los programas demasiado cargados de actividades y vigile su alimentación.

El autocar y el autobús

Los recorridos cortos en autocar no plantean ningún problema, a condición de viajar sentada. Además, en los transportes urbanos suele haber plazas reservadas para las gestantes. De todas formas, procure no usar los transportes públicos en las horas punta y no corra para coger un autobús o un metro que esté a punto de salir.

El coche

En ciudad o para los trayectos cortos (menos de una hora), este medio de transporte no plantea ningún problema, siempre y cuando no se vaya demasiado deprisa y se eviten los recorridos con badenes o baches. No olvide que el cinturón de seguridad sigue siendo obligatorio para las embarazadas. Áteselo colocando la banda abdominal bajo el vientre y no alrededor, como tenía por costumbre. Naturalmente, descarte las excursiones en un todoterreno, que están formalmente desaconsejadas desde el principio del embarazo.

Para las distancias largas, conviene respetar una serie de reglas de prudencia que se basan, sobre todo, en el sentido común. Sea cual fuere el destino de las vacaciones, empiece a organizar la salida con antelación para evitar los preparativos febriles de última hora.

• La primera norma. Arrégleselas para pasar una consulta prenatal justo antes de la partida. El médico la auscultará y, en caso necesario, le desaconsejará este medio de transporte. Si lo considera oportuno, podrá recetarle algún medicamento para que no tenga contracciones.

• La segunda norma. No haga demasiados kilómetros seguidos. La recomendación que se suele hacer a todos los conductores de pararse cada dos horas está más justificada que nunca en el caso de una embarazada. No prepare, pues, fines de semana en la carretera ni vacaciones turísticas en coche. Y, en cuanto llegue a su destino, ¡piense sólo en el reposo!

• La tercera norma. Sea usted la acompañante o la conductora. Recuerde que la conducción debe ser tranquila, sin aceleraciones ni frenazos bruscos.

El tren

A partir del 7.º mes, los trayectos en coche de más de tres horas están desaconsejados, ya que pueden provocar contracciones anormales. En las distancias largas, opte por el tren. En el tren, no está obligada a permanecer sentada durante horas: puede moverse por los vagones y, en su caso, viajar de noche, acostada.

El avión

No tienen ningún peligro para la mujer embarazada y constituye el medio de transporte más indicado para las largas distancias. La mayor parte de las compañías aceptan llevar mujeres embarazadas hasta el 8.º mes. A partir de ahí, piden una carta del médico en la que autorice ese medio de transporte (para evitar partos en el avión). Durante la duración del vuelo, coma con moderación y beba mucha agua. En la altitud, las piernas tienen tendencia a hincharse y con mayor motivo cuando se está embarazada. Instálese cómodamente, quítese los zapatos, haga algunos movimientos para relajarse y no dude en pasear por el pasillo (al menos un rato cada hora) para activar la circulación sanguínea de las piernas. Al llegar, la misma consigna que en el caso del coche: descanse.

Los viajes al extranjero

Una diferencia horaria importante y los bruscos cambios de clima o de alimentación exigen al organismo un gran esfuerzo de adaptación y generan un cansancio evidente: viajar a países lejanos tiene sus riesgos.

Evite, sobre todo, los países tropicales: la vacuna para la fiebre amarilla, obligatoria para ir a varios países, está contraindicada durante la gestación y esta enfermedad puede ser mortal. También el paludismo, o malaria, es una amenaza para la vida de la madre (peligro de hemorragia) y la del hijo (peligro de aborto o parto prematuro). Recuerde que si viaja a un país donde el paludismo es endémico, debe tomar un medicamento para prevenir el contagio desde dos semanas antes de la partida y hasta varias semanas después del regreso: solicite instrucciones a su médico, que le recetará el producto más apropiado para su estado.

Sepa, finalmente, que para las tan típicas diarreas de los turistas no se dispone de ningún tratamiento preventivo fiable. Su principal peligro es que pueden provocar una importante deshidratación del organismo.

Antes de viajar al África tropical, a Asia o a América del Sur, infórmese sobre las enfermedades endémicas en esos países.

LAS VACACIONES DE VERANO

Aunque cuando se está embarazada viajar exige tomar algunas precauciones, embarazo y vacaciones hacen buena pareja. Con la condición de ser siempre prudentes. Escoger el reposo o la relajación y evitar las excursiones peligrosas no impiden disfrutar de unas verdaderas vacaciones.

✤ Opte por la siesta lo más a menudo posible, preferentemente a la sombra o en una habitación fresca, antes que ir a visitar el castillo de los 500 escalones o recorrer con la mochila a la espalda las colinas circundantes.

✤ Intente no bañarse en los ríos, lagos o marismas, ni andar con los pies descalzos por el barro o la tierra húmeda. El agua suele contener parásitos que pueden penetrar la epidermis.

✤ Renuncie a las exposiciones prolongadas al sol en la playa o en una piscina: pero ande por la orilla (con un sombrero en la cabeza y una crema de protección total en la cara) para aliviar las piernas.

✤ No olvide meter en las maletas una crema solar eficaz, gafas de sol, un sombrero, ropas amplias y frescas y calzado apropiado.

✤ No beba agua corriente, ni alimentos crudos (ensaladas, crustáceos), sobre todo en los países tropicales.
Por el contrario, beba de dos a tres litros de agua mineral al día para luchar contra la deshidratación debida al calor, que se puede agravar en caso de diarrea.

✤ Ante la más pequeña alarma (fiebre, contracciones, pérdidas), no dude en consultar a un médico y no achaque estos posibles problemas, por ejemplo, al exceso de calor.

El deporte y el embarazo

¿El deporte es un peligro o, por el contrario, algo beneficioso para la embarazada? Sin duda, algo beneficioso, pero sólo con una doble condición: que se renuncie a los deportes demasiado violentos y que se practique el ejercicio físico con moderación.

Las modificaciones del organismo debidas al embarazo no impiden realizar una actividad física regular, en especial durante los primeros meses. En el 2.º y, sobre todo, el 3.er trimestre, la situación es diferente: el útero, por su volumen, limita la movilidad del cuerpo e impide los movimientos normales del principal músculo respiratorio, el diafragma. Los músculos abdominales, distendidos, ya no desempeñan tan bien su papel de fijadores de la columna vertebral y la caja torácica. De ahí los dolores de riñones o las crisis de ciática que afectan a las embarazadas y que les impiden realizar cualquier actividad deportiva. Pero, para prevenir estos problemas, el deporte es precisamente el tratamiento terapéutico que puede resultar más eficaz. También permite mantener el tono cardíaco y la capacidad respiratoria. Sólo hay que respetar una condición: saber moderarse.

¿Qué deportes practicar?

Si el embarazo no presenta ningún problema especial, andar, nadar y hacer gimnasia son muy adecuados para mantenerse en forma.
- **La marcha.** Es beneficiosa y no ofrece peligros. El *jogging* sólo debe practicarse a lo largo del 1.er trimestre.

DEPORTES PROSCRITOS

Hay deportes que, por su naturaleza, están contraindicados durante todo el embarazo: el windsurf (en cuanto el viento supera la fuerza 3), el esquí náutico, el salto de trampolín, el submarinismo y el piragüismo. Otros también se desaconsejan por culpa del riesgo de caídas: la bicicleta (salvo los tres primeros meses) —en especial la bicicleta de montaña—, la equitación (exceptuando el 1.er trimestre), los deportes de combate y el esquí alpino. Algunos deportes exigen esfuerzos musculares excesivos para una mujer embarazada: el esquí de fondo y el tenis (sobre todo a partir del 4.º mes).

¿Prefiere la bicicleta? Pues, ¿por qué no?; al menos al principio del embarazo —pero renuncie a la bicicleta de montaña. Cuidado con las caídas, son peligrosas para el bebé a partir del 2.º trimestre.
- **La natación.** Es el deporte ideal y se puede practicar hasta el final del embarazo sin restricciones. La natación mejora enormemente la circulación venosa. En caso de lumbalgia, nade sobre todo de espaldas.
- **La gimnasia.** Es una actividad física perfectamente adaptada al embarazo aunque nunca se haya practicado (*véase* pp. 72-77). Pero, ¡atención!; estamos hablando aquí de gimnasia, no de aerobic ni de musculación, que es un tipo de ejercicio que exige un esfuerzo enorme y está desaconsejado.

Saber moderarse

La tasa media de abortos (que se acerca al 15 %) no es superior entre las adeptas al deporte. La frecuencia de los embarazos extrauterinos o de malformaciones del feto es también idéntica en las mujeres deportistas. La práctica moderada de un deporte tampoco tiene incidencia sobre la duración del embarazo. Por el contrario, los esfuerzos físicos violentos y repetidos aumentan el riesgo de parto prematuro. Las sacudidas y las vibraciones que provocan ejercen una fuerte presión del contenido del abdomen sobre el cuello del útero, que se abrirá antes. Además, durante los grandes esfuerzos, el cuerpo segrega una gran cantidad de hormonas (adrenalina y noradrenalina) que producen contracciones.

La moderación es, por lo tanto, la palabra clave en cuanto se habla de práctica deportiva para las mujeres embarazadas. Se ha realizado un estudio sobre un grupo de veinte mujeres embarazadas sometidas a un ejercicio moderado durante los últimos seis meses del embarazo.

Al nacer, el peso y la vitalidad de sus bebés eran normales, totalmente comparables a los de los bebés de la población general. Por el contrario, los niños de mujeres que han efectuado esfuerzos físicos grandes tienen al nacer un peso inferior a la media.

La vida afectiva y familiar

El embarazo no implica sólo modificaciones
en el cuerpo de la mujer o en su forma de vida.
También afecta a su vida íntima y a la de los
que la rodean. Un futuro nacimiento
es un acontecimiento trascendental,
desconcertante incluso, pero que enriquece
la evolución personal.

La futura madre

El embarazo no sólo se traduce en modificaciones del cuerpo o en el modo de vida de la mujer. Es una experiencia personal incomparable que afecta también a las emociones y los sentimientos más profundos, que modifica las relaciones con los demás.

La maternidad se percibe a veces como la coronación de la feminidad o como la iniciación a la edad adulta, y es un momento esencial en la vida de una mujer y de una pareja. En nuestra sociedad occidental, donde el descenso del número de nacimientos hace valorar más a los niños, esperar un hijo representa para la futura madre un cúmulo de exigencias. Desde hace unas pocas décadas, la anticoncepción ha proporcionado a la mujer una libertad de elección desconocida hasta entonces. Sin embargo, esto no quiere decir que hoy en día le resulte más sencillo vivir su embarazo. Se supone que está capacitada para asumir su estado y «tener éxito» en su maternidad, al igual que en su vida amorosa y en su carrera profesional. Pero, esperar un hijo, traerlo al mundo y prepararle su espacio en el seno de la pareja y de la familia siguen siendo una aventura. Con el embarazo, la madre se sitúa en la encrucijada de sus propios deseos y de los de sus familiares más cercanos. De

esta forma, es probable que a lo largo de esos nueve meses experimente sentimientos nuevos. No se asuste si la sorprenden, o incluso si la desconciertan; los comparte con muchas otras mujeres. No vacile en hablar de ellos.

Los cambios de los primeros momentos

Lo había esperado, lo había deseado: ¡está embarazada! Y feliz. Pero esta felicidad tan deseada se tiñe enseguida de una cierta nostalgia, de una cierta ansiedad e, incluso, de unas emociones encontradas que, a veces, le dan miedo. Está convencida de que ha alcanzado su sueño más dorado, pero la satisfacción que le provoca no está exenta de sombras. Su entorno todavía ignora su estado. Usted es la única que vive las primeras señales. Las preguntas la asaltan, pero no encuentra respuestas.

Una mezcla de alegría y preocupación

Usted quiere a ese hijo y al mismo tiempo no lo quiere; está contenta de estar embarazada y quisiera no estarlo; se siente orgullosa, pero muchas veces está a punto de estallar en sollozos; duda de su capacidad para ser una buena madre; llora ya pensando en la libertad perdida… Inquietud, culpabilidad, miedo a no estar a la altura: experimentará alternativamente sentimientos de amor y odio por su futuro hijo.

Lejos de ser anormal, esta «ambivalencia» —como dicen los psicólogos— es una etapa obligada en la evolución psicológica. Incluso aunque no lo sospeche, sólo es el eco de la crisis que atravesó durante su más tierna infancia, cuando se sentía perdida al levantarse, cuando tenía hambre y esperaba entre llantos la llegada de su madre, de la que dependía totalmente.

HABLAR DEL BEBÉ

Quizá se siente desconcertada por los sentimientos que suscita en usted el embarazo, aunque no sea el primero. Es totalmente normal. Pero es importante poder compartir esas emociones. La perspectiva de un futuro nacimiento afecta por igual a los demás miembros de la familia. Hable con el padre: él probablemente también está turbado por un acontecimiento que no entiende del todo pero que afecta profundamente a la vida íntima de la pareja. Si ya tiene otros hijos, conteste a sus preguntas: sobre todo quieren que se les tranquilice. No dude en hacer partícipes de las dudas o inquietudes al médico o la comadrona que llevan su seguimiento.

Una fragilidad muy real

Sometida a importantes modificaciones hormonales, físicas y psicológicas, la mujer embarazada suele ser a veces especialmente vulnerable: se siente abandonada, excluida, rechazada, como cuando era una niña; los psicólogos dicen que «sufre una regresión». Es posible que reviva emociones olvidadas de la infancia. Por ejemplo, usted se consideraba una mujer independiente y resulta que, ahora, exige la presencia de su madre cerca de usted; era más bien autónoma en sus actividades y, ahora, desea que su marido la mime. Tiene repentinos deseos de comer o, al contrario, las cosas le dan asco y náuseas…

La imagen idealizada de la mujer embarazada resplandeciente y elegante que puede con la gestación, la vida familiar y el trabajo le resulta completamente ajena; está cansada, nerviosa, llora por nada y se siente agresiva. El caparazón que se tiene habitualmente contra las tensiones y el estrés se ha agrietado. El embarazo la hace estar más atenta a sí misma, mientras que el mundo exterior le interesa menos; la depresión aprovecha la ocasión para manifestarse. Sepa, sin embargo, que de esta marea de emociones, a veces desagradables y momentáneamente desestabilizadoras, sacará las fuerzas y el valor necesario para volver a arrancar y avanzar.

La felicidad de estar embarazada

Al lado de estos fenómenos perturbadores, existe la felicidad de estar embarazada. Es lo que la va ayudar a relativizar las molestias físicas y otras preocupaciones de los primeros meses. El embarazo es también la confirmación palpable de la fecundidad, el acceso a otra etapa, el descubrimiento de una dimensión nueva y positiva de las capacidades personales.

Tiene un sentimiento de plenitud; se siente estimulada por la idea del hijo que va a nacer; ya lo considera como un ser que ha entrado en su vida; empieza a imaginar con entusiasmo su papel de futura madre. Sin embargo, afrontar la realidad no es siempre tan fácil como lo presenta el modelo ideal que los medios de comunicación o la publicidad proponen a las mujeres. A usted le corresponde restablecer el equilibrio y no olvidar las dificultades, sino afrontarlas para superarlas mejor. Si tiene necesidad de una ayuda pasajera, no dude en confiarse al médico, la comadrona o la asistente social del servicio donde la tratan; podrán orientarla hacia psicólogos competentes y eficaces.

La calma del segundo trimestre

Al principio del embarazo, la mujer está absorbida por los cambios físicos y las pequeñas molestias. Y, hacia el 3.er mes, empieza una nueva etapa; el hecho de estar embarazada pasa a un segundo plano y se pone a pensar sobre todo en el niño que lleva dentro. Pero, si tiene más hijos, no se olvide de ellos e intente preservar el equilibrio de la pareja.

El reino del niño imaginario

Se imagina a su futuro hijo como un ser de pleno derecho, niña o niño, ya separado de usted. Sueña que consigue en su lugar todo lo que usted no pudo obtener cuando era niña. Para los psicólogos, esta «construcción» de la mente es el niño soñado por una madre ideal, milagrosamente sustraído a todas las duras realidades de la vida.

Si tiene conflictos con su propia madre, es este hijo imaginario, que no es más que una parte de usted misma, quien podrá ayudarla a reconciliarse con ella, al otorgarle a usted la categoría de madre.

Si ya tiene hijos, ha llegado sin duda el momento de anunciarles la noticia del futuro hermanito. Pero sepa que sus otros hijos aún no serán claramente conscientes de que va a ser necesario esperar varios meses antes de ver al bebé, que quizá le preguntarán muchas cosas y probablemente no dejarán de manifestar sus celos (véase p. 89). Los hijos mayores no deben sentirse abandonados en beneficio del que todavía no ha nacido. El amor fraterno se aprende desde el período del embarazo y también depende de usted.

MADRES E HIJAS

Para una madre y su hija, un nacimiento es también la ocasión de volver a hablar de la infancia y de restablecer el hilo de una relación que se había deteriorado y que se desarrollará, fecunda, en el respeto recíproco y la complicidad. La hija embarazada, y que pronto será también madre, se convertirá en la igual de su propia madre. Esta última podrá revivir, a través de su hija, parte de las emociones que acompañaron sus propios embarazos y le hará compartir su experiencia.

LAS RELACIONES SEXUALES

Salvo contraindicación claramente expresada por el médico (por ejemplo, riesgo de parto prematuro o contracciones uterinas sospechosas), o si está alarmada por pérdidas de sangre después de mantener relaciones sexuales, éstas son perfectamente posibles durante el embarazo, e incluso deseables.

No sólo constituyen una forma de relajación muy beneficiosa, sino que también son un momento de intercambios privilegiados entre la futura madre y su pareja.

El deseo sexual de los dos miembros de la pareja, ya sea que se mantenga estable, se incremente o se atenúe, puede cambiar a lo largo del embarazo, y lo que hace debilitarse el de uno puede aumentar el del otro.

No olvidar al padre

En cuanto al hombre que la ha hecho madre, no se olvide de reconocerle el lugar que ya tiene en la futura familia que están fundando entre los dos.

En lo que se refiere a las relaciones sexuales (*véase* recuadro), para la pareja el embarazo suele ser la ocasión de reajustar sus deseos, cada uno en función del otro y también en función del niño que va a nacer, al que deben empezar a prepararle su sitio. Su cuerpo sigue transformándose y quizá le cueste reconocerse. Empieza a dudar de sí misma: ¿todavía soy una mujer capaz de gustar? ¿Las relaciones sexuales con mi marido o mi pareja no harán daño al niño que llevo dentro?

Incluso en el caso de que haya decidido dejarse llevar por sus impulsos amorosos, no suele ser extraño que la falta de deseo físico del futuro padre se oponga a su ardor o a la inversa; la pareja experimentará «averías» sexuales. Algunas mujeres, felices con su embarazo, dejan provisionalmente su vida sexual en un segundo plano. Otras, por el contrario, ven cómo se libera su sexualidad gracias a la maternidad. A cada miembro de la pareja corresponde esforzarse por comprender los deseos del otro y saber adaptarse a las nuevas relaciones. Deseos fluctuantes, miedos irracionales: muchas veces la expresión de la ternura domina durante este período. Forma parte del aprendizaje de la maternidad y, también, de la paternidad.

Todavía muchas preguntas

¿Y si su hijo crece demasiado? ¿Y si la desgarra en el momento del parto? A estas preocupaciones sobre usted misma se añaden las preguntas que se plantea sobre el niño: ¿será normal? ¿no corre el peligro de sufrir por culpa de sus propias ansiedades? Aun en el caso de que no se las formule tan claramente, estos interrogantes a veces generan ideas oscuras y pesadillas terribles. No se las guarde para usted, no dude en hablar de ello. Muchas veces, la ecografía o los reconocimientos médicos la tranquilizarán y eliminarán un buen número de preocupaciones. Si no entiende la información que le dan, no vacile en pedir explicaciones más precisas y claras.

Si se siente frágil, si espera sola a su hijo, le convendrá buscar un interlocutor ajeno a la situación que la ayudará a desdramatizarla y a que la asuma. Hay que saber que la familia no siempre está dispuesta a prodigar su ayuda sin contrapartidas, y sus intervenciones pueden tener un efecto contrario al deseado.

La impaciencia del final

Cuanto más se acerca el parto, más impaciente se siente la futura madre por conocer a su hijo. Pero puede ocurrir que se vea obligada a guardar cama durante las últimas semanas para evitar un parto prematuro.

Si este es su caso, piense que estos momentos difíciles tienen también aspectos positivos. Le permitirán comprender los deseos e inquietudes que la embargan y de los que quizá no se atreve a hablar: la inquietud ante la perspectiva del nacimiento, el miedo a la violencia del parto, el deseo de quedarse para una y dentro de una al bebé, etc.

Aprender a ser madre

Si para los hombres resulta difícil convertirse en «nuevos padres» sin renunciar a una función paternal hoy en día amenazada o puesta en entredicho, no es más sencillo para las mujeres realizar su aprendizaje de madre. Los «modelos» han cambiado mucho en estos últimos años y las jóvenes embarazadas ya no disponen a su alrededor del ejemplo de esas madres, tías y primas que cuidaban de los niños en familia. Sin duda, se benefician de un seguimiento médico mejor;

pero, aunque el progreso de la técnica —ecografía, epidural, etc.— tranquiliza en el plano físico, no impide que surja la ansiedad. En especial, cuando los mensajes que llegan a través de los medios de comunicación parecen tan desconcertantes como categóricos: «No espere al nacimiento para hablar con su hijo», «Pida al padre que le hable también a través del vientre», «Las leches que se fabrican hoy en día contienen todo lo que necesita el bebé», «Es mejor amamantar que dar el biberón», «Con la epidural, ya no se siente nada»… Un gran número de informaciones sesgadas y de consejos, a veces contradictorios, que sólo consiguen aumentar el desconcierto de las futuras madres en vez de ayudarlas.

El miedo al parto

Tener miedo ante la idea del parto parece legítimo. Sin embargo, son muchas las mujeres que no hablan de ello o, incluso, que no se atreven a confesarlo. Esta inquietud es a veces muy anterior al embarazo. Aumenta generalmente durante las últimas semanas y llega a ser especialmente fuerte y obsesiva: ansiedad, pesadillas, insomnio… La ansiedad se traduce en general por el miedo al dolor y a sentirse agotada por un parto prolongado. Muchas veces se añade la pregunta: «¿estaré a la altura?». La mujer que va a dar a luz teme no encontrar la energía necesaria para empujar, quedar «desgarrada», tener que sufrir un episiotomía, necesitar la ayuda de fórceps, etc. Le asusta aún más la idea de padecer una inquietante distensión de los tejidos, de tener que ir al servicio o, simplemente, de chillar sin poder contenerse. Estos miedos «sobre sí misma», sobre su propio cuerpo, se mezclan inconscientemente con el miedo a verse separada del hijo.

Todos estos temores son normales, habitualmente compartidos, aunque cada mujer los viva de una forma diferente. No cabe duda de que resulta difícil formularlos con claridad; sin embargo, para poder superarlos, primero es indispensable aceptarlos y hablar de ellos con el futuro padre, con otras mujeres o con el médico o la comadrona que la llevan… Vencer el miedo es un sentimiento motor en muchas circunstancias de la vida.

Saber confiar en una misma

No hay modelos a los que atenerse sin restricciones. El médico o la comadrona le darán información y puntos de referencia; la pareja, apoyo; una hermana mayor, una amiga, una colega o la madre le prodigarán consejos y consuelo. Pero lo principal es confiar en una misma: cuando el bebé llegue, encontrará los gestos necesarios, aunque no sean del todo perfectos.

Período de aprendizaje a la vez personal y recíproco, en el que dos seres se preparan para hacer sitio a un tercero, el embarazo es un momento fecundo. Aunque reserve algunas sorpresas, a veces desconcertantes, no deja de ser una etapa privilegiada de la vida personal que transformará, para hacerlas progresar, las relaciones con la pareja, la familia y los amigos.

ELEGIR EL NOMBRE

El nombre es para toda la vida. No olvide, por lo tanto, que un nombre que está de moda en una época puede no estarlo ya cuando su hijo sea un adulto. Basta con recordar a esos adolescentes actuales cuyos padres contestatarios bautizaron Mao en una época… Es frecuente poner a los hijos el nombre de un ser querido desaparecido. No se hace porque sí: a través del nombre «se regala» al niño la historia de aquel o aquella que lo ha llevado antes.

Pero, para un niño, llevar el mismo nombre que otro hijo nacido antes que él y fallecido suele ser doloroso. Un día quizá se pregunte quién es, si no fue concebido como sustituto y si ha sido objeto de esperanzas que se destinaban a otro. El nombre forma parte de la identidad del ser humano, y nunca debe subestimarse su importancia. Lo mejor es que la elección se haga entre los dos progenitores; que entre los dos sopesen los pros y los contras. El nombre debe ser un reflejo de la historia, la cultura y las preferencias de los padres. Si uno de ellos es inglés y el otro español, llamar a una hija, por ejemplo, Cynthia, significa destacar su origen inglés. Reflexionar sobre el nombre del futuro bebé no es, por tanto, una cuestión exclusiva del gusto personal de los padres. Es una decisión importante que marca al o a la que lo lleva. Hagan su elección con sentido común, preocupándose por la armonía del nombre y los apellidos, y pensando que su hijo algún día será adulto.

El futuro nacimiento y los hijos mayores

El anuncio de un nacimiento en la familia afecta a todos sus miembros, próximos o lejanos. El hijo único dejará de serlo, el benjamín se convertirá en el mayor... La familia crece y todos deben prepararse para hacer sitio al nuevo miembro.

Para evitar que los hijos mayores se enteren de la noticia por casualidad, en una conversación entre adultos, anúncieles usted misma el futuro nacimiento. Intente esperar a «que se vea» (en el 2.º trimestre), para reducir un poco su impaciencia: ya se imaginan al bebé como un compañero de juegos que anda y habla como ellos.

Acepte todas sus preguntas: esconden o revelan a menudo sus inquietudes. Conteste con sencillez, pero es inútil que la acompañen a las ecografías o a las consultas. Puede dejar que le toquen el vientre, pero sepa que la representación del bebé dentro del cuerpo de la madre es a veces angustiosa para los más pequeños. Tranquilícelos explicándoles, por ejemplo, que el cuerpo es como una casa con varias habitaciones: la cocina donde se come, la habitación donde duerme el bebé, etc.

Una espera muy larga

Antes de los 5 años, los niños no tienen noción del tiempo. No entienden que su hermanito o hermanita crezca tan despacio en el vientre de su madre, o que no andará justo después de nacer. Para ayudarles a que tengan paciencia, explíqueles que a ellos también los tuvo que esperar durante mucho tiempo. A los mayores, de más de 6 años, ofrézcales puntos de referencia concretos que tengan relación con sus conocimientos: el bebé nacerá después de las vacaciones, de las Navidades, etc.

Celos inevitables

En el fondo, la pregunta que se plantean es: ¿hay que ser un bebé para ser querido? Es mejor que los hijos mayores puedan expresar con libertad su deseo de tener una hermanita o un hermanito, y sus celos, su miedo a quedar excluidos o su agresividad. Todas estas reac-

ciones pueden manifestarse antes del nacimiento, aunque lo normal es que sea después (*véase* p. 227). Quizá reclamen que se les vuelva a llevar en brazos o el biberón, o dejarán de ser aseados momentáneamente. No se inquiete y ayúdelos a preparar el sitio al nuevo bebé, tanto en casa como en sus cabecitas. Los hijos mayores deben estar seguros de que el recién llegado no les quitará la ropa, los juguetes ni el amor de la madre. Hágales participar en el acondicionamiento del espacio o de la habitación del bebé: pero no olvide preservar su propio lugar.

El deseo de entender

«¿Cómo se hacen los bebés?» Es la gran pregunta que engloba todas las demás. Los niños se sienten cautivados por el relato de su nacimiento. El embarazo les interesa porque constituye también el origen de su propia historia. No vacile en contarles cómo nacen los niños y cómo eran ellos de bebés enseñándoles fotografías. No se sorprenda si el papel de los padres en la concepción es, para ellos, algo confuso. Lo que importa es ayudarles a entender que ellos también nacieron del amor de sus padres.

ESCUCHE A LOS HIJOS

Sea cual fuere su edad, los hermanos y hermanas nunca permanecen indiferentes ante la llegada de un nuevo bebé. No hay que excluirlos del acontecimiento ni forzarlos a participar. No los presione; reconozca sus dificultades y sus preocupaciones. Sobre todo, querrán que se les tranquilice sobre el amor que sienten los padres por ellos.

El futuro padre

El embarazo y el parto son cada vez menos un asunto exclusivo de la madre y el médico. El papel del padre es fundamental, tanto para la futura madre como para el niño que va a nacer. En este caso, también se trata de un aprendizaje que empieza antes del nacimiento.

El padre suele estar cada vez más presente en todas las etapas del embarazo: la ecografía, muy particularmente, ha transformado la relación íntima con el hijo que lleva la compañera. Pero, aunque ser padre sea una función esencial, no se improvisa y el instinto paternal, al igual que el maternal, es también una cuestión de práctica y de tiempo. Muchas veces, es labor de la madre dar al padre el lugar que le corresponde y que debe reconocerle, incluso cuando se halla en la situación de tener que criar a su hijo sola. La capacidad de ser padre no se inventa; se aprende primero durante los nueve meses de embarazo, en el intercambio cotidiano con la futura madre y, después, a lo largo de la educación del niño.

Una mezcla de deseo y responsabilidad

El futuro padre ve cómo se transforma el cuerpo de su mujer y cómo, a veces, su humor cambia inexplicablemente. Se espera de él que esté siempre presente, que reconforte y sea comprensivo, que aporte su ayuda material y asidua, y al mismo tiempo, debe aceptar que ese primer lugar que ocupaba en el corazón de la mujer que ama pase a ser llenado por el niño. Él también se encuentra más sensible y devuelto a su primera infancia, cuando debía compartir el amor por su madre con su padre. Para él, el futuro hijo puede representar un intruso: excluido de la relación directa madre-hijo, tiene que enfrentarse a una relación que lo desestabiliza momentáneamente. Puede que sienta celos por no poder tener hijos. Ante esta dificultad para aceptar el embarazo de la mujer y el deseo inconsciente de tener un hijo, algunos hombres expresan de manera espectacular este sueño irrealizable: engordan, sufren dolores de muelas, de estómago…

Ciertos hombres se sienten ajenos a lo que ocurre durante el embarazo. Otros no esperan el parto para convertirse en padres. A usted le corresponde decidir, sin crear sentimientos de culpa, cómo quiere vivir esos nueve meses de espera, sabiendo que hay muchas cosas diferentes que puede hacer (*véase* recuadro).

Un lugar que hay que encontrar y ocupar

Cada vez es mayor el número de hombres que asumen su parte de responsabilidad en la vida cotidiana de la pareja y la educación de los hijos. Sin embargo, aunque los papeles femenino y masculino se han acercado, se han hecho más intercambiables, ser padre o ser madre tiene significaciones distintas que no se deben confundir.

Para establecer una buena relación entre los tres, es necesario que el padre y la madre acepten el papel del otro y asuman el suyo. El hombre-padre es, antes de nada, la persona que ocupa un lugar en el corazón de la madre: es la persona a quien quiere y que la ha convertido en madre. Si le reconoce ese doble rol legítimo, la madre mantendrá con el hijo una relación especial, sin excluir por ello a su marido; el niño, por su parte, sabrá que cuenta tanto con su madre como con su padre y ten-

PREPARARSE PARA SER PADRE

Podrá:

- Acompañar a su mujer al médico, en especial durante la primera visita, y ayudarla en los trámites.
- Asistir a las ecografías: verá la imagen de su hijo y oirá los latidos de su corazón.
- Seguir las sesiones de preparación para el parto: es muy importante la participación activa del padre.
- Tocar el vientre de la mujer para sentir cómo se mueve el niño; hablarle, ya que reacciona al sonido de la voz, y comenzar así a establecer lazos.
- Tomar parte en las tareas cotidianas para descargar de trabajo a la futura madre.

♙ QUISIERA SABER

¿Es necesario que el padre esté presente en las consultas durante el embarazo?

♙ No es indispensable pero, si lo desea –al igual que la mujer–, puede ser útil. Algunas de las preguntas que plantea el médico durante la primera consulta le conciernen directamente (véase p. 38). Después, el examen ecográfico es muchas veces para el padre un momento especialmente importante: su primer «contacto» visual con la realidad de ese hijo que va a nacer. En este proceso de descubrimiento y amor que poco a poco lo unirá con «su» hijo antes de que llegue a verlo; también será una etapa emocionante el momento en que perciba, al poner la mano sobre el vientre de su mujer, los movimientos del futuro bebé.

¿Puede participar el padre en las sesiones de preparación al parto?

♙ Sí, naturalmente, aunque no tenga la intención de estar presente en la sala de parto cuando llegue el gran día. Si se familiariza de esta forma con el desarrollo del embarazo y del parto, no se sentirá demasiado al margen de un proceso que no afecta a su cuerpo pero que, sin embargo, sí le influye personalmente. También estará así más capacitado para comprender y, si es necesario, apoyar a la futura madre a lo largo de este período. Algunos métodos de preparación, como la haptonomía (véase p. 100), le ofrecen la posibilidad de una participación activa, que le permitirá, especialmente, recibir, tocar, acariciar y coger al recién nacido sin miedo a ser muy torpe o brusco con ese pequeño ser que le parece tan frágil. El niño necesitará este contacto y es importante que la relación con la madre no sea exclusiva.

¿Debe el padre asistir al parto?

♙ Asistir al nacimiento de un hijo es, por fuerza, un momento lleno de emoción. Sin embargo, no todos los futuros padres están dispuestos a presenciarlo. Algunos consideran que una sala de parto no es lugar para ellos y que serán más útiles en otro lugar. Otros temen sentirse ajenos a esa experiencia que les resulta al mismo tiempo misteriosa y violenta. Por su parte, no todas las mujeres quieren o necesitan esta presencia. La madre puede temer que su cuerpo, expuesto sin tapujos, no inspire luego deseos en su compañero. La única obligación que hay en la materia la dictan los deseos sinceros de cada uno, ya que es una decisión en la que es mejor que los dos estén de acuerdo .

¿Hay una edad ideal para ser padre?

♙ No faltan ejemplos de paternidad «tardía». Para las mujeres, se sabe que los problemas aumentan con la edad, en especial alrededor de los cuarenta; pero hay pocos estudios que se hayan preocupado en buscar posibles relaciones entre la edad del padre y una enfermedad responsable de malformaciones o una anomalía de origen cromosómico del niño. En el estado actual de los conocimientos, no se puede contestar a esta pregunta de forma científica.

drá a su disposición todo lo necesario para convertirse en un ser autónomo. Aunque sea la madre quien anuncia al hombre que va a ser padre, el padre le traspasa su primer apellido, situándolo de esta forma en la cadena de las generaciones, en la historia y la cultura familiar y social. Los psicólogos llaman *filiación simbólica* a este proceso indispensable en la formación de la personalidad.

Las fluctuaciones del deseo

A medida que pasan las semanas, las relaciones sexuales (*véase* p. 86) quizá requieran algunos ajustes: la posición cara a cara será cada vez más difícil durante los últimos meses y habrá que demostrar bastante imaginación, y comprensión, ya que el deseo de cada miembro de la pareja evoluciona. Puede ocurrir que uno de los dos, por culpa de la proximidad del bebé, tema hacerle daño o se lo imagine como una especie de testigo de las relaciones sexuales entre los padres. En realidad, el feto está bien protegido en el útero, aunque esta certeza no suele atenuar los sentimientos de miedo y vergüenza, y el amor físico sufre sus consecuencias. Algunos hombres conservan un intenso deseo por su compañera, pero la notan colmada por el embarazo y algo distante. La frustración que experimentan puede incluso ayudarles a habituarse a la existencia del niño que está por llegar. Otros toman cierta distancia y, momentáneamente, no soportan la idea de acercarse a una mujer que va a ser madre, como si se tratase de su propia madre.

La preparación para el parto

A pesar de los avances de la medicina,
como la anestesia epidural,
sigue siendo necesaria una buena
preparación para el parto.
Existen varios métodos.
Al proceso llamado clásico,
podrá asociarle otro
enfoque complementario,
quizá más original.

La preparación clásica

También conocida con el nombre «preparación al parto sin dolor», este método, que es al mismo tiempo psicológico y físico, ha demostrado ser bastante eficaz durante estos últimos cuarenta años. Convertido en clásico hoy en día, se conjuga con enfoques originales, pero que no lo sustituyen.

Las sesiones de preparación suelen estar dirigidas por comadronas o, a veces, por médicos. Normalmente, se inician a los siete meses de embarazo y se realizan por regla general en pequeños grupos. Algunas mujeres reprochan a este sistema no estar lo suficientemente personalizado. Otras lamentan no poder empezar los cursos antes. Tenga en cuenta que, aunque este método básico ha demostrado su eficacia, no es el único; puede conjugarlo con otros.

El control del dolor

Este método, practicado con buenos resultados desde hace ya unas décadas, pone en entredicho el precepto según el cual toda mujer dará a luz con dolor y se apoya en una doble reflexión. Por un lado, una de las razones que hacen que las mujeres tengan dolores durante el parto se debe a que están ansiosas y tensas. El miedo nace muchas veces de lo desconocido. La preparación para el parto, por lo tanto, debe permitir, con la explicación detallada del proceso del nacimiento, suprimir una gran parte de las aprensiones. Por otro lado, las mujeres sufren más durante el parto porque están convencidas de que van a tener dolores. Se trata, pues, de intentar «descondicionarlas» con la preparación para el trabajo que tendrá que realizar su cuerpo. Aunque no se consiga olvidar el dolor, se les ayudará a integrarlo mejor.

Saber y comprender

En primer lugar, se recibe una gran cantidad de información sobre: el cuerpo, el embarazo y las modificaciones que implica para el organismo, el parto (y la posible necesidad de diferentes intervenciones médicas: epidural, episiotomía, fórceps, cesárea), el período posparto, la lactancia, etc. Por lo general, se conoce al equipo médico que asistirá al parto, se visitan las salas de parto y las habitaciones de la maternidad. Así, la mujer se familiariza con el lugar donde nacerá el niño y se hace una idea mucho más concreta y precisa del desarrollo del parto.

El dolor y las contracciones

De generación en generación, las mujeres se transmiten la idea de que las contracciones uterinas son, por definición, dolorosas. ¿No se habla de primeros «dolores» para designar las primeras contracciones que anuncian el nacimiento? El dolor se ha convertido en una especie de reacción refleja a la contracción.

Uno de los objetivos de la preparación —calificada de *psicoprofilaxis*: prevención del dolor mediante actuación sobre la psique— consiste en ayudar a las mujeres a deshacerse de este reflejo condicionado para que puedan asociar a las contracciones uterinas el concepto de eficacia y no de sufrimiento. Las contracciones uterinas son indispensables para el nacimiento espontáneo del bebé: con ellas se empuja al bebé hacia el exterior. Cuanto más concentrada se esté en desempeñar este papel, menos se piensa en el dolor y éste se «controla» mejor.

¿SE PUEDE DAR A LUZ SIN PREPARACIÓN?

Muchas mujeres se sienten hoy tentadas de pensar que los avances médicos recientes, como la anestesia epidural, permiten ahorrarse toda la preparación al parto. Están equivocadas. Ninguna tecnología, por muy eficaz y moderna que sea, tiene como objetivo hacer de la mujer un ser pasivo durante el nacimiento del hijo. La participación es esencial y, para que se realice en las mejores condiciones posible, la preparación para el parto sigue siendo un método personal irremplazable.

El mecanismo de las contracciones

Cada contracción uterina, como cualquier otra contracción muscular, corresponde a un acortamiento de las fibras musculares y, en este caso, del cuello del útero. En cada contracción, éste se retrae hasta el punto de desaparecer casi por completo.

Para hacerse una idea, imagine un jersey de cuello alto que, estirado hacia los hombros, se transforma en un cuello redondo: ésta es una imagen bastante fiel del movimiento que efectúa el cuello del útero durante la contracción. Se contrae y luego se abre. El niño, gracias a la presión de las contracciones, se ve empujado hacia el exterior.

Aprender a respirar y a relajarse

Bajo el efecto del dolor, sea cual sea su origen, la respiración se bloquea, el cuerpo se tensa y todo los músculos se crispan. Esta reacción en cadena crea una gran tensión, al mismo tiempo física y psíquica, y acentúa la sensación inicial de dolor. Por este motivo, se enseñan diversas técnicas de relajación y de respiración que ayudan a la madre a mantenerse tranquila, relajada y perfectamente «oxigenada» desde el momento en que siente las primeras contracciones uterinas.

Relajación y respiración

Los ejercicios de relajación se suelen practicar en posición tumbada sobre el costado. Consisten en relajar progresivamente cada parte del cuerpo. También permiten aprender a contraer un músculo concreto, independientemente del resto, para poder, más tarde, soportar una contracción en un cuerpo absolutamente relajado. Las diferentes técnicas de respiración constituyen un entrenamiento físico y una preparación para el parto porque favorecen la oxigenación de todo el organismo, tanto a lo largo del embarazo como durante el propio parto.

En la gestación, las necesidades de oxígeno de la mujer embarazada aumentan (*véase* p. 20). Durante el parto, al igual que con cualquier esfuerzo muscular intenso, también es primordial una buena oxigenación: facilita y muchas veces acelera el trabajo del útero y permite que el niño viva mejor su venida al mundo.

Diferentes respiraciones

El diafragma es el músculo que controla la respiración. Tiene la forma de una cúpula móvil que separa el abdomen del tórax. Cuando se inspira, baja y se apoya sobre el fondo del útero, mientras que la caja torácica aumenta de volumen. Cuando se espira, sube y contribuye a expulsar el aire hacia la boca o la nariz.

Durante el parto, no se respira de la misma forma entre o durante las contracciones.

• *La respiración profunda.* Se utiliza entre las contracciones: permite oxigenar y relajar el cuerpo entre dos esfuerzos. Inspire profundamente por la nariz y espire despacio por la boca hasta vaciar completamente los pulmones.

• *La respiración superficial.* Permite absorber oxígeno sin que el diafragma presione el útero. Se utiliza durante las contracciones, en cuanto el cuello del útero ha alcanzado una dilatación de 4 a 5 cm. En este caso, debe relajar del todo los músculos abdominales y mantener el diafragma en una posición lo más alta posible. Después, inspire profundamente por la nariz y sople por la boca. Vuelva a inspirar, tomando esta vez muy poco aire, sople como si quisiese apagar una vela y vuelva a inspirar ligeramente como si aspirase el aire a través de una paja.

Poco a poco y con entrenamiento, podrá mantener este ritmo de respiración rápida y jadeante —conocida con el nombre de *respiración del perrito*— durante un minuto, más o menos.

APRENDER A EMPUJAR

La respiración también desempeña un papel importante en el momento en que el bebé se dispone a salir. Cuando el cuello del útero esté completamente dilatado, el cuerpo estará listo para permitir que el niño salga del útero. Se le puede ayudar reforzando el trabajo del útero durante las últimas contracciones que provocarán la expulsión.

Con este objetivo, la comadrona le enseñará a empujar. Inspire profundamente y sople. Vuelva a inspirar profundamente (el diafragma baja), bloquee la respiración (el diafragma comprime el fondo del útero) y empuje contrayendo los abdominales.

Los abdominales ejercerán presión sobre el útero (en un movimiento de arriba abajo) y ayudarán a bajar al niño. En cada contracción, hay que entrenarse para poder empujar tres veces después de haber vaciado por completo los pulmones.

Relajación de la parte baja de la espalda: el ejercicio del puente

E ste ejercicio, que conjuga los beneficios del estiramiento de la columna vertebral y los de la basculación de la pelvis (véase p. 74), debe preceder a cualquier otro ejercicio en posición tumbada. Repita el movimiento cinco veces, intentando respetar el ritmo respiratorio. El objetivo es estirar la columna vertebral: por este motivo, las nalgas quedarán más abajo que cuando se empieza el ejercicio. El arco desaparecerá o disminuirá claramente.

1. *Túmbese sobre la espalda, con los brazos a lo largo del cuerpo, las piernas dobladas y los pies a una distancia equivalente al ancho de la cadera. En este postura, se forma un arco a la altura de la cintura.*

2. *Inspire con tranquilidad y después espire. Vuelva a inspirar, mientras levanta suavemente las nalgas y la parte baja de la espalda. Puede apoyarse en las manos para ayudarse. Mantenga esta postura unos segundos reteniendo la respiración.*

3. *Luego espire, reposando suavemente la espalda sobre el suelo, vértebra tras vértebra, empezando por las que están cerca de la nuca y bajando hasta la pelvis. Toda la espalda descansa sobre el suelo. El arco lumbar volverá a aparecer, pero más atenuado.*

Variante del puente

S i se sufre de ciática y eso impide levantar las nalgas, como se indica en el ejercicio anterior, hay que intentar, sin forzar, estirar la columna vertebral levantando la parte alta de la espalda, desde los riñones hasta los hombros.

Mantenga las nalgas en el suelo y, apoyándose sobre la parte posterior de la cabeza, levante la columna vertebral, empezando por la parte baja y subiendo hasta los hombros y la nuca. La cabeza se deslizará hacia arriba.

El esfuerzo

La respiración tiene un papel muy importante cuando el bebé está a punto de salir. Puede ayudarle a atravesar la zona de la pelvis, apoyando el trabajo del útero durante las últimas contracciones que llevarán a la expulsión. En cada contracción empujará tres veces, después de vaciar completamente los pulmones. Es preferible hacer este ejercicio después de hacer el puente, ya que la columna estará bien estirada y la pelvis bien orientada.

I. *Sobre la espalda, con las piernas abiertas, flexione las rodillas a cada lado del vientre.*

2. Con las manos, agárrese las piernas justo por debajo de las rodillas. Inspire profundamente, hinchando el vientre y el pecho. Suelte el aire. Inspire de nuevo profundamente

(el diafragma baja) mientras levanta ligeramente la cabeza y la parte alta de la espalda (el diafragma comprime el fondo del útero) y empuje contrayendo los

abdominales. Éstos les presionarán el útero (en un movimiento de arriba abajo) y ayudarán a que el niño salga. También se puede empujar soltando un poco de aire.

La gimnasia perineal

Para preparar bien la expulsión, es esencial hacer trabajar los músculos del perineo. Además, dado que el perineo se encarga de cerrar las vías urinarias, es útil reforzar su capacidad de sostén durante el embarazo para compensar la presión del útero sobre la vejiga. Para conseguirlo, empiece los ejercicios a partir del 4.º mes y sígalos después del nacimiento.

Para aprender a relajar el perineo, siéntese con los muslos separados. Coloque una mano sobre el perineo. Inspire suavemente y espire imaginando que expulsa el aire por la vagina. La vulva se abre. Presione con su mano el perineo, que se relajará.

otras preparaciones

Como complemento a la preparación clásica, existen otros métodos que pueden ayudar a prepararse para el parto. A usted le corresponde elegir el que más le conviene según las posibilidades de su lugar de residencia, ya que no se ofrecen en todas partes.

Se opte por sistemas originales —yoga, haptonomía, sofrología, preparación en piscina (que no se debe confundir con el parto en el agua), canto prenatal, musicoterapia— o por otros más cercanos a las prácticas médicas, como la acupuntura o la homeopatía, todos estos métodos pueden aportar un plus muy apreciable. Sin embargo, por muy interesante o útil que sea, ninguno de ellos constituye por sí solo una preparación suficiente para el parto y no pueden sustituir la preparación clásica.

El yoga

El yoga, que pretende establecer la armonía entre el cuerpo y la mente, también propone una preparación para el parto. En el caso de que nunca se haya practicado esta disciplina con anterioridad, el embarazo es un buen momento para iniciarse. El yoga consiste en un trabajo de concentración y de posturas físicas que pueden ayudar a alcanzar o mantener un buen estado de equilibrio, tanto en el plano corporal como en el psíquico.

Para quienes están inmersos en el mundo del yoga, esta práctica no se reduce a una simple gimnasia, ni tampoco a un simple deporte o una terapia. Según ellos, se trata de una filosofía, una «vía» que desarrolla el conocimiento de uno mismo.

Lo que no impide que la mujer embarazada pueda extraer un gran beneficio de las posturas y ejercicios que se enseñan. No obstante, la práctica del yoga, por muy rica y beneficiosa que sea, siempre debe acompañarse de una preparación clásica al parto, a la que no puede reemplazar.

Las sesiones de yoga especialmente destinadas a las mujeres embarazadas suelen estar dirigidas por una comadrona o un médico. De media, duran una hora, a razón de una o dos por semana según los deseos de la interesada. También se pueden practicar los ejercicios cada día en casa durante unos quince o veinte minutos.

No existe un modelo concreto

El yoga no se concibe sin el aprendizaje de la relajación, que conduce a tomar conciencia del propio cuerpo, de la respiración y de las distintas sensaciones, como el calor o la gravedad. El yoga es, ante todo, una búsqueda personal y hay que adaptar siempre las posturas en función de la comodidad. Los ejercicios que aquí se proponen no son modelos que se deban reproducir exactamente. A cada cual corresponde modificarlos para sentirlos de verdad.

Posturas adaptadas

Las posturas que se suelen enseñar a las mujeres embarazadas se centran principalmente en hacer trabajar los músculos que más sufren a lo largo del embarazo y durante el parto. Permiten efectuar movimientos adaptados al estado físico: estiramiento de la columna vertebral (*véase* p. 96 «El ejercicio del puente»), basculación de la pelvis para disminuir el arco lumbar, mantenimiento del útero dentro de la pelvis mediante una ligera contracción de los abdominales, trabajo de los músculos perineales, etc.

APRENDER A CONOCERSE MEJOR

La vocación del yoga, que en sánscrito significa 'unión', es reconciliar el alma y el cuerpo. Gracias al trabajo del cuerpo, siempre asociado a la búsqueda de una concentración máxima, se puede acceder a un mejor conocimiento de una misma y del niño que se lleva dentro. La relajación a la que invita el yoga no desemboca ni en el sueño ni en la somnolencia, sino que, por el contrario, hace estar muy consciente.

El gato

El ejercicio del gato se ejecuta a cuatro patas. Esta postura reduce el peso del útero sobre la espalda y el perineo. Es bueno practicarla desde el primer mes de la gestación hasta el parto, para prevenir o aliviar los dolores de espalda.

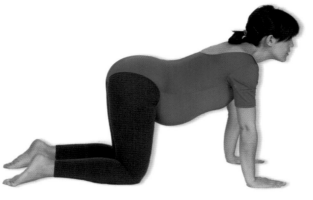

1. Colóquese a cuatro patas con los brazos estirados y las palmas de las manos en el suelo; las rodillas deben quedar debajo de las caderas y a una distancia igual al ancho de la pelvis. Inspire mientras levanta la cabeza y hunde la zona lumbar.

2. Espire mientras baja la cabeza, haciendo fuerza sobre el vientre y curvando la espalda, «como un gato». Vacíe completamente los pulmones y vuelva a inspirar levantando la cabeza y hundiendo la parte baja de la espalda.

La postura del feto

La «postura del feto» es interesante, ya que relaja la espalda al estirar la región lumbar. Además, permite una relajación del perineo. Para efectuarla, siéntese sobre los talones separando las rodillas. Baje la frente hasta el suelo. El vientre debe quedar entre los muslos.

1. Coloque sus brazos hacia atrás, paralelos a los muslos y con las palmas abiertas mirando al cielo.

2. Ponga las palmas de las manos planas sobre el suelo, a la altura de la frente, y concéntrese en la respiración. También puede elevar un poco la frente, situándola sobre los puños superpuestos.

La haptonomía

La haptonomía no es una preparación para el parto en sí misma. Es un método que pretende ayudar, tanto a la gestante como a su compañero, a que tomen conciencia del niño que va a nacer y establezcan con él, mediante el sentido del tacto, los primeros lazos. Desarrollada en los Países Bajos, la haptonomía (es una palabra derivada del griego *hapsis*, 'tacto', y *nomos*, 'ley') se define como «el conjunto de las leyes que rigen el campo de nuestro corazón, de nuestros sentimientos». Es la ciencia de la afectividad. La relación con el niño empieza mucho antes del parto. En el vientre de la madre, el feto ya es un ser que sólo existe por sus relaciones con los demás.

Una ciencia de la afectividad

En cuanto se entere de que está embarazada, ya puede ponerse en contacto con un haptonomista. Las sesiones son individuales. Generalmente hay que asistir a una sesión al inicio del embarazo, a otra cuando se empieza a notar que el niño se mueve (hacia el 4.º o 5.º mes) y, luego, a una por mes hasta el final del embarazo. Se suele proponer una última sesión justo después del parto. El haptonomista le enseñará entonces varias formas de sostener a su hijo.

El reproche esencial que se le puede hacer a este método es que transmite muy poca información sobre el desarrollo del embarazo y del parto. Por lo tanto, se debe seguir de forma paralela una preparación clásica para el parto.

Enfocar el dolor de una manera diferente

Aunque la haptonomía no prepara directamente para el parto (no se enseña ningún método de respiración o de empujar), puede tener también a este respecto una influencia muy favorable, ya que enseña a abordar la noción de dolor de forma distinta.

La madre, a la que se invita a concentrarse sobre el niño y no sobre sí misma, se «prolongará» en otra persona, de modo similar a como un invidente apren-

La haptonomía

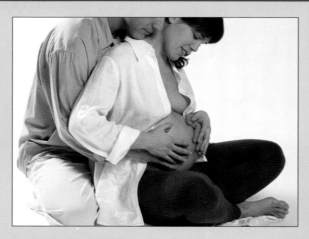

Una preparación también para el padre ↑
La haptonomía es el método de preparación al parto que más respeta a los tres componentes de la familia: padre, madre e hijo. Muy activo a lo largo de las sesiones, el padre aprende, al igual que la madre, a usar plenamente su mano para entrar en contacto con el niño. No tiene nada que ver con una técnica de masaje, sino que representa más bien el inicio de un diálogo.

Dialogar mediante el tacto ↓
Elija una postura en la que se sienta cómoda. Coloque las manos sobre el vientre, con las del padre sobre las suyas o viceversa. Mueva las manos con suavidad, para sentir al bebé. Mediante el sentido del tacto se establece una comunicación especial.

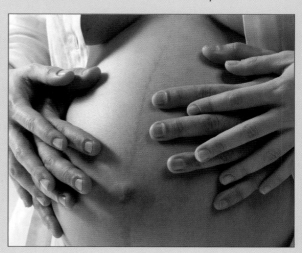

de a considerar su bastón como una prolongación de sí mismo. En cuanto consiga «salir» de sí misma, la futura madre se obsesionará menos con el dolor. Además, podrá proyectarse en el niño que está naciendo y acompañarlo en su nacimiento y, gracias a este lazo afectivo tan intenso, «integrará» mejor el dolor. La haptonomía enseña a dejar que las contracciones modifiquen el cuerpo y permitir que el niño nazca con más tranquilidad.

La sofrología

La sofrología (del griego *sos*, 'armonía'; *phren*, 'conciencia'; y *logos*, 'estudio') no prepara exclusivamente para el acontecimiento del parto, sino, de forma más general, para el hecho de ser padres. Su objetivo reside en permitir que las mujeres alcancen un equilibrio físico y psicológico favorable tanto para el desarrollo del embarazo y el propio parto como lo es para la relación que se va entablar con el niño. Creada en España a principios de los años sesenta, este método da prioridad a la relajación recurriendo a las técnicas de la hipnosis.

La preparación sofrológica suele iniciarse por regla general en el 5.º mes y se practica en grupo. Exige una inversión personal bastante importante: si quiere aprovechar este método durante el parto, deberá entrenarse durante unos veinte minutos cada día.

En el umbral del sueño

La relajación, que es la base del trabajo sofrológico (*véase* recuadro), consiste en buscar un estado de conciencia a medio camino entre el sueño y la vigilia. Es el estado que se tiene cada día justo antes de caer en el sueño y durante los primeros minutos del despertar: ya no se está dormido, o todavía no; se tiene conciencia del cuerpo y del entorno, pero se está en el umbral del sueño. La sofrología enseña a provocar voluntariamente este estado de conciencia especial. Al principio, el mismo sofrólogo crea, hablando con voz suave, pausada y monocorde, un clima propicio para este estado llamado *sofroliminal*. De pie, sentada o acostada, hay que dejarse llevar por el sonido de su voz. Al cabo de varias semanas de práctica, basta con cerrar los ojos y acordarse de esta voz para entrar rápidamente en el estado sofroliminal. Es necesario entrenarse cada día volviendo a escuchar en una grabación la voz del sofrólogo.

LOS TRES GRADOS DE RELAJACIÓN DINÁMICA

Para que la sofrología sea realmente útil, hay que dominar a la perfección los tres grados de «relajación dinámica».

La concentración. Se trata de conocerse mejor y aceptar la realidad del cuerpo que se modifica a lo largo del embarazo y después del parto.

La contemplación. El objetivo es ayudar a tomar conciencia de una misma, a prepararse para los cambios que van a producirse en la vida familiar y, en especial, a recibir al niño con un espíritu armonioso.

La meditación. Se intenta aumentar la capacidad de concentración a partir de una postura heredada del zen y del yoga, y que se puede usar durante el parto en cuanto la intensidad de las contracciones empieza a amenazar el equilibrio.

Una disciplina antifatiga

Una «sofronización» de alrededor de media hora —es decir, este ejercicio con el que se pretende pasar al estado sofroliminal— permite recuperar unas dos horas de sueño. El interés de este método durante el embarazo es, por lo tanto, evidente. El día del parto, la sofronización crea un clima de equilibrio propicio para su buen desarrollo. Tras el nacimiento, cuando las noches se ven interrumpidas por la lactancia, será de gran ayuda.

La preparación en una piscina

El elemento acuático es el medio ideal para relajarse: la ropa no molesta y una se siente ligera, a pesar de los kilos adicionales. Se puede trabajar la respiración y, en especial, aprender a retenerla (técnica de la apnea), lo que será muy útil durante el parto en la fase de expulsión. Si se tienen problemas circulatorios, ciática, insomnio o estreñimiento, los efectos benéficos de la preparación en piscina son más evidentes. En el transcurso de una de estas sesiones, se conoce a otras madres embarazadas y se muestra el cuerpo, lo que, sin duda, ayuda a asumirlo.

PREPARARSE CON MÚSICA

Gracias a la música se puede alcanzar un estado de relajación muy profundo, comparable al que permite el yoga. Las sesiones de musicoterapia suelen iniciarse durante el 6.ª mes. Son individuales o colectivas y duran unos veinte minutos. La tarea se lleva a cabo alternando las piezas musicales de la elección de la interesada con música creada ex *profeso*.

Las sesiones de gimnasia en el agua suelen estar dirigidas por un monitor especializado, que también se encarga de la seguridad de la piscina, y una comadrona que ejerce la vigilancia médica. La comadrona toma el pulso y la tensión antes y después de cada sesión, y personaliza los ejercicios en función del desarrollo de cada embarazo. Esta preparación se puede empezar en cuanto se quiera y siguiendo el ritmo que una misma se imponga. Las sesiones se llevan a cabo en grupos de una decena de mujeres embarazadas y duran alrededor de una hora. No es necesario saber nadar: las sesiones se realizan en una piscina pequeña que se reserva al efecto. La temperatura del agua suele ser de unos 30 °C y se controla rigurosamente la higiene de la piscina. Cuando se vaya a inscribir, tendrá que presentar un certificado médico que indique que no está sujeta a ninguna contraindicación para practicar este tipo de preparación.

La homeopatía

A lo largo del embarazo, la homeopatía puede ayudar a resolver muchas pequeñas dolencias: problemas venosos, hemorroides, trastornos del tránsito intestinal o del sueño. También podrá contribuir a aplacar la angustia y favorecer el equilibrio general, lo que permite abordar el parto en buenas condiciones.

Un especialista receta los medicamentos homeopáticos: es el médico o la comadrona homeópatas. Las recetas son personalizadas y deben cumplirse rigurosamente para que resulten eficaces. Durante el último mes del embarazo, se puede seguir un tratamiento para ablandar el cuello del útero. De igual modo, el homeópata puede proponer la toma de gránulos en cuanto empiezan las primeras contracciones. En este caso, hay que comentarlo con el equipo obstétrico que se vaya a ocupar del parto.

La acupuntura

La acupuntura es una práctica de la medicina tradicional china que pretende mantener o restablecer en el ser humano el mejor equilibrio energético posible. La medicina china considera que la vida es energía, una energía que se compone de dos polos: el *yin*, que corresponde a la materia, es decir, la energía estática, y el *yang*, que corresponde a la energía móvil, dinámica. Para reequilibrar las energías, el acupuntor (que puede ser médico) aplica unas agujas finas en diferentes puntos del cuerpo según las «líneas de fuerza» vitales: normalmente, evitará la zona del abdomen. Las agujas que se usan son desechables y, por la tanto, no pueden transmitir enfermedades.

El embarazo provoca un trastorno del equilibrio energético. En la pelvis de la mujer embarazada se forma una «materia» (yin) que tendrá que ponerse en movimiento durante el parto: la energía yin, que es estática, tendrá que transformarse radicalmente en energía dinámica (yang). Esta transformación será mucho más natural y armoniosa si el equilibrio energético inicial es satisfactorio.

En el supuesto ideal, la preparación por medio de la acupuntura debería empezar antes de la concepción y aplicarse tanto a la futura madre como al futuro padre. Pero las sesiones también pueden iniciarse en cualquier momento de la gestación y la preparación al parto propiamente dicha se escalona durante las últimas tres semanas de embarazo, a razón de una sesión por semana.

El canto prenatal

El canto prenatal es un método creado por la cantante francesa Marie-Louise Aucher que propone rodear al futuro hijo de un ambiente sonoro privilegiado mediante el canto. El feto reacciona ante las melodías y de forma distinta según el registro —grave o agudo. Esta preparación tiene también el interés de que hace trabajar la respiración y algunas posturas del cuerpo. El canto es una energía que permite alcanzar un cierto equilibrio.

En realidad, este método de preparación al parto está aún poco extendido y son muy pocas las maternidades que organizan sesiones de canto prenatal. Las sesiones pueden iniciarse en cualquier momento y se desarrollan en grupo. Si no encuentra un centro donde participar, intente contactar con una coral o pedir información a un profesor de canto.

Los preparativos en casa

El nacimiento se acerca. No espere al último momento
para preparar la habitación que destinará al bebé.
Escoja un lugar que pueda acondicionar
de forma agradable para él y que sea práctico
para usted. Piense también en todo lo
que necesitará para vestirlo, cambiarlo,
alimentarlo, llevarlo de paseo…

La habitación y las cosas del niño

El bebé va a nacer dentro de poco: hay que preparar su «nido». Lo más urgente es la ropa. Desde que nace, hay que vestirlo. Al volver de la maternidad, también deberá alimentarlo, lavarlo y transportarlo, al menos dentro de casa.

No espere a que el bebé ya esté aquí para pensar en el lugar que le reserva y poder acondicionarlo de tal forma que sea al mismo tiempo agradable para él y práctico para usted. Poco importa que le destine una habitación entera o un espacio en un cuarto ya ocupado. Lo que importa es que el bebé tenga su propio territorio, un espacio familiar, tranquilizador, que será el suyo y donde sus padres se sentirán a gusto para ocuparse de él.

La habitación y la cama

Una habitación o un espacio en otro cuarto, el lugar que hay que reservar a un bebé debe ser fácil de airear y de mantener a una temperatura entre 18 °C y 20 °C. Cuando hay calefacción central, probablemente se necesiten humidificadores, que se ponen en los radiadores para que el aire no esté demasiado seco. Si se trata de un radiador de gas o una estufa, haga que los revisen: asegúrese de que no existe ningún peligro de intoxicación.

IDEAS TIERNAS, IDEAS PARA REGALO

Si sabe hacer punto o coser, le encantará confeccionar usted misma parte de la ropa del bebé o, más sencillamente, prepararle una sábana o una toalla de baño bordadas: es un gesto de ternura, una forma de pensar en él.

Entre los regalos que podrían serle útiles más tarde, cuando el bebé pueda sentarse (a partir de 6 a 8 meses), acuérdese de la trona, el parque, la mochila para llevarlo de paseo, la sillita para el coche firmemente fijada en el asiento trasero, etcétera.

Un lugar tranquilo y acogedor

Si es posible, ubique a su hijo cerca de su habitación para oírlo sin problemas. Pero evite la proximidad de la televisión o de cualquier otro aparato que haga mucho ruido. En un piso grande o en una casa, piense en instalar un interfono entre el cuarto donde está el bebé y la estancia que usted ocupa: los hay que se enchufan directamente a la toma de corriente y otros que van con pila. De esta forma, podrá cambiarlos de sitio.

• Una decoración discreta y lavable. Elija revestimientos lavables —pintura o papel pintado en la pared; azulejos, linóleo, parqués vitrificados, etc., en el suelo— en vez telas y moquetas (sobre todo si en la familia hay tendencia a las alergias, por ejemplo antecedentes de asma). Si opta por la pintura, escoja colores suaves y relajantes o pinte sólo los marcos (puertas, ventanas, cenefas) con colores vivos. Si prefiere los papeles pintados, decántese por los poco cargados o empapele sólo una de las paredes y pinte las otras con un color a juego. No olvide que, cuando crezca, es casi seguro que su hijo dibujará directamente en las paredes y le encantará colgar sus propios dibujos: razón de más para que las paredes sean sobrias y fácilmente lavables.

• Persianas o cortinas opacas. Las cortinas pueden aportar la nota de fantasía. Pero si no son opacas, piense en una segunda cortina oscura (o forre las cortinas con una tela negra) para que el cuarto pueda quedar a oscuras: un bebé duerme mucho.

Comodidad y seguridad

Se prefieran las cunas antiguas de la familia con sus visillos románticos, un bonito capazo transportable, una cama de tela plegable y práctica o una cama de madera con barras regulables (que el niño usará hasta los

3 años), lo importante es que el colchón del bebé sea estable y lavable (al menos la funda).

• *¿Cuna, capazo o cama?* Según algunos pediatras, el recién nacido se siente mejor en un capazo o en una cuna a su medida que en una cama demasiado grande para él. Sin embargo, en cuanto crece, necesita suficiente espacio para poder estar tumbado con la cabeza apoyada y los brazos y las piernas completamente estirados. Por lo tanto, si sólo quiere hacer una compra, opte por una cama con laterales altos (para evitar las caídas). Si le pueden prestar un capazo o una cuna, no dude en dejar que su hijo los disfrute.

• *Colchón plano y sábanas ligeras.* El colchón debe ajustarse perfectamente a la cama, ser plano y lo bastante grueso y duro. Para protegerlo, se puede poner una funda acolchada de algodón impermeable o una funda de caucho recubierta con un muletón de algodón. Una sábana bajera, una sábana y una colcha abrigada y ligera completan la ropa. Los pediatras desaconsejan las almohadas y edredones con los que el niño podría ahogarse. Como mucho, se puede colocar una almohada bajo el colchón. Tenga al menos dos muletones o fundas acolchadas; por lo demás, tres o cuatro sábanas bajeras (que pueden ser sábanas usadas cortadas), dos o tres sábanas y dos colchas abrigadas y ligeras deberán bastar, sobre todo si opta por una colcha que se transforme en saco de dormir, dentro del cual el bebé podrá moverse sin destaparse.

Para usted, todo al alcance de la mano

Naturalmente, existen muebles especialmente diseñados para guardar las cosas del bebé y cambiarlo, pero cualquier cómoda o mesa pueden cumplir esta función si están a la altura adecuada para cambiarlo. Basta con disponer de un pequeño colchón plastificado con los bordes levantados sobre el que poner al niño. Sobre todo, piense en tener al alcance de la mano todo lo que necesitará. Nunca deberá dejar bajo ningún pretexto a su hijo solo, aunque simplemente sea un instante, sobre la mesa donde lo va a cambiar.

Aunque los aspectos prácticos y la seguridad son prioritarios, nada impide instalar en la habitación del bebé algunos objetos personales que aportarán una nota de alegría: un móvil de colores para colgarlo no lejos de la cama, una caja de música o una muñeca de trapo musical, peluches —que deben ser suaves, sólidos y lavables—, sin olvidar un cuaderno donde usted podrá anotar sus sentimientos, la primera sonrisa, las reacciones y, más tarde, las primeras palabras: cuando sea mayor, le encantará que se lo enseñe.

El material necesario

Una vez elegido el lugar e instalada la cama, hay que pensar en la ropa y los biberones, y luego en todo el material indispensable para bañarlo, para trasladarlo y para pasearlo. Si el presupuesto es limitado, pregunte a familiares y amigos qué cosas pueden prestarle. Y no olvide los regalos que algunas personas querrán hacerle.

Para alimentarlo

Haya usted optado por dar de mamar o por el biberón, necesita una butaca lo suficientemente cómoda para instalarse o unos cojines que puede poner en la cama

LA ROPITA

Lo esencial es elegir ropa cómoda, suave, fácil de poner y fácil de lavar. El recién nacido tiene la piel delicada y debe poder moverse sin destaparse: elija ropa flexible, amplia, que tape bien, de algodón o lana mejor que de materias sintéticas. Evite las cintas y las camisitas que hay que cerrar con un imperdible y, al menos las primeras semanas, la ropa que se pone por la cabeza.

Existen dos tallas para los más pequeños: 0-3 meses y 3-6 meses. Algunas marcas confeccionan incluso una talla especial para los recién nacidos, adaptada al primer mes y a los prematuros. Tenga el mínimo de ropa de esas dos primeras tallas, ya que el bebé crece muy rápido (10 cm en tres meses) y, a las pocas semanas, ya puede llevar los de la talla 3-6 meses. No olvide los pañales (3 a 5 kg), los albornoces de baño y los baberos de algodón fino, que servirán para protegerla a usted y al bebé cuando le dé de mamar. Piense también, si hace frío, en tener ropa de abrigo, de punto de algodón, así como un gorro para la salida de la maternidad.

No compre demasiada ropa, pero tenga prevista al menos la posibilidad de cambiar al niño completamente durante el día (necesitará también una muda completa, camisita + ranita o body, para cada día en la maternidad). Lave todo lo que compre o que le presten antes de ponérselo al bebé. Utilice preferentemente un detergente a base de jabón neutro y, sobre todo si ya hay antecedentes de alergia en la familia, no emplee productos suavizantes.

Para acostar al bebé

La cama de laterales altos (para evitar las caídas) y de barras regulables ofrecerá a su hijo, hasta los tres años, un lecho estable y cómodo donde podrá estirarse y adoptar sus posturas preferidas. Mientras el bebé es pequeño, no utilice almohada ni ponga edredón. Asegúrese de que el colchón es perfectamente plano y lo bastante grueso y firme.

Para pasear al bebé

Aunque la silla presenta la ventaja de que ocupa menos espacio, es preferible pasear al bebé, mientras no se aguante por sí solo, en un cochecito, donde estará más cómodo.

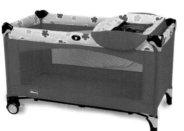

En casa

A partir de los 3 meses, se puede instalar al bebé en una hamaca inclinable con arnés.

Para bañar al bebé

Existen muchos modelos de bañeras diseñadas para que tanto los padres como los hijos difruten de uno de los mejores momentos del día: el baño.

La hora de la comida

En pocos meses, el bebé necesitará una silla para comer. Al margen de las clásic «tronas», existen silla que se encajan en las mesas, aunque hay qu comprobar la estabilid de la mesa y el peso máximo para el que están diseñadas.

La seguridad

Hay sillas de coche que se adaptan a cada edad. Sea cual sea el modelo, lo verdaderamente importante es que esté homologada por las autoridades competentes.

Vestimenta clásica

Las camisitas y ranitas, o los bodies de una pieza, constituirán, junto con los peleles, la ropa indispensable de los primeros meses. La ropa del bebé debe ser, sobre todo, práctica y cómoda, y preferentemente de algodón.

Ropa de vestir

Incluso con sus mejores galas, el bebé debe poder moverse con soltura y se le debe poder cambiar con rapidez.

Para salir

El mono tipo saco de dormir, con capucha, es ideal para las salidas. Para las épocas y lugares más cálidos, un vestido o un peto pueden ser muy útiles y permitir la movilidad al tiempo que aseguran que el bebé permanezca tapado.

para recostarse y apoyar el brazo. Si tiene previsto alimentar a bebé con biberón, debe tener: seis biberones con las tetinas, un esterilizador (en caliente o en frío), un cepillo para limpiar los biberones, eventualmente un termo para biberones y un calientabiberones (el horno microondas es muy práctico para calentarlos, pero puede ser peligroso si no se toma la precaución de comprobar la temperatura del líquido antes de dárselo la bebé).

En cuanto a la báscula, puede alquilar una en la farmacia. Para eso, espere a volver de la maternidad, ya que muchos pediatras consideran inútil pesar al niño todos los días.

Para bañarlo

Durante las primeras semanas, puede bañar al bebé en un lavabo si es lo bastante profundo. Pero cuidado con los grifos y tenga en cuenta que enseguida necesitará una verdadera bañera para bebés: puede ser de plástico flexible, integrada en la mesa vestidor, o de plástico rígido, lo que permite acoplar un pequeño asiento de esponja.

En todos los casos, sobre todo céntrese en el aspecto práctico (facilidad para vaciar el agua, comodidad del bebé y de usted misma cuando lo lave, proximidad del jabón, del champú y de la toalla) y observe una higiene rigurosa. Tenga un termómetro de baño,

LA SILLA DE SEGURIDAD PARA EL COCHE

Hasta los seis o nueve meses, para llevar al bebé en coche, existe la posibilidad de usar dos sistemas: el capazo de seguridad, que se puede encastrar entre el asiento delantero y el trasero y va protegido con una red de seguridad, y la silla que se fija firmemente delante o detrás en sentido inverso al de la circulación (tiene la ventaja de ser muy fácil de transportar, pero no permite que el bebé se tumbe sobre el vientre). En todo caso, no coloque nunca al bebé en la parte delantera del coche, ni siquiera sobre sus rodillas. Si todavía no tiene silla especial para el coche, suba con él en la parte trasera. Cuando baje con él del coche, salga siempre del lado de la acera, nunca por el lado por el que circulan los vehículos.

jabón y champú especiales para bebés (muchas veces el mismo producto está concebido para ambos usos), dos o tres guantes de baño de un tejido muy suave que se puedan hervir y, naturalmente, toallas o albornoces lo suficientemente grandes para evitar que el bebé se enfríe. La temperatura del cuarto donde se le baña debe ser un poco más alta que la de la habitación: alrededor de 22 °C.

Para cambiarlo en su habitación después de un pequeño aseo, necesitará: una palangana (con agua tibia), algodón, jabón, leche hidratante, crema balsámica, suero fisiológico (o cualquier otro producto aconsejado en la maternidad) y, como es lógico, pañales y su ropa.

Para desplazarlo y sacarlo de paseo

Para mover al niño dentro de casa y poder vigilarlo y hacerlo partícipe de la vida familiar, puede usar un capazo o un portabebés rígido. En poco tiempo podrá instalarlo ya en la hamaca, pero asegúrese de que la inclinación es regulable, que cuenta con un arnés de seguridad y que las correas que lleva para transportarla están bien fijadas. Para sacar al bebé de paseo, se puede elegir entre el cochecito, la silla o el «canguro». Coloque también en el coche una silla adecuada para la seguridad del bebé (*véase* recuadro).

• El cochecito. Cuando el niño es todavía muy pequeño, el cochecito es el medio de transporte más cómodo para salir de paseo. En él está protegido del polvo y de los gases de los tubos de escape de los coches. Sin embargo, se trata de una compra onerosa y poco práctica por lo mucho que ocupa. Evite las capotas forradas de blanco que deslumbran demasiado y decántese por esos modelos transformables en silla o portabebés. La ropa de cama debe ser la misma que la de la cama, adaptada al tamaño del cochecito. Para el verano, acuérdese de tener una mosquitera.

• La silla. Algunas sillas inclinables permiten tener al bebé acostado. Pero las sillas ligeras y plegables, ideales para llevar en el coche o en el autobús, deben reservase para los niños que ya se aguantan bien sentados (no antes de los 5 meses).

• El «canguro». Práctico y propicio a la intimidad, este sistema permite que los padres lleven al bebé sobre el vientre mientras mantienen las manos libres. Asegúrese de que el «canguro» sujeta la cabeza del bebé. De todas formas, no abuse de él mientras el bebé sea demasiado pequeño (no antes de 1 mes) porque en esta posición se encontraría acurrucado y con la cabeza colgando.

Los últimos preparativos

Ya sólo es cuestión de días, quizá de horas. Mientras espera la salida hacia la maternidad, se siente un poco impaciente: aproveche para realizar los últimos preparativos.

Quizá le preocupe tener que salir precipitadamente hacia el hospital. Seguramente todavía tiene tiempo de asegurarse de que no ha olvidado nada. El siguiente es un breve recordatorio de los puntos en los que ya ha pensado usted con seguridad, pero que merece la pena verificar.

Para el bebé

• Confirmar el sistema de guardería elegido. Si tiene que trabajar después del parto, llame al jardín de infancia.
• Contacte con el pediatra. Es mejor volver a casa sabiendo el nombre y la dirección del futuro pediatra.

Para los hijos mayores

• Prepáreles para la ausencia. Para que vivan sin problemas la llegada del hermano pequeño, vuélvales a explicar el motivo de su próxima marcha unos días antes de la fecha prevista del parto.
• Piense en un sistema de canguro. Su ausencia será menos triste con la presencia de un miembro de la familia o una amistad íntima.
• Acuérdese de hacerles un regalo. La llegada del nuevo hijo puede resultar difícil para ellos; intente acordarse de comprar un regalo para cada hermano mayor, que les llevará el recién nacido. De esta forma, se granjeará la simpatía de sus hermanos.

Para el padre

• Llene los armarios y la nevera. Va a pasar al menos tres o cuatro días en la maternidad y se sentirá muy cansada cuando vuelva; el padre, por su parte, tendrá que seguir trabajando, visitarla y no le quedará demasiado tiempo para las cosas del hogar. Prepare, comidas para toda la familia o, en su caso, una lista de menús simples.
• Ayúdelo a que no se olvide de nada. Deje notas recordatorias por todas partes con las consignas de intendencia (regar las plantas, poner el cava en la nevera para la vuelta, etc.) o grábelas en una casete.

Para usted

• Vaya a la peluquería. Es el momento ideal para cambiar de corte o de color y tener un aspecto estupendo en la maternidad. Además, después del parto no dispondrá de mucho tiempo.
• Busque un fisioterapeuta. No es demasiado temprano para pensar en volverse a poner en forma. Si no conoce a ningún fisioterapeuta, pregunte a su médico.

LA MALETA PARA LA MATERNIDAD

Aunque haya recibido instrucciones en la maternidad donde va a dar a luz, no se olvide lo más básico:

Para usted
• Documentación para los trámites de ingreso, así como los resultados de análisis o pruebas que le hayan solicitado previamente.
• Productos de aseo personal.
• Dos camisones, con botones por delante si piensa dar de mamar.
• Dos toallas y guantes de baño.
• Dos braguitas de algodón, si lo prefiere desechables, así como compresas higiénicas.
• Dos sujetadores de lactancia (y discos protectores).
• Una bata o un albornoz, zapatillas.

Para el bebé
• Seis bodies (uno al día, como mínimo) —o seis camisitas de tela suave (de batista o de hilo fino) y seis ranitas (de algodón).
• Tres jerseis de algodón o de lana (según la época).
• Tres peleles de felpa.
• Tres pares de peúcos o de calcetines.
• Seis baberos.
• Un tocado o chal.
• Según la época, ropa de abrigo y un gorrito (para la salida de la maternidad).

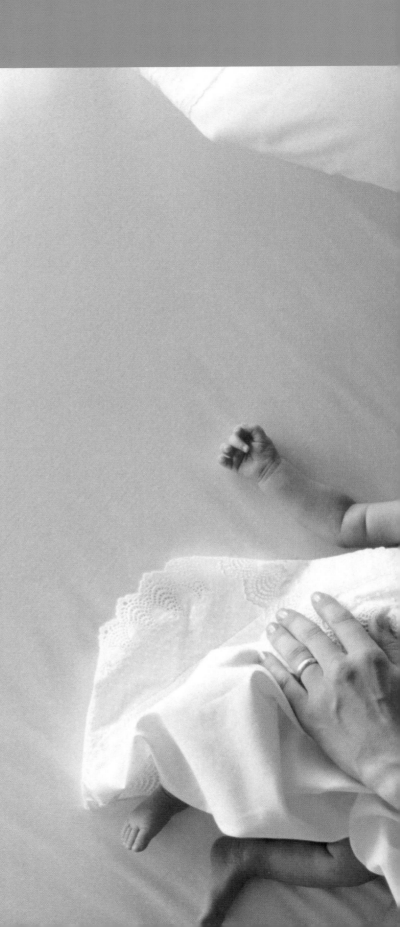

El nacimiento

El parto

Al final del embarazo, el niño empieza
a prepararse para nacer y adopta la
posición que tendrá el día del parto.
La madre lleva mucho tiempo preparándose
para este acontecimiento.
El momento del parto, por fin,
ha llegado. He aquí el relato
de esta llegada al mundo,
desde los síntomas reveladores
que siente la madre hasta
los primeros llantos
del bebé.

La salida hacia la maternidad

El niño va a nacer dentro de poco. La madre se pregunta cuándo tendrá que salir hacia la maternidad. Debe prepararse para reconocer los síntomas reveladores del parto.

Espera este acontecimiento con impaciencia, esperanza y amor, pero sin duda también con un sentimiento más o menos confuso de miedo. En primer lugar, miedo a sufrir, a descubrir un bebé distinto del que había imaginado y, por último, miedo a romper esa complicidad única que la ha unido a su hijo a lo largo de todo el embarazo. El nacimiento es también una separación, una ruptura que quizá le recuerde otras, aunque fueran muy diferentes.

Si padece, justo antes o después del nacimiento, una tristeza inexplicable, no se sorprenda y no se sienta culpable. Todas las madres pueden experimentar estos sentimientos.

La aparición de contracciones regulares

El final del embarazo se acerca: ¿cómo saber que hay que salir hacia la maternidad? Muchas mujeres se sienten preocupadas por esta pregunta, que sin embargo tiene respuestas muy sencillas. Los signos que revelan la proximidad del parto son unas contracciones uterinas intensas y regulares o la ruptura de la bolsa de las aguas, o la combinación de estos dos elementos al mismo tiempo.

¿Cómo reconocerlas?

Seguramente ya a tenido contracciones a lo largo del embarazo. No obstante, las que permiten la dilatación del cuello del útero durante el parto presentan unas características particulares. Durante la gestación, las contracciones son anárquicas. A veces son dolorosas, pero no duran mucho. Durante el parto, son más regulares, más intensas y más largas. Al principio de esta fase preparatoria del parto, se producen cada quince o treinta minutos y parecen muy fugaces. La madre notará una especie de ligeros tirones comparables a los dolores de la regla. Luego se van acelerando progresivamente, se intensifican, aparecen a intervalos cada vez más regulares y duran mucho más tiempo. Con la mano sobre el vientre, se nota claramente cómo el útero se endurece como una bola y luego se ablanda. Estas contracciones son automáticas, espontáneas y completamente independientes de la voluntad.

¿Cómo reaccionar?

Cuando se comprueba que las contracciones son regulares, se entra en la fase preliminar del parto. No se debe ni beber ni comer. Es preferible estar en ayunas durante el nacimiento para evitar las ganas de vomitar, que el esfuerzo necesario puede provocar, y no correr riesgos ante una posible anestesia general. Interrumpa lo que esté haciendo sin precipitarse y relájese, lea una revista, mire la televisión...

• Relajarse. Darse una ducha caliente es muy relajante. Quizá le parezca que las contracciones se atenúan después de la ducha, lo que significaría que el parto aún no ha comenzado realmente. En este caso, tendrá que ser paciente, aunque la espera será probablemente de corta duración. Aproveche este breve período de calma para relajar completamente el cuerpo antes de que las contracciones vuelvan a aparecer. Póngase

¿QUIÉN LA ACOMPAÑARÁ?

Hoy en día, la mayoría de las maternidades admiten que la madre tenga un acompañante en la sala de parto durante el nacimiento. Si el futuro padre puede y desea —con el acuerdo de la madre— participar en este acontecimiento, podrá estar al lado de la madre para animarla o reconfortarla. Pero si está ausente por motivos profesionales o si la idea de pasar un día en el hospital le resulta insoportable, no lo culpabilice; una hermana o una buena amiga pueden apoyarla igual de bien. También se puede dar a luz rodeada exclusivamente por el personal de la maternidad. Cada mujer puede elegir según sus preferencias.

cómoda, instálese en la posición que más le guste, sentada en el suelo con un cojín bajo las nalgas o a horcajadas en una silla, o camine si lo prefiere. Se puede escuchar música suave e intentar ensayar la respiración que ha aprendido durante la sesiones de preparación del parto (*véase* p. 94). Hay que concentrase simplemente en inspirar y espirar profundamente sin bloquear la respiración, y hay que relajarse lo más posible después de cada contracción para «recibir» mejor la siguiente.

• No ceder a la precipitación. Para salir hacia la maternidad, es preferible esperar a que las contracciones se sucedan cada cinco minutos durante dos horas, si se trata del primer hijo, o durante una hora si ya se ha tenido otro (en este caso, el proceso suele ser más rápido). Naturalmente, estos plazos son sólo indicativos, y no hay que prolongar la espera si las contracciones se hacen más frecuentes. También se debe tener en cuenta la distancia que media entre el domicilio y la maternidad, el tiempo necesario para recorrer dicho trayecto o, tal vez, un antecedente de parto rápido que recomienda no eternizarse en casa.

La progresión descrita más arriba es, evidentemente, muy esquemática. La experiencia de esta etapa preliminar al parto puede resultar bastante distinta. Por ejemplo, las contracciones pueden ser irregulares durante mucho tiempo o, al contrario, intensas y frecuentes enseguida... También puede ocurrir que el dolor de las contracciones se sienta sólo en la espalda y que, por consiguiente, no se pueda identificar inmediatamente su naturaleza. De forma general, hay que intentar no salir corriendo hacia el hospital en cuanto se manifiestan los primeros síntomas, excepto si las contracciones son bastante intensas, regulares y se está íntimamente convencida de que el niño no tardará mucho tiempo en nacer.

Posiciones relajantes

Cuando se empiezan a sentir las contracciones, pero éstas todavía no son lo suficientemente intensas para salir hacia la maternidad, hay que intentar relajarse. Para ello, se pueden adoptar varias posiciones que pueden aliviar el principio del parto: con las piernas cruzadas, en cuclillas, arrodillada con las manos por delante, con las piernas flexionadas y la espalda contra la pared, sentada a horcajadas en una silla y apoyada sobre el respaldo, sentada sobre un cojín... Aquí se ilustran dos de ellas.

← **Sobre un cojín**
Si lo prefiere, siéntese en el suelo con un cojín bajo las nalgas para que queden un poco elevadas.

En una silla ↑
Siéntese a horcajadas, coloque los brazos sobre el respaldo y apoye la cabeza: la espalda se curva.

La ruptura de la bolsa de aguas

Dentro del útero, el bebé flota en el líquido amniótico, que está contenido en una especie de bolsa formada por unas finas membranas: la *bolsa de las aguas*. Cuando se inicia el parto, las membranas se desgarran (no es en absoluto doloroso) para que fluya el líquido amniótico y el niño pueda salir. En general, son las contracciones las que, al tensar el útero, hacen que cedan las membranas.

Cuando es clara, la ruptura de esta bolsa se manifiesta por un flujo bastante abundante (unos 20 cl) de un líquido tibio y transparente, parecido al agua. Es lo que se llama *romper aguas*.

Después de este derrame súbito, el líquido seguirá saliendo hasta el parto, aunque en menor medida; la mayor parte saldrá junto con el bebé. Cuando las membranas sólo se han fisurado y no se han roto netamente, el líquido amniótico se derrama muy progresivamente, de forma continua hasta el nacimiento. En ese caso, se puede creer que se trata de una incontinencia de orina, de pérdidas vaginales muy líquidas, que a veces se tienen al final del embarazo, o de la pérdida del tapón mucoso.

El tapón mucoso está formado por una sustancia pardusca, a veces teñida de sangre, que cierra el cuello uterino y que se expulsa cuando éste comienza a transformarse. La expulsión de esta mucosidad se produce muchas veces varios días antes del inicio del parto propiamente dicho. Si se tiene alguna duda en cuanto a la naturaleza de un derrame (agua, sangre, mucosidad, orina, pérdidas), no hay que dudar en ir a la maternidad para saber de qué se trata.

También puede romper aguas en cualquier momento. La ruptura de la bolsa de las aguas es imprevisible. A veces, precede a cualquier tipo de contracción dolorosa, pero también puede llegar después de contracciones largas e incluso al final del parto. En ocasiones, la bolsa permanece intacta hasta el nacimiento, aunque lo más habitual es que el médico o la comadrona se encarguen de romperla con un aguja especial.

En cuanto rompa aguas, cámbiese, póngase una compresa y salga hacia la maternidad sin demora, a poder ser en posición tumbada o semisentada. Las membranas ya no protegen al feto y puede producirse una contaminación por gérmenes que suban por la vagina hasta el útero. Además, el cordón umbilical, arrastrado por el flujo del líquido, puede situarse debajo de la cabeza del bebé y quedar comprimido, lo que obligaría a provocar rápidamente el nacimiento. Estos dos peligros son mucho menores si se está tumbada. Si nadie puede llevarla en coche, llame a una ambulancia.

♔ QUISIERA SABER

¿Cómo es el seguimiento médico al final del embarazo?

♔ A lo largo del 8.º y 9.º mes, el médico se preocupa sobre todo de prever cómo va a desarrollarse el parto. Examina la posición que adopta el niño: si se presenta de cabeza, que es lo más frecuente, o de nalgas, o de otra forma (véase p. 129). El parto por vía natural sigue siendo posible cuando el feto se presenta de nalgas, con la condición de que el bebé no sea demasiado grande ni la pelvis de la madre demasiado estrecha. Una radiografía permite saber el diámetro exacto de la pelvis y evaluar esta posibilidad.

¿Qué ocurre si se sale de cuentas?

♔ A partir de 9 meses y 1 semana (42 semanas desde la última regla), se sale de cuentas.

Si no se ha dado a luz al final de la semana 41, hay que ir a la maternidad para que controlen la evolución del bebé.

Al envejecer, la placenta se gasta y degenera: ya no proporciona al bebé los alimentos y el oxígeno que necesita.

El niño puede sufrir y perder su vitalidad. Ante esta hipótesis, el médico practica una amnioscopia: introduce un tubo muy fino por el cuello del útero para examinar, a través de la bolsa de las aguas, el color del líquido amniótico, que debe ser claro. Por otra parte, comprueba el ritmo cardíaco del bebé. Si constata anomalías, provocará el parto.

A partir de la 41ª semana y 5 días, suele provocarse el parto de manera sistemática, muchas veces aunque no se detecten anomalías.

La llegada a la maternidad

Cuando llegue a la maternidad, una comadrona se encargará de usted. La examinará y le explicará cómo se presenta el parto. Después, los pondrá, a usted y a su futuro bebé, bajo vigilancia hasta el nacimiento.

Cuando llega a la maternidad, la madre generalmente es recibida en urgencias. Allí, una comadrona le pregunta qué día sale de cuentas, la frecuencia de las contracciones y si se trata del primer hijo. A continuación, rellena los trámites administrativos y, ya en una sala, le hacen una rápida exploración para confirmar que el parto efectivamente se ha desencadenado y comprobar si el bebé se presenta de cara o de nalgas.

El reconocimiento médico

La comadrona mide la altura del útero para comprobar el tamaño del futuro bebé. Mediante una palpación vaginal, evalúa la situación de la dilatación del cuello del útero. Toma la presión y la temperatura, pregunta el peso y manda analizar el nivel de azúcar y de albúmina de la orina. También puede efectuar la toma de una muestra de secreciones vaginales y solicitar unas pruebas de coagulación.

Unas verificaciones necesarias

Al final del reconocimiento, se dan varias situaciones.
• Las contracciones no son «eficaces». No tienen ningún efecto sobre la dilatación del cuello del útero. La madre tendrá que esperar varias horas en una sala «preparto» o en una habitación. Luego, o las contracciones se transforman y empiezan a desempeñar su papel o, por el contrario, se desvanecen. En este último caso, la madre volverá a casa, ya que el parto se iniciará unas horas o, incluso, unos días más tarde.
• Ha roto aguas aunque las contracciones aún no han empezado. Es obligatorio permanecer tumbada y bajo vigilancia médica, ya que la bolsa de las aguas ya no protege al niño de los gérmenes infecciosos. Para prevenir este riesgo, se afeita el vello que hay alrededor de la vulva y hay que ponerse compresas esterilizadas. También hay que controlar la temperatura de forma re-

gular. Si las contracciones no se declaran espontáneamente en las horas siguientes, se provocarán artificialmente (*véase* más adelante).
• Ha comenzado el trabajo de parto. Por regla general, se puede esperar en una habitación de la maternidad. Allí podrá adoptar la posición que más le convenga (en cuclillas, sentada sobre una cama, con la espalda apoyada en unas almohadas) o caminar e incluso pasear por el exterior, salvo que ya haya roto aguas. No beba ni coma en previsión de que sea necesaria la anestesia.

Cuando el trabajo de parto ha empezado

En cuanto la comadrona comprueba que el trabajo de parto ha empezado, pide a la madre que se desnude y

---

LAS PERSONAS QUE LA ATENDERÁN

La comadrona: atiende a la madre y al bebé a lo largo de todo el parto y durante las horas que siguen al nacimiento. Muchas veces se encarga de los partos que se desarrollan normalmente, aunque debe llamar a un médico si surge un problema.

El obstetra o tocólogo: médico especialista en el parto, controla el buen desarrollo del mismo. A menudo interviene a petición de la comadrona. Es quien practica las cesáreas.

El anestesista: pone la epidural y controla sus efectos. En caso de urgencia, aplica una anestesia general.

El pediatra o neonatólogo: examina al bebé tras el nacimiento y se encarga de su vigilancia en las siguientes horas.

La enfermera: ayuda a la comadrona y al obstetra.

La auxiliar: ayuda a la comadrona y a la enfermera.

---

se ponga una simple bata y la acompaña a la sala de partos. Una vez allí, se coloca una perfusión en el antebrazo. La perfusión (que al menos se mantiene durante dos horas después del parto) es necesaria por varios motivos. Por un lado, garantiza con su aporte de agua una buena hidratación durante todo el parto. Además, permite tomar una muestra de sangre, indispensable si todavía no se ha hecho un análisis para la anestesia epidural. Por otro lado, también se usa para administrar suero fisiológico antes de practicar la epidural y evitar así las bajadas de presión arterial. Si tiene previsto que le pongan la epidural, dígalo en cuanto entre en la sala de parto. Si no está del todo segura, puede esperar a que el cuello del útero haya alcanzado varios centímetros de dilatación para decidirse. A veces, las contracciones se debilitan bajo los efectos de la epidural; la comadrona administrará entonces un producto (usado también en mayores dosis para provocar artificialmente el parto) que les devolverá la intensidad.

El parto provocado

Provocar el parto significa ponerlo en marcha de forma artificial, por razones médicas o de conveniencia personal (obligaciones profesionales, ausencia del padre, trayecto largo hasta la maternidad).

Antes de optar por este método, hay que analizar las posibilidades de éxito, ya que un fracaso desembocaría en una cesárea. El reconocimiento médico es primordial. El tacto vaginal permite verificar la dilatación del cuello del útero, su longitud, su tono y su posición en la vagina.

Las indicaciones médicas

A veces resulta indispensable provocar el parto, en concreto cuando el embarazo ha sobrepasado las 41 semanas o cuando la madre tiene hipertensión arterial, diabetes o enfermedades crónicas.

También puede ser necesario en el caso de inmunización Rh, o de que el bebé tenga ya un peso demasiado alto y pueda seguir creciendo; o cuando la bolsa de las aguas se rompe prematuramente (después de la semana 35), en este caso para prevenir los riesgos de infección.

La mayor parte de los equipos médicos consideran que está contraindicado provocar un parto cuando el niño se presenta de nalgas; o cuando la madre ha sufrido una intervención quirúrgica en el útero, como por ejemplo una cesárea o la extirpación de ciertos fibromas.

El desencadenamiento del parto

Las sustancias que se suministran por vía intravenosa en dosis crecientes hasta la obtención de contracciones

Durante el parto

Durante la dilatación ↑
Antes de pasar a la sala de partos y cuando las contracciones ya han empezado, la mujer embarazada puede sentarse sobre los glúteos, con las piernas flexionadas y los muslos contra la pelvis. Esta posición es cómoda durante las primeras contracciones .

Durante el parto ↓
En la sala de partos, la mujer embarazada está tumbada sobre la espalda, con la cabeza apoyada en una almohada y las piernas sobre unos estribos. Suele disponer de unas barras transversales a cada lado de la cama para agarrarse y ayudarse en el momento de la expulsión.

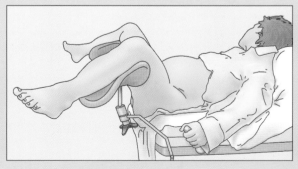

eficaces reproducen el efecto de la hormona —la oxitocina— que provoca el parto de forma natural. Se les llama, por lo tanto, *oxitócicos*.

Otros productos, las prostaglandinas, empleadas localmente (en forma de óvulo vaginal), actúan al mismo tiempo sobre el útero (provocando contracciones) y sobre el cuello (que se dilata); pero a veces producen una tensión excesiva del útero y obligan a practicar una cesárea urgente.

La vigilancia monitorizada

Gracias a los avances de la electrónica, hoy en día los médicos pueden vigilar muy de cerca el estado del niño a lo largo de toda la duración del parto. Esta vigilancia se llama *monitorización*. Unos sensores puestos sobre el vientre de la madre y unidos a un aparato registrador permiten medir permanentemente las contracciones del útero de la madre y los ruidos del corazón del niño.

Normalmente, el ritmo cardíaco del feto es de 120 a 160 latidos por minuto. Este ritmo varía constantemente durante el parto. Cuando los latidos se frenan exageradamente durante las contracciones, sin volver a un ritmo satisfactorio cuando paran, significa que el feto puede padecer un sufrimiento y que puede ser necesario sacarlo con fórceps o recurrir a una cesárea.

En lo que respecta a la madre, su presión arterial también se mide regularmente a lo largo del parto para prevenir un posible desmayo y detectar la hipertensión. La temperatura se vigila muy de cerca. Cada hora, una comadrona o el médico realizan un tacto vaginal para apreciar el estadio de dilatación del cuello del útero y la progresión de la cabeza del bebé a través de la pelvis.

El papel del padre

Si la acompaña, el padre puede desempeñar un papel muy útil durante el parto: ayudará en los esfuerzos por respirar tal y como pide la comadrona, refrescará la cara, secará el sudor, dará masajes en el vientre, aguantará la espalda, hablará a la madre…

Naturalmente, todos estos actos tienen un alcance ante todo psicológico, pero ¿no es acaso muy importante esta faceta? Para muchas mujeres, la simple presencia del padre reconforta y anima mucho por sí misma.

Además, los padres suelen querer asistir al nacimiento de sus hijos. A veces se les pide que corten el cordón umbilical o que bañen por primera vez al recién nacido. Tanto para el hombre como para la mujer, el nacimiento de un hijo es un acontecimiento lleno de intensa emoción. Compartir este momento es para algunos padres una etapa importante de su relación de pareja. Aunque cada cual debe decidir libremente (*véase* p. 42).

LAS TRANSFUSIONES SANGUÍNEAS

La madre suele perder entre medio litro y un litro de sangre durante el parto. Hoy en día sólo se recurre a las transfusiones sanguíneas en circunstancias excepcionales, como una hemorragia grave que ponga en peligro la vida de la madre. Este tipo de hemorragias no son frecuentes pero resultan muy peligrosas, ya que se pierden varios litros de sangre y requieren una transfusión en el menor espacio de tiempo.

¿Qué es la autotransfusión?

Quizá le hayan sacado en las últimas semanas del embarazo una o dos unidades de sangre para poder hacer una transfusión de su propia sangre en caso de que haya problemas. Si se produce una eventual hemorragia, esas dos unidades serán insuficientes y será necesario recurrir a sangre de donante. Por el contrario, se podrán usar si se siente cansada después de unas pérdidas moderadas.

Sin embargo, la eficacia de estas transfusiones «revigorizantes» no está demostrada. Generalmente, al final del embarazo se suele recetar un tratamiento a base de hierro para que el organismo fabrique nuevos glóbulos rojos al cabo de unos días.

¿Son seguras las transfusiones?

Se estima que una de cada 300 000 bolsas de sangre puede estar contaminada. Por lo tanto, el riesgo en caso de transfusión existe, aunque es ínfimo. La selección de los donantes y la detección del virus de la hepatitis B y del sida son sistemáticos, por lo que el riesgo de transmisión de estas dos graves afecciones es, hoy en día, prácticamente inexistente.

El desarrollo del parto

Traer al mundo a un bebé es un fenómeno natural. Sin embargo, se consigue gracias a los esfuerzos de la madre, que permitirán la expulsión del niño.

Para que un niño pueda nacer por vía natural, se requieren tres condiciones: la aparición de contracciones uterinas eficaces, la dilatación del cuello uterino y la progresión de la cabeza del feto a través de la pelvis de la madre. Las contracciones, que empiezan mientras la madre está en casa, provocan poco a poco un acortamiento del cuello del útero, que luego se borra y se dilata, abriéndose como un cuello alto que se convierte en un cuello redondo para dejar pasar al bebé a través de la pelvis. Cuando el parto está avanzado, la madre se encuentra ya en la sala de partos vigilada por la comadrona; se le coloca una perfusión en el antebrazo y se controla mediante monitorización tanto a ella como al bebé. Cuando el cuello del útero alcanza una dilatación completa, lo que puede durar varias horas, puede empezar la fase de expulsión. Mucho más corta, raras veces sobrepasa los veinte o treinta minutos en un primer parto. Es en esta fase del parto cuando hay que empujar.

La dilatación del cuello del útero

Durante los ocho meses que preceden al parto, el cuello del útero, situado en la parte superior de la vagina, tiene una longitud de unos 3 cm. El orificio externo (del

La progresión del bebé

El parto se desarrolla por etapas: primero, aparecen las contracciones (desencadenan el parto propiamente dicho); luego, la dilatación y el borramiento del cuello del útero. Al principio del parto, el cuello está cerrado; poco a poco, se va borrando y se abre. Una vez abierto, el bebé podrá descender por la pelvis: la cabeza se adapta a la pelvis. La expulsión es la última fase del parto, en la que el bebé aparece, y se inicia con la liberación de la cabeza.

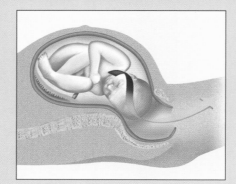

El encajamiento de la cabeza ↑
El paso de la pelvis ósea, llamada también estrecho superior, es exiguo, pero el bebé debe adaptarse a la situación. Busca la posición más favorable para penetrar en la pelvis –es decir, poniendo por delante la parte superior y posterior del cráneo. Para presentarse así, flexiona la cabeza al máximo, apoyando el mentón sobre el pecho.

El descenso y la rotación ↓
El descenso se produce en cuanto la cabeza está encajada. Las contracciones hacen que ésta baje y rote un cuarto de vuelta. La mayoría de las veces, la cabeza avanza en posición oblicua a través de la pelvis y, luego, gira para salir en posición vertical.

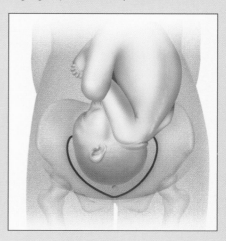

lado de la vagina) está cerrado, al igual que el orificio interno (que da al útero). Bajo el efecto de las contracciones, el cuello del útero se acorta y luego se inicia su dilatación. La mayor parte de las veces, las contracciones provocan la ruptura natural de la bolsa de las aguas. Después de romper aguas, la cabeza del niño ejerce una presión directa y fuerte sobre el cuello del útero (por eso muchas veces el bebé presenta un pequeño hematoma subcutáneo que no reviste ninguna gravedad).

La duración del parto varía según el tiempo necesario para la dilatación del cuello del útero. Este proceso de dilatación depende, asimismo, de tres factores: la naturaleza de las contracciones —que son más o menos eficaces—, la altura a la que está la cabeza del bebé dentro del útero y, finalmente, el número de partos anteriores.

Se suele considerar que durante un primer parto el cuello debe dilatarse a razón de 1 cm por hora y, para los partos posteriores, a un ritmo de 2 cm por hora. La dilatación es completa cuando el cuello alcanza una abertura de 10 cm.

LA CABEZA DEL BEBÉ

La cabeza es la parte del cuerpo del feto más voluminosa. Pero los distintos huesos que la componen todavía no están soldados entre sí. Están separados por bandas de tejido cartilaginoso: las fontanelas. Hay dos fontanelas, la fontanela posterior y la fontanela anterior, que sirven de referencia para determinar la posición de la cabeza del niño en la pelvis durante el parto.

La expulsión

Al principio de la fase de expulsión, la madre suele estar tumbada, con las piernas separadas y los pies colocados sobre unos estribos que hay en el extremo de la mesa de partos. Las contracciones son más largas y se suceden a un ritmo cada vez más rápido. Se afeita parcialmente la parte circundante de la vulva y, si no se ha

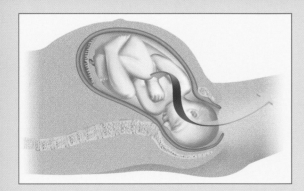

La deflexión de la cabeza ↑
La cabeza toma como punto de apoyo el pubis y la presión sobre los músculos del perineo, que separan la vagina del ano, suscita el deseo de empujar. Esta región del perineo se relaja progresivamente gracias a su gran elasticidad. La cabeza ha descendido hasta la vulva y se endereza (se dice que deflexiona). La vulva se abre bajo la presión de la cabeza. Aparece la parte superior del cráneo: el occipucio.

La salida de la cabeza ↓
La cabeza sale: primero el occipucio, luego la frente, la nariz, la boca y, finalmente, el mentón. La liberación de la cabeza se consigue gracias a los esfuerzos de expulsión de la madre. El tocólogo controla su avance milímetro a milímetro para evitar un desgarro. Luego, el tocólogo o la comadrona colaborarán en la liberación total de la cabeza y de los hombros; el resto del cuerpo sale entonces sin ninguna dificultad.

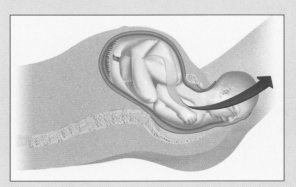

orinado espontáneamente, se vacía la vejiga con ayuda de una sonda. El nacimiento está cercano. Hay que escuchar con atención las instrucciones del obstetra o de la comadrona para no cansarse inútilmente y esperar a que la dilatación sea total para empezar a empujar.

A fin de conseguir la máxima eficacia, los esfuerzos a la hora de empujar deben realizarse durante las contracciones. En cada contracción, inspire profundamente, bloquee la respiración y empuje como cuando hace sus necesidades. Los pulmones, llenos de aire, inmovilizan el diafragma contra el útero, mientras que se contraen con fuerza los abdominales sin contraer el perineo. Al coger las asas que sostienen los estribos, se puede levantar los hombros, curvar la espalda y empujar con mayor facilidad para expulsar al bebé. Hay que empujar durante el mayor tiempo posible para que el niño pueda avanzar sin problemas. La comadrona le pedirá que empuje dos o tres veces en cada contracción y que descanse entre una y otra. Cuando la cabeza del bebé salga de la vulva, la comadrona le pedirá que deje de empujar y se relaje, para que la cabeza pueda salir poco a poco. Quizá vuelva a exigirle un nuevo esfuerzo para liberar los hombros y, luego, el resto del cuerpo saldrá sin problemas.

La episiotomía

A veces es necesario intervenir para que los músculos del perineo de la madre no se desgarren cuando la cabeza del bebé sale por la vulva: el médico practica entonces una episiotomía. Se trata de una pequeña incisión en el perineo para evitar un desgarro que podría prolongarse hasta el ano. La incisión puede ser oblicua (de debajo de la vulva hacia una de las nalgas) o vertical (de debajo de la vulva hacia el ano), cuando la distancia que separa la vulva del ano es suficiente; la incisión vertical presenta la ventaja de que es más fácil de suturar y menos dolorosa durante los días siguientes al parto, aunque es más arriesgada por la proximidad del esfínter anal.

Esta intervención se realiza durante la fase de expulsión, en un momento que la madre empuja, y la mayor parte de las veces la madre no lo nota. Se practica cuando el perineo está demasiado tenso o es demasiado débil, o cuando la cabeza del bebé es demasiado grande con respecto al tamaño de la vulva. Es imprescindible si se va a recurrir a los fórceps o si el ritmo cardíaco del bebé se frena y es necesario facilitar y acelerar el nacimiento. La incisión tiene la venta-

La venida al mundo

Cuando el cuello del útero se ha abierto bajo los efectos de las contracciones, el bebé empieza a salir del útero, con la cabeza por delante. Progresando por etapas, siempre con la ayuda de las contracciones, el bebé atraviesa la pelvis de la madre. Por un momento se ha topado con los músculos que separan la vagina del recto, lo que produce necesidad de empujar en su madre. Los músculos sobre los que se apoyaba la cabeza del niño se han distendido y la cabeza hace que se dilaten, para que se relaje el perineo y la vulva. En ese momento se puede practicar una eventual episiotomía para aumentar el diámetro de la vagina y evitar un desgarro.

La cabeza sale ↓
Finalmente, con la cabeza por delante y la cara girada hacia abajo, el niño sale del cuerpo de su madre.

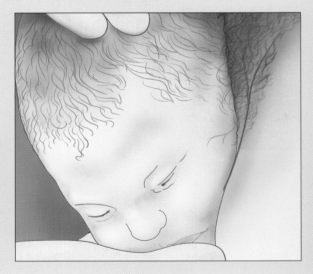

Aparece la cabeza →
La vagina se dilata, la cabeza del bebé aparece por la abertura de la vulva.

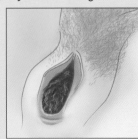

ja adicional de prevenir posibles problemas de incontinencia urinaria y descenso de órganos por la acción del parto.

Instrumentos para facilitar la extracción

Si la madre está agotada o el niño debe nacer sin demora, el obstetra puede facilitar la salida bebé mediante varios instrumentos (usados en un 15% de los partos): ventosa, espátulas o fórceps.

• La ventosa. Se trata de una ventosa de material flexible que se coloca en la parte alta del cráneo del bebé para guiarlo durante su paso por la pelvis. Se tira suavemente de ella durante la contracción.

• Las espátulas. Están formadas por dos brazos no articulados que también permiten dirigir la cabeza del bebé a través de la pelvis.

• Los fórceps. Constituidos por dos brazos articulados en forma de cuchara, son los instrumentos más utilizados. La cabeza del bebé queda cogida de cada lado por uno de los brazos y, durante las contracciones y los esfuerzos, sirven para guiar la cabeza del feto por la pelvis, bajarla y sacarla.

CUIDADOS PREVENTIVOS

Al salir del vientre de su madre, el bebé tiene un color violáceo y muchas veces está recubierto de sangre y de una película grasa blanca. En ocasiones, si el bebé ha hecho sus primeras necesidades durante el parto, está embadurnado de un líquido verdoso y espeso (el líquido meconial). Para que no lo inhale y evitar que se propague por los pulmones, la comadrona lo lleva de inmediato al área de cuidados para limpiarlo. Es una medida preventiva, después de la cual la madre vuelve a tener a su hijo enseguida.

Aunque los fórceps se usaron durante mucho tiempo para «ir a buscar» la cabeza del bebé mientras estaba muy alta en la pelvis, hoy en día ya no se admite esta práctica. Sólo se recurre a los fórceps cuando la cabeza del bebé ya ha bajado. En caso contrario, se optará por una cesárea. En un parto con fórceps, la episiotomía es sistemática para evitar los desgarros del perineo. Tam-

El bebé ha nacido →
El niño ha salido del cuerpo de la madre, liberado suavemente por las manos expertas del médico o de la comadrona, que coloca con cuidado el bebé sobre el vientre materno antes de limpiarlo. Luego, una vez se ha cortado el cordón umbilical y se ha aseado al niño, la madre podrá cogerlo en sus brazos y descubrirlo.

bién se requiere anestesia local o total, excepto si la madre está ya bajo los efectos de la epidural. Los fórceps pueden dejar ciertos rastros en las sienes, las mejillas o el cráneo del bebé, pero desaparecerán dos o tres días después. Pero no son los responsables de la frecuente y típica deformación del cráneo del bebé producida por un modelado particular de la cabeza cuando atraviesa la estrecha pelvis.

El alumbramiento

Después de la salida del bebé, llega la calma y se conoce al hijo. Pero las contracciones uterinas persisten durante un tiempo. Tienen por objetivo, entre veinte y treinta minutos más tarde, despegar la placenta: es el alumbramiento. Esta última fase del parto suele ser indolora.

El niño ha nacido

Su bebé ha nacido por fin. Lo oye gritar. Generalmente la comadrona lo pondrá sobre el vientre de la madre. No se sorprenda del color ligeramente violáceo ni del tacto un poco extraño de su piel: sin duda está recubierto de una película blanquecina (vernix caseosa) o de sangre. En el cordón umbilical, que quizá usted misma corte, a no ser que sea la comadrona —o el padre si está presente— quien se encargue, se colocan dos pinzas. A veces, cuando el niño ha hecho sus primeras

---

LAS CONSECUENCIAS DE LA EPISIOTOMÍA

Los tejidos cortados (vagina, músculo y piel del perineo) se suturan después del alumbramiento, es decir, la expulsión de la placenta, con anestesia local, salvo que se esté bajo los efectos de la epidural. La vagina y los músculos perineales se cosen con hilos que se reabsorben espontáneamente. A veces, para la piel se usan hilos no reabsorbibles que hay que quitar tras cuatro o cinco días. Una buena higiene (aseo con agua y jabón durante una semana cada vez que se orina) permite una cicatrización sana y rápida. Para que la herida no esté humedecida, durante varios días se puede secar suavemente con un secador de pelo (véase p. 149).

---

necesidades dentro del útero, son necesarios unos cuidados especiales justo después del nacimiento para que no inhale ese líquido meconial.

El alumbramiento artificial

La comadrona o el médico presionan con suavidad el útero a través del abdomen para verificar si la placenta se ha despegado bajo el efecto de las últimas contracciones. Si el alumbramiento no es espontáneo, el obstetra retirará personalmente la placenta metiendo la mano en el útero. Esta intervención requiere anestesia. Si ya se ha aplicado la epidural, el médico podrá actuar directamente. En caso contrario, es necesaria la anestesia general.

Cuando una mujer pierde demasiada sangre después del parto, se habla de una hemorragia de alumbramiento (que no tienen nada que ver con las pequeñas pérdidas de sangre bastante habituales después de la expulsión). Una vez más, el único medio de detener la hemorragia será extrayendo artificialmente la placenta y, en consecuencia, bajo anestesia.

La revisión del útero

Cuando sale la placenta, el equipo médico la examina cuidadosamente. Hay que controlar que haya sido expulsada por completo y que no haya quedado ningún resto en el útero. Si hay la menor duda, el médico introducirá la mano en el útero para asegurarse de que está completamente vacío. Aprovechará para comprobar igualmente la ausencia de anomalías uterinas. Este reconocimiento, llamado revisión uterina, también se hace para examinar el estado de las cicatrices del útero después de un parto con cesárea.

Si se ha practicado una episiotomía, se sutura la herida cuando ha acabado el proceso del alumbramiento. Normalmente, la comadrona aprovecha esta última fase del parto para dedicar al bebé los primeros cuidados —eventualmente en presencia del padre (véase p. 135)

Después del parto, permanecerá todavía unas dos horas tumbada en la sala de partos, probablemente con su hijo al lado, y en compañía del padre si está presente. La comadrona o la enfermera vendrán regularmente para controlar la tensión arterial, la temperatura y la evolución de las pérdidas de sangre, que deben ser mínimas. Finalmente, después de un aseo local, la llevarán a su habitación. Si le han aplicado anestesia general, cuando despierte conocerá al niño.

La anestesia durante el parto

Para aliviar a la madre, al igual que para realizar algunas intervenciones a veces necesarias, hoy en día es habitual recurrir a métodos que calman e incluso suprimen el dolor.

Las contracciones uterinas y la expulsión del bebé son los dos fenómenos dolorosos del parto. Cada mujer siente este dolor de manera distinta. Para un 20%, es casi inexistente; para otras, es soportable; mientras que para muchas (casi el 50%) es violento e intolerable. En consecuencia, en la mayoría de las maternidades recurren a diferentes técnicas de anestesia. Los métodos de anestesia propiamente dicha implican una insensibilidad completa, mientras que los métodos analgésicos sólo atenúan las sensaciones dolorosas sin hacer desaparecer la percepción de las contracciones. Estas técnicas han demostrado ampliamente su eficacia, pero no impiden que sea necesaria una buena preparación física y psicológica previa (*véase* p. 94)

La epidural y usted

Antes del parto

Se pasa una consulta preanestésica al final del embarazo o antes de entrar en la sala de parto: reconocimiento médico del anestesista y análisis de sangre.

Durante el parto

La epidural puede aplicarse en diversos momentos: a menudo se pone cuando se alcanzan de 2 a 6 cm de dilatación. El anestesista administra una dosis de prueba: entonces se debe permanecer acostada sobre la espalda durante unos diez minutos. La piernas empiezan a hacerse pesadas y poco a poco las contracciones se vuelven indoloras. El efecto total del analgésico se alcanza al cabo de unos 20 minutos y dura varias horas. En caso necesario, se puede inyectar más anestesia.

Después del parto

Quizá sienta una ligera molestia, generalmente pasajera, en la zona donde ha penetrado la aguja. También puede tener algo de dolor de cabeza, que desaparecerá con un tratamiento adecuado.

La epidural

La epidural, también denominada peridural, presenta varias ventajas. Insensibiliza solamente la parte inferior del cuerpo y permite vivir plenamente el parto porque la madre permanece despierta. Tampoco duerme al niño. Por otra parte, facilita los tactos vaginales, la episiotomía o la utilización de fórceps. En muchas casos evita la anestesia general.

A veces, la epidural no surte efecto (1% de los casos) o sólo actúa sobre un lado del cuerpo (10% de los casos). Suele tener que aplicarse una segunda inyección cuando la primera no ha funcionado. La epidural está contraindicada si se padecen ciertas enfermedades neurológicas, problemas de la coagulación de la sangre o, sencillamente, una infección cutánea o la presencia de un tatuaje en la zona donde se efectúa la inyección. En ocasiones, no se puede usar la epidural a causa de una anomalía en la posición de las vértebras. Para determinar las posibles contraindicaciones, se pasa consulta con el anestesista antes del parto.

Otros métodos

Aunque la epidural es la técnica más conocida de las que se usan hoy en día, no es ni mucho menos la única. Al margen de los deseos de la madre, la elección depende, sobre todo, del objetivo médico que se persigue y de las posibilidades que ofrece cada maternidad.

La anestesia raquídea

Se aplica una inyección en el mismo lugar que para una epidural, pero la aguja sobrepasa el espacio epidural y llega hasta el líquido cefalorraquídeo, en el que se inyectan los analgésicos. Este método es rápido (y a menudo se usa para una cesárea), pero no permite dejar el catéter en su sitio y prolongar la anestesia mediante la reinyección de los productos.

La anestesia de los nervios perineales

Unas inyecciones en la región de la episiotomía permiten aplicar anestésicos en los nervios del perineo. Esta anestesia local no actúa sobre los dolores de las contracciones, sino que disminuye los que se sienten en el momento de la expulsión y facilita la aplicación de fórceps. Puede practicarla el obstetra y no requiere la presencia de un anestesista.

La anestesia por inhalación

Este método consiste en inhalar a través de una mascarilla una mezcla de protóxido de nitrógeno y oxígeno. Hay que inhalar durante unos treinta segundos antes de la contracción (ya que la insensibilización no es instantánea), y volver a inhalar al ritmo de las contracciones, según las necesidades. En la actualidad esta técnica se emplea especialmente para las mujeres que no pueden recibir la epidural o mientras se espera la anestesia.

La acupuntura

Para la acupuntura, el dolor es el resultado de un desequilibrio entre dos energías, el yin y el yang (*véase* p. 102). Estas energías invisibles siguen unos trayectos a lo largo de los que se sitúan unos puntos que tienen un papel muy determinado.

Al insertar finas agujas en esos puntos, se pretende corregir el bloqueo de las energías responsables del dolor.

Un especialista introduce en el antebrazo de ocho a diez agujas. La colocación de la agujas, que es indolora, dura unos veinte minutos.

La anestesia general

A veces indicada en caso de cesárea o de uso de fórceps, la anestesia general también se practica cuando hay una urgencia, ya que su efecto es inmediato.

También puede tratarse de una elección personal, por ejemplo si la maternidad no puede ofrecer un servicio de epidural las 24 horas del día.

La anestesia general implica una pérdida de conciencia pero no impide las contracciones. Con una duración media de una hora, puede prolongarse sin riesgos ya que los productos no son tóxicos ni para la madre ni para el hijo.

Su principal inconveniente es que separa a la madre de su bebé durante las primeras horas y provoca un despertar más o menos difícil.

La epidural

La epidural es un método anestésico que permite eliminar el dolor. Se trata de una anestesia local que insensibiliza la parte inferior del cuerpo. Gracias a esta técnica, la mujer percibe claramente las sensaciones táctiles del parto (nota el avance de la cabeza del bebé a través de la pelvis) sin sufrir dolor.

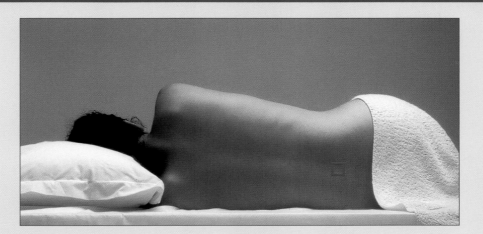

↑ **La posición**
Sentada con la espalda curvada o acostada sobre el lado izquierdo con las piernas recogidas hacia el vientre. De esta forma, la madre está en posición para que le administren la epidural.

Los casos particulares

Cuando el niño no se presenta de cabeza, sino de nalgas, de cara o incluso de forma transversal, o si se trata de gemelos, el parto exige ciertas precauciones y a veces es necesario practicar una cesárea.

En el 7.º mes, la mayoría de los bebés tienen la cabeza —la parte más voluminosa del cuerpo— en el fondo del útero, que es más amplio. Pero a medida que la cabeza aumenta de peso, el niño gira en el interior del útero hasta quedar con la cabeza hacia abajo. En general, adopta esta posición en el 8.º mes: es la posición que tendrá el día del parto. Sin embargo, algunos bebés no dan esa vuelta y, en el momento de nacer, están en diversas posiciones que influyen en cómo podrá desarrollarse el parto. Sólo la presentación transversal es incompatible con el paso por la vía natural. La llamadas de cara o de nalgas, por el contrario, no implican *a priori* una cesárea —al igual que el nacimiento de gemelos.

La presentación de nalgas

El niño está sentado con las piernas cruzadas «sobre» la pelvis de la madre y los pies se presentan en primer lugar (lo que se llama presentación podálica completa), o está como doblado en dos, con las nalgas abajo, las piernas elevadas, estiradas a lo largo del tronco, y los pies delante de la cara (presentación podálica incompleta). Esta presentación de nalgas, que se da en cerca de un 3% de los nacimientos, exige ciertas precauciones, tanto antes como durante el desarrollo del parto.

Antes del parto, hay que medir el diámetro de la pelvis de la madre mediante una radiografía (radiopelvimetría) que generalmente se recomienda en el tercer trimestre del embarazo. Si la cabeza del feto (que se puede medir con una ecografía) es demasiado voluminosa con respecto al tamaño de la pelvis, se prevé enseguida una cesárea. Hay que evitar que el bebé se presente de nalgas y que, luego, la cabeza quede aprisionada en la pelvis, lo que podría acarrear graves secuelas neurológicas. Por otra parte, para que el parto por vía natural sea posible, la dilatación del cuello del útero debe ser espontánea, regular y suficientemente

Dar la vuelta al bebé antes del nacimiento

Al final del 8.º mes del embarazo, algunos equipos médicos proponen girar al bebé que se presenta de nalgas mediante una maniobra externa para que pueda nacer con la cabeza por delante. La futura madre, a la que se administra alguna sustancia para relajar el útero, se tumba sobre una camilla; palpando el vientre con las manos, el médico manipula al bebé a través de la pared del abdomen para intentar moverlo. Sin embargo, esta maniobra, que generalmente se efectúa bajo control ecográfico, no siempre tiene éxito ni siempre es posible. A veces, está incluso contraindicada, en especial cuando el feto parece frágil, es muy grande o está muy bajo, cuando la cantidad de líquido amniótico es escasa, o si la madre tiene una malformación del útero.

rápida. El niño baja y empieza a salir por las nalgas. Salen luego los pies y los hombros. Finalmente, la madre empuja para que salga la cabeza. Para que la madre no sufra, se practica sistemáticamente una episiotomía preventiva mientras empuja.

La presentación de hombro

Se habla de presentación «de hombro» cuando el feto está tumbado (sobre la espalda o el vientre) horizontalmente en el útero de la madre. Esta presentación —también llamada transversal— impide que el bebé siga el camino normal para bajar por la pelvis. Obliga necesariamente a una cesárea, a menos que el tocólogo pueda modificarla antes del inicio del trabajo. A veces, se consigue colocar al bebé con la cabeza hacia abajo mediante una maniobra externa (*véase* recuadro).

La presentación de cara

Se dice que el niño se presenta de cara cuando la cabeza está hacia atrás y el mentón apunta hacia delante: la boca y la nariz se sitúan entonces en el medio de la pelvis. En este caso, es necesario que el mentón se fije bajo el pubis y gire a su alrededor para que la cabeza pueda introducirse por el canal vaginal.

Los niños que nacen así suelen presentar casi siempre un hematoma en los labios, que no reviste gravedad y se reabsorbe a los pocos días. El parto clásico por vía natural es, por lo tanto, factible, pero suele resultar más difícil y puede ser necesario recurrir al fórceps. Esta presentación es, sin embargo, excepcional: afecta a un bebé de cada mil. Hay que distinguirla de la presentación de frente, que siempre requiere una cesárea.

El parto de gemelos

Para decidir si el parto de gemelos puede realizarse por vía natural, sin peligro para la madre ni para los bebés, hay que considerar varios elementos. Por un lado, el útero de la madre no debe tener cicatrices (*véase* p. 45) y la pelvis debe tener unas dimensiones y una forma compatibles con el paso de los bebés. Por otro lado, la posición de los bebés, sobre todo la del que está más bajo en el útero y será el primero en salir, es determinante.

Si el primer gemelo se presenta de nalgas o en posición transversal, muchas veces se optará por la cesárea. Cuando se presenta de cabeza, en cambio, es posible el parto natural. Sólo cabe extremar la vigilancia: hay que controlar el ritmo cardíaco de los dos bebés con dos aparatos o con un solo aparato que tenga dos sensores.

Una vez ha nacido el primer bebé, el médico examina cómo se presenta el otro. En algún caso, puede colocarlo cabeza abajo mediante una maniobra externa. En otras ocasiones, el médico realiza una maniobra de rotación en el interior del útero para que el segundo gemelo nazca de nalgas. Cuando el primer gemelo ha nacido por vía natural, es muy raro que se necesite una cesárea para el segundo.

Otras presentaciones

Hacia el 7.º o el 8.º mes de embarazo, el feto adopta, por regla general, la posición definitiva que tendrá en el útero cuando nazca: la parte superior del cráneo hacia abajo y las nalgas hacia arriba. A veces, adopta posiciones menos habituales y se presenta de nalgas, de hombro o de cara. En esta última presentación, muy excepcional, el niño tiene la cabeza echada hacia atrás.

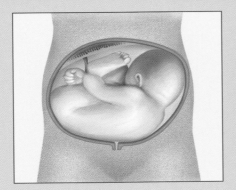

De hombro ↑
El niño está tumbado sobre la espalda o el vientre, situado transversalmente en el útero: la cabeza no está ni arriba ni abajo, sino hacia un lado. Se trata de una presentación «de hombro», llamada también transversal. El paso por vía natural es peligroso. En la mayoría de los casos, se practicará una cesárea, salvo si el médico consigue desplazar al niño mediante una maniobra externa.

De nalgas ↓
El niño se presenta con las nalgas hacia abajo. Existen dos variantes de tal presentación. En un tercio de los casos, el bebé está sentado con las piernas cruzadas: es lo que se llama presentación podálica completa. En otros casos, el bebé tiene las nalgas abajo y las piernas extendidas hacia arriba: es lo que se conoce como presentación podálica incompleta.

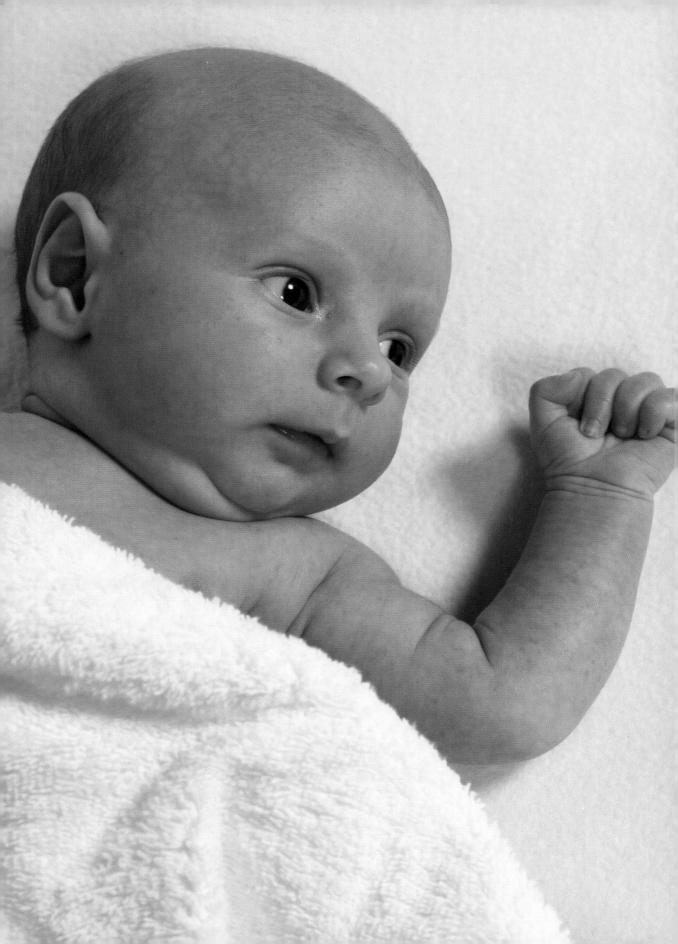

La cesárea

La cesárea es una intervención quirúrgica que se practica bajo anestesia epidural o general y consiste en hacer nacer un niño abriendo el abdomen y, después, el útero de la madre.

S alvo cuando es necesario programarla con antelación, una cesárea puede resultar indispensable en el último momento, durante el mismo parto. Uno de los casos más habituales se da cuando la dilatación del cuello del útero tarda mucho y el feto puede sufrir —sufrimiento que se detecta por las importantes variaciones del ritmo cardíaco registrado en la monitorización. La intervención es también necesaria si la cabeza del bebé es demasiado grande para la pelvis de la madre (aunque el cuello del útero esté totalmente dilatado y las contracciones sean eficaces). Esta eventualidad no suele ser previsible con toda certeza en el último mes de embarazo, a pesar de las ecografías y las radiografías.

VIGILANCIA ESPECIAL AL FINAL DEL EMBARAZO

Si ya le han practicado una cesárea, el tocólogo determinará con cuidado ciertos parámetros: pelvis demasiado estrecha, bebé demasiado grande o incluso haber salido de cuentas. Si teme que la cicatriz anterior del útero se rompa por efecto de las contracciones, optará por realizar una cesárea sin esperar al final del parto. Si el obstetra prevé una cesárea y si la epidural está contraindicada, hay que consultar al anestesista para que elija con la madre el tipo de anestesia más adaptado al caso. Esta consulta no es obligatoria, pero es muy recomendable, ya que permite anticipar mejor el desarrollo del parto.

La cesárea programada

En los casos siguientes, la necesidad de una cesárea se puede prever durante el 8.º o 9.º mes de embarazo:
• Cuando la cabeza del bebé (que se puede medir mediante ecografía) es mayor que la pelvis de la madre (que se puede medir con una radiopelvimetría).
• Cuando el útero, debido a la extirpación de ciertos fibromas, ya tiene una cicatriz que podría abrirse bajo los efectos de las contracciones.
• Cuando el niño se presenta de forma transversal o de nalgas: no obstante, en este último caso, la cesárea no es sistemática (*véase* p. 128).
• Cuando es un embarazo múltiple (trillizos o cuatrillizos). En caso de gemelos (*véase* p. 129), la cesárea puede ser obligatoria si el gemelo que va a nacer primero se presenta de nalgas o si el útero tiene una cicatriz.
• Cuando el feto tiene un gran retraso en su crecimiento y es demasiado frágil para nacer por vía natural.
• Cuando la placenta impide que la cabeza del bebé avance a través de la pelvis. En estos casos de *placenta previa* (*véase* p. 55), el riesgo de hemorragia para la madre aconseja practicar siempre una cesárea.
• Cuando la madre tiene brotes de herpes al final del embarazo (*véase* p. 55), ya que hay que evitar que el bebé entre en contacto con los órganos genitales infectados de la madre.
• En caso de existir alguna contraindicación para los esfuerzos del parto: hipertensión arterial, enfermedad cardíaca, ciertos defectos oculares… En tales ocasiones, no siempre se recurre a una cesárea, ya que a veces basta con la utilización de fórceps para facilitar la expulsión.

La elección de la anestesia

Para una cesárea se pueden usar tres tipos de anestesia: la epidural, la anestesia raquídea o la anestesia general (*véase* p. 126). Si se ha previsto practicar una anestesia con anterioridad, se puede elegir el método, pero siempre teniendo en cuenta las contraindicaciones determinadas en la consulta previa con el anestesista.

Cuando se ve que la cesárea es necesaria a lo largo del parto, el tipo de anestesia a utilizar está en función de la urgencia con que ha de nacer el bebé. En caso de urgencia extrema, es obligatorio utilizar la anestesia general, aunque ya se haya puesto una epidural. Esto se debe a que las dosis de analgésico administradas para un parto bajo epidural deben aumentarse para una cesárea, y se necesitaría un plazo de veinte minutos. Cuando la urgencia no es vital, se suele dar a elegir entre la epidural o la anestesia raquídea (*véase* p. 126).

El desarrollo de la operación

La cesárea se realiza en quirófano. Cuando se usa la epidural, la madre permanece consciente, pero no puede ver el campo de operación, oculto tras una sábana que se coloca verticalmente sobre su pecho. A veces se permite que el padre (o la persona que acompaña a la madre) permanezca a su lado —si lo desea—, aunque no se le permite entrar al quirófano si se utiliza anestesia general.

Previamente a la operación, se afeita el pubis de la madre y se coloca una sonda urinaria para vaciar completamente la vejiga. La mayor parte de las veces, el cirujano efectúa una incisión horizontal en la piel por encima del pubis, donde la cicatriz se puede disimular fácilmente. En

caso de urgencia extrema, se hace una incisión vertical para sacar más rápidamente al bebé. Si ya hay una cicatriz, la nueva incisión se hace en el mismo sitio. Seguidamente, el cirujano corta el tejido subcutáneo y los músculos de la pared abdominal. Abre la membrana que tapiza el conjunto del abdomen (el peritoneo), despega la vejiga y la desplaza ligeramente hacia abajo para poder acceder a la parte inferior del útero (la más fina y la más sólida al mismo tiempo), que también abre. Entonces se saca al niño del útero. Esta operación dura una media de diez minutos. Si el niño no necesita cuidados especiales inmediatos, la madre puede tenerlo a su lado unos instantes.

El resto de la intervención consiste en retirar la placenta, cerrar cada uno de los tejidos abiertos y suturar la piel con hilo o grapas. Esta parte de la operación dura alrededor de tres cuartos de hora.

Se pueden notar dolores en la zona de la incisión durante cuatro o cinco días. El drenaje, colocado en los músculos abdominales para evitar la formación de un hematoma, se retira dos o tres días después de la operación y los hilos (o las grapas), entre seis y diez días más tarde.

♟ QUISIERA SABER

¿Cuánto dura una cesárea?

☩ Desde el principio de la incisión hasta la salida del niño, la intervención dura unos diez minutos; el resto de la operación (retirar la placenta, cerrar y suturar la piel) requiere unos tres cuartos de hora. Al día siguiente ya se podrá levantar y, al 2.º o 3.er día, moverse casi con normalidad (véase p. 149).

En una cesárea, ¿es obligatoria la anestesia general?

☩ Hace algunos años no había elección. Hoy en día, en muchas maternidades la cesárea también puede efectuarse con anestesia local, mediante la epidural. La decisión depende de varios factores: la preferencia personal, naturalmente, pero también las posibles contraindicaciones de la epidural y la urgencia de la intervención. En caso de cesárea imprevista o de urgencia extrema, la anestesia general es más rápida.

¿Una cesárea impide dar de mamar posteriormente?

☩ No. Se haga bajo epidural o bajo anestesia general, una cesárea no obliga a renunciar a la lactancia. Simplemente, en caso de anestesia general, la madre tardará unas horas en poder estar con su hijo.

¿A una cesárea sigue siempre otra cesárea?

☩ La mitad de las mujeres que han dado a luz con cesárea necesitan otra cesárea en el parto siguiente. Para un 50% de estos casos, la cesárea se debe a la estrechez de la pelvis, incompatible con un parto por vía natural. Pero si dicha incompatibilidad no queda demostrada por la radiopelvimetría (que permite medir la pelvis de la madre y compararla con la cabeza del bebé), se puede dar a luz por vía natural aunque un primer parto haya requerido cesárea. Una mujer puede dar a luz cinco o seis veces con cesárea.

¿Cuáles son los efectos secundarios de una cesárea para la madre?

☩ Algunos efectos dependen del tipo de anestesia: somnolencia más prolongada y bloqueo del tránsito intestinal más largo, en el caso de una anestesia general (hay que tener en cuenta que la apertura del vientre, incluso bajo epidural, conlleva un bloqueo del tránsito intestinal). El dolor en la zona de la cicatriz se alivia con analgésicos. Por lo común, la madre puede levantarse al día siguiente y recuperar la libertad de movimientos un par de días más tarde (véase p. 149).

La llegada del bebé

Al venir al mundo, el niño experimenta grandes cambios.
Su organismo debe adaptarse a respirar al aire libre,
a una circulación sanguínea autónoma
y a mamar por primera vez.
Se le examina de los pies a
la cabeza y es objeto de un control
médico cuidadoso en los
pocos días que pasa junto a su
madre en la maternidad y durante
los cuales ambos aprenderán
a conocerse.

Después del parto

Tras nueve meses de espera, después del esfuerzo del parto, el niño que había imaginado, soñado y visto en las ecografías ya está aquí. Por fin es real. Pero, claro está, es distinto de la idea que se había hecho de él.

La primera reacción al ver por fin al bebé puede ser una alegría intensa, lágrimas de emoción y, a veces, también un cierto sentimiento de extrañeza o de rechazo tras el agotamiento del parto... Sin olvidar que sólo entonces se descubre en muchos casos si se trata de un niño o una niña. Todas las reacciones son comprensibles, ya que la madre acaba de vivir una gran transformación. El niño también, por cierto: éste es el motivo de que no tenga el aspecto de los angelitos de los anuncios. La piel suele estar algo arrugada, un poco violeta, cubierta de una sustancia sebácea blanquecina; la cabeza, voluminosa, está a veces algo deformada por las presiones del parto. Si en ese primer instante no lo ve como el bebé más bello del mundo, no se inquiete: lo será seguramente para usted en pocas horas, días o semanas, el tiempo que tarden en conocerse.

La adaptación al aire libre

El recién nacido necesita menos de cinco minutos para que su sistema respiratorio y su circulación sanguínea se adapten al aire libre, a una vida autónoma en el medio aéreo. Sin embargo, esto supone un arranque rápido de mecanismos extremadamente complejos. No hay que olvidar que justo antes de nacer, el feto vive de la sangre de la madre, que le llega por el cordón umbili-

cal. Sus pulmones no funcionan todavía y es la placenta la que garantiza los intercambios entre la sangre de la madre, rica en oxígeno, y la sangre del bebé, que tiene que eliminar el anhídrido carbónico (*véase* p. 33). Además, todavía no se ha establecido la circulación sanguínea entre el corazón y los pulmones.

El primer grito y la primera inspiración

En cuanto la cabeza alcanza el aire libre, el niño se pone a respirar y a gritar: es el primer grito inspiratorio (a veces, sólo un pequeño sollozo, ya que al bebé le molesta el líquido amniótico y las mucosidades, que le impiden respirar bien). En cuanto abre la boca, el aire entra en sus pulmones; los primeros movimientos de los músculos respiratorios del tórax propulsan este aire hacia los alveolos pulmonares, liberados del líquido amniótico que los llenaba durante la vida uterina tras el paso por las estrechas vías genitales de la madre.

La ligadura del cordón y la circulación corazón-pulmones

La ligadura del cordón umbilical, que realizan el tocólogo o la comadrona, supone la ruptura de la unión entre el niño y la placenta. Enseguida, la sangre que procede del corazón del recién nacido debe pasar a los vasos pulmonares para obtener el oxígeno que hasta entonces le proporcionaba la sangre de la madre a través de la placenta. La arteria pulmonar se abre, provocando el cierre de diversos conductos que garantizaban la circulación sanguínea del feto sin pasar por los pulmones. De esta forma se establece la circulación corazón-pulmones del recién nacido. Pero no hay que sorprenderse de que el corazón lata muy rápido (120 a 130 pulsaciones por minuto de media), casi dos veces más rápido que el de un adulto. También es normal que la respiración sea algo irregular (a veces profunda, a veces superficial y más o menos rápida); lo será a lo largo de todo el primer año.

CONOCERSE

Desde que nace, el niño es sensible a la voz, el contacto, la mirada y las caricias de quienes lo rodean: necesita intercambio afectivo. No se sienta intimidada: háblele suavemente, acúnelo. Y no olvide que, aunque usted haya sentido a su bebé durante nueve meses, es la primera vez que el padre lo coge en sus brazos. No dude en animarlo a que lo toque: el recién nacido no es tan frágil como parece.

La puntuación de Apgar

La puntuación de Apgar, así llamada en honor de la anestesista americana que ideó el método, es un test que permite apreciar la adaptación del recién nacido a su vida en el medio aéreo. Es un índice de su vitalidad. Se calcula en los minutos siguientes al nacimiento: al minuto, a los cinco minutos y a los diez minutos de vida.

Puntuación	0	1	2
Frecuencia cardíaca (latidos × minuto)	0	menos de 100	más de 100
Movimientos respiratorios	0	irregulares	regulares
Tono muscular	0	flexión d de alguna extremidad	movimientos activos extremidades flexionadas
Respuesta al estímulo cutáneo	0	muecas o movimientos ligeros	gritos o llantos
Coloración de la piel	azul (cianosis) o palidez	extremidades azuladas cianóticas y cuerpo rosado	bebé totalmente rosado

La puntuación de Apgar comprende cinco parámetros puntuados, cada uno, de 0 a 2: la frecuencia cardíaca (número de latidos por minuto), la regularidad de los movimientos respiratorios, el tono muscular, la reacción a los estímulos externos y la coloración de la piel. Un recién nacido, si está bien, tiene un total igual o superior a 8 en el primer minuto y alcanza rápidamente el 10. Una puntuación claramente inferior indica que hay que restablecer con urgencia una «ventilación eficaz» y una buena circulación sanguínea para evitar que, especialmente el cerebro, padezca una escasez de oxígeno. Si se aplican con urgencia estos medios de reanimación, el niño cuya puntuación Apgar ha sido inferior a la normal tiene muchas probabilidades de estar en adelante sano.

Los primeros contactos y los primeros cuidados

Cuando toda va bien, como suele ser lo más habitual, el personal médico presente en el parto deja que el bebé

EL PRIMER ASEO

Si todavía es un poco frágil, el bebé permanecerá bajo vigilancia un cierto tiempo en una incubadora. Pero si está fuerte, quizá el padre pueda darle el primer baño bajo la atenta mirada de la comadrona. Por fin, reconfortado, lavado y vestido, se coloca en la cuna que se pondrá cerca de la madre (en la habitación a la que la habrán llevado dos horas después del parto) para disfrutar de un descanso bien merecido antes de despertar hambriento, sensación que hasta entonces desconocía.

se adapte tranquilamente a la vida al aire libre, adquiera un tono rosáceo progresivamente y tome contacto con sus padres.

Generalmente, la comadrona coloca al recién nacido sobre el vientre de la madre para que reconozca su calor, los ruidos de su corazón y su voz. En algún caso puede mamar unos mililitros de calostro, esa secreción muy nutritiva que precede a la leche. Luego, llega el momento de que el padre tome en sus brazos al bebé, que es capaz en ese momento de abrir los ojos en su dirección y escuchar su voz. Estos primeros instantes, únicos e intensos, de encuentro y magia entre el recién nacido y los padres son muy valiosos: contribuyen a crear los lazos de amor que los unirán para siempre.

Los primeros cuidados médicos

Se realizan justo después y son indispensables para garantizar el confort y la seguridad del bebé: limpieza de la nariz y de la faringe, con una pequeña sonda aspiradora; unas gotas de colirio para desinfectar los ojos; administración de vitamina K para evitar los riesgos de hemorragia.

El pesaje

Luego llega el momento de pesarlo y medirlo. El peso medio de un recién nacido gira alrededor de los 3,3 kilos (un poco más los chicos, un poco menos las niñas), pero las diferencias pueden ser considerables y van desde los 2,5 kilos hasta más de 4 kilos. Por el contrario, la altura no varía en exceso de un bebé a otro, como mucho 3 o 4 centímetros con respecto a la media, que es de 50 centímetros.

El examen del recién nacido

Después de algunas horas de descanso o al día siguiente del nacimiento, el pediatra hará un examen completo al recién nacido, a poder ser en presencia de la madre para que se familiarice con su hijo.

Para que este primer examen completo al recién nacido se desarrolle en las mejores condiciones posibles, tendrá que realizarse en una habitación tranquila, con una temperatura adecuada, iluminada con una luz suave y en un momento en que el estado de vigilia del bebé le permita responder a los estímulos. Aunque no siempre sea así, no se preocupe, lo esencial es que el pediatra se tome su tiempo, desnude al bebé sin gestos bruscos y lo acaricie buscando su mirada y hablándole con suavidad para tranquilizarlo, y sobre todo, es importante que lo haga aprovechando un período de digestión.

De la cabeza a los pies

El recién nacido está tranquilo. Es el momento de observarlo atentamente, en especial la piel, y de examinarlo detalladamente de la cabeza a los pies.

La piel

El primer día, la piel está recubierta de un sustancia blanquecina, la vernix caseosa, especialmente abundante en los pliegues cutáneos. Ésta se seca y desapa-

El examen del recién nacido

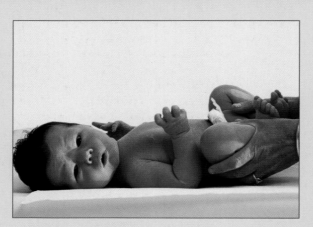

La exploración de las caderas ↑
Cuando la cabeza del hueso del muslo, el fémur, está mal colocada en la articulación de la cadera, se habla de luxación. Cuanto antes se detecta esta anomalía, más sencillo es el tratamiento. Aunque se efectúe un reconocimiento concienzudo al nacer, sólo se sabrá si las caderas son normales después de practicar una radiografía o una ecografía en el 4.º mes de vida.

La prueba de la marcha ↓
Si se coge al recién nacido por las axilas, un poco inclinado hacia delante y con los pies planos sobre una cama, esboza unos pasos que le hacen avanzar. Se trata de uno de los reflejos primarios de los bebés nacidos a los nueve meses. Este reflejo espectacular desaparece en general al cabo de cinco o seis semanas.

rece naturalmente en las veinticuatro horas siguientes si no se ha lavado antes al bebé.

La piel del recién nacido es lisa y suave, pero a menudo bastante enrojecida. Las manos y los pies pueden estar todavía violáceos y secos, algo arrugados por su larga permanencia en el líquido amniótico. Uno o dos días después del nacimiento, la piel se descama y se desprenden pequeños jirones. Dele un masaje al bebé con aceite de almendras: su piel se suavizará.

Muchas veces el cuerpo del bebé está recubierto también por un fino revestimiento piloso de color oscuro, denominado *lanugo*, más denso en los hombros, la espalda, los miembros y parte de la cara. Este vello se desprende en las primeras dos semanas.

La nariz y el mentón están a veces recubiertos de pequeños granos blancos del tamaño de una cabeza de alfiler, lo que se conoce como *milium*. Formados por acumulaciones sebáceas, estos diminutos quistes desaparecen espontáneamente en unas semanas.

Casi un recién nacido de cada diez presenta una o varias manchas rojizas de origen vascular, llamadas *angiomas*. Por regla general, los angiomas en relieve de color rojo vivo aumentan de tamaño durante los primeros meses y desaparecen espontáneamente hasta los tres años; los angiomas planos (dilatación de los vasos superficiales de la piel) situados en el párpado, la base de la nariz, la parte media de la cara o la nuca se borran en unos meses; sólo algunos angiomas planos, situados en el resto de la cara, persisten toda la vida.

En algunos bebés se observa también en la parte inferior de la espalda un angioma de color azul pizarra, llamado *mancha mongólica*, a veces bastante extendido, que desaparece de manera espontánea en pocos meses.

El recién nacido también puede presentar en el cuerpo pequeños puntos blancos sobre una base roja, o *eritema tóxico*, que es una erupción benigna que desaparece a los pocos días. El pediatra sabrá distinguir otros tipos de erupción de origen infeccioso que hay que tratar con antibióticos.

La cabeza, el torso y el abdomen

Los huesos del cráneo son muy maleables y todavía no están soldados, por lo que los recién nacidos tienen la

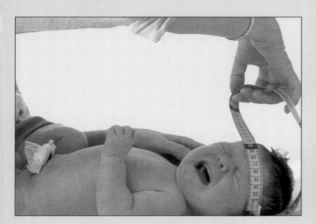

La medición del perímetro del cráneo ↑
Las demás mediciones que se realizan durante este primer examen conciernen a la circunferencia de la caja torácica y de la cabeza. De media, el perímetro craneal de un recién nacido es de 35 cm. Hay que saber que no hay medidas «normales», sino medias estadísticas. Para seguir el crecimiento, se tendrán en cuenta todos estos elementos confeccionando curvas para determinar la evolución.

El peso y la talla ↓
En las primeras horas después del nacimiento, se pesa y mide al bebé con todo detalle. Aunque existen diferencias sensibles de peso entre bebés y según se trate de una niña o un niño (de 2,5 kg a 4,5 kg), la talla no varía mucho de un recién nacido a otro: 50 cm de media. Lo más importante es que el peso y la talla del niño se sitúen dentro la media estadística.

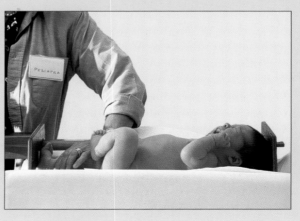

cabeza de forma muy variable. Después de una cesárea, el cráneo es redondo y simétrico; después de un parto con presentación cefálica, está más alargado, en forma de pan de azúcar. No se preocupe si el bebé tiene la cabeza asimétrica o un bulto, debido a los esfuerzos para atravesar la pelvis durante el parto: todo volverá a su sitio en pocos días.

El pediatra examina con cuidado las orejas, la nariz, los ojos, la boca y el cuello. Luego también ausculta el corazón y los pulmones, palpa el abdomen y verifica el estado del cordón umbilical. Ligado con una pequeña pinza, tiene un aspecto blanco gelatinoso y deja ver el orificio de los tres vasos umbilicales.

Los órganos genitales

Los órganos genitales externos parecen desproporcionados. El niño tiene las bolsas hinchadas y el prepucio, esa extremidad de piel que recubre el pene, muchas veces cerrado; es inútil forzar para desmocharlo. El pediatra palpará con cuidado al bebé para comprobar que los testículos hayan descendido bien hasta el escroto. La niña tiene en los primeros días los labios menores y el clítoris muy salientes e hinchados; los labios mayores, que todavía no se han desarrollado, no llegan a cubrir la vulva.

Súbitamente privados de las hormonas sexuales de la madre, los recién nacidos pasan muchas veces durante los primeros días una especie de «crisis genital». En el niño se traduce por erecciones y en la niña, por pérdidas vaginales blanquecinas e incluso algunas gotas de sangre. No hay que extrañarse si el bebé, chico o chica, tiene las mamas hinchadas (mastitis) y a veces, incluso, una secreción láctea conocida como *leche de*

LAS FONTANELAS

En la cara posterior del cráneo del recién nacido y el la parte superior hay dos membranas cartilaginosas, las fontanelas, que separan los huesos que no están todavía soldados en el momento del parto.
La fontanela posterior no siempre es palpable. La fontanela anterior tiene forma de rombo y un tamaño variable (de media, 2 cm de lado). La madre ve con inquietud cómo late o se tensa cuando el bebé llora. No tenga miedo; estas membranas son resistentes y se osifican a lo largo de un período que dura entre seis y veinticuatro meses.

brujas. Esta hinchazón de los senos sólo debe alarmar si parece que se forma un absceso (infección, fiebre).

Los miembros

Al palpar la clavícula, el médico pretende averiguar si hay una fractura. A los bebés grandes, para los que el parto ha sido difícil, les ocurre a veces; pero esa fractura no es grave, ya que se repara espontánea y rápidamente.

En cuanto a los miembros inferiores, verifica que no existan deformaciones relacionadas con la posición de las piernas en el útero antes del parto y, sobre todo, una luxación congénita de cadera. Generalmente, bastan unas manipulaciones ligeras del fisioterapeuta para corregir las pequeñas deformaciones, como el pie varo o la tibia incurvada. Cuando hay una luxación de la cadera (que es más frecuente cuando el parto ha sido de nalgas), habrá que mantener al bebé con las piernas separadas (en abducción) para recolocar la cabeza del fémur en la articulación de la cadera.

El examen neurológico

Este reconocimiento, que da una idea de la madurez neurológica del bebé, tiene en cuenta el momento en que sobrevino el parto así como el número de horas o de días que han pasado desde entonces.

El tono activo y el tono pasivo

Cuando el recién nacido está en posición fetal, con los brazos y las piernas flexionadas (*véase* la foto de la p. 170), la flexión de los segmentos de los miembros, unos con respecto a los otros, indica el tono muscular llamado pasivo.

Cuando se le pone de pie, cogiéndolo por debajo de los brazos, bien apoyado sobre las plantas de los pies, el hecho de que se yerga vigorosamente sobre sus piernas, levantando luego la cabeza y el cuello, es señal de un buen tono activo; al igual que si consigue mantener la cabeza, aunque sólo sea unos segundos, cuando se le pasa de la posición tumbado a la posición sentado.

Los reflejos primarios

Un cierto número de reacciones automáticas traducen el buen estado neurológico del recién nacido. Estos reflejos, que se califican de arcaicos o primarios, desaparecen a lo largo de los meses siguientes al parto.

• Los reflejos de succión y deglución y el reflejo de los puntos cardinales. Son reflejos que permitirán al bebé alimentarse. La capacidad de mamar que demuestra el recién nacido va acompañada de un movimiento de la boca en búsqueda del pecho materno, orientándola a derecha o izquierda, arriba o abajo: si se le toca una de las comisuras de la boca, los labios giran hacia ese lado.

• El reflejo de prensión. Si se colocan los dedos en las palmas de un bebé, se agarra tan fuerte que se le puede levantar durante unos instantes.

• El reflejo de Moro. Si se sostiene al bebé por la cabeza y los hombros y súbitamente se lo suelta, separa ampliamente los brazos y luego los vuelve a juntar, en un gesto que recuerda un abrazo.

• El reflejo de marcha automática. Si se coge al bebé por las axilas y se lo pone de pie sobre una superficie plana, se yergue y adelanta las piernas una detrás de otra, como si quisiera andar.

Los sentidos en alerta

Desde que nace, el recién nacido ve lo que se encuentra a unos treinta centímetros de sus ojos (todavía no puede enfocar) y reacciona a la luz, a lo que es brillante o rojo.

También es sensible a los ruidos, los olores (enseguida reconoce el de su madre), a los sabores (distingue lo dulce, lo salado, lo ácido y lo amargo, pero prefiere lo dulce) y a los contactos corporales, en especial a cómo se le toca.

A la hora de la comida, del pecho o del biberón, todos los sentidos del bebé están ocupados: gusto, olfato, oído, vista y tacto. Lo mismo ocurre en el momento del baño. No dude en acariciarlo y darle largos masajes en esos instantes en los que está bien despierto.

La «motricidad liberada»

Desde hace unos años, varios equipos de pediatras han demostrado, con sus trabajos, las increíbles habilidades de los recién nacidos, sus posibilidades motoras y su capacidad de intercambios sensoriales y afectivos.

Si se le sostiene de forma estable la cabeza, se le habla con calma y se le acaricia con suavidad, el recién nacido se tranquiliza y pasa a un estado llamado de «motricidad liberada». Entonces es capaz de estar sentado, de relajar las manos; algunos esbozan una sonrisa, otros hacen gestos y los hay que sacan la lengua. Sea cual fuere su manera de contestar, el recién nacido solicita una relación y un diálogo.

El pediatra probablemente no tendrá tiempo para esta relación, o el bebé, poco despierto o hambriento, no estará muy dispuesto. Pero cuando encuentre el momento adecuado, coloque al bebé frente a usted sosteniendo firmemente la nuca con una mano y cogiendo con la otra una de sus manos para tranquilizarlo; luego intente captar su atención: descubrirá con alegría el placer de una intensa comunicación con él.

QUISIERA SABER

El bebé que acabo de tener tiene los pechos hinchados. ¿Qué hago?

☆ No los toque. Probablemente la tumefacción desaparecerá en poco días. Este fenómeno se debe a que el bebé (niña o niño) se ha visto súbitamente privado después del parto de las hormonas sexuales de su madre, lo que provoca muy a menudo a lo largo de los primeros días lo que se conoce como «crisis genital». Esta hinchazón de las glándulas mamarias sólo debe alarmarla si parece que se forma un absceso (infección, fiebre).

Tiene el cráneo deformado. ¿Será para siempre?

☆ La cabeza del recién nacido es voluminosa con respecto al resto del cuerpo. Durante un parto clásico, con la cabeza por delante, el cráneo sufre presiones importantes, por lo que no es raro que el bebé tenga al nacer un cráneo en forma de «pan de azúcar», a veces, con un bulto sanguinolento en la zona que se ha presentado primero. Se reabsorberá en pocos días y el cráneo se redondeará en pocas semanas.

¿Cuáles son el peso y la talla media de un bebé al nacer?

☆ Un recién nacido pesa unos 3,3 kg; mide alrededor de 50 cm y la circunferencia del cráneo, que también se mide al nacer, es de 35 cm (véase p. 170). Naturalmente, se trata de valores medios, sin incidencia sobre su futuro desarrollo. Durante los cinco primeros días perderá hasta una décima parte de su peso, pero luego empezará a recuperarlo.

Las primeras «comidas»

Haya usted escogido dar de mamar o el biberón, durante los días que pase en la maternidad tendrá la ocasión de familiarizarse con los gestos que deberá hacer cuando esté sola en casa, ya que contará con la inestimable ayuda de las enfermeras y los médicos.

La decisión está tomada, quiere dar de mamar. Durante el último mes de embarazo, ha podido preparar los pechos para el «trajín» que les espera: la succión repetida y enérgica de un bebé. Si prefiere alimentarlo con biberón, no se preocupe: las leches maternizadas están adaptadas a las necesidades del bebé.

El inicio de la lactancia

Para preparar la lactancia (*véase* p. 153), antes del parto se nutre e hidrata la piel de los pezones y la areola (se puede seguir haciendo entre toma y toma con una crema hidratante inodora: la piel la absorbe rápidamente y no molestará al bebé). También la madre se ha dado masajes para habituar el pecho a la estimulación a la que estará sometido durante las tomas. Suaves y circulares al principio, los masajes se hacen progresivamente más intensos hasta obtener esa secreción transparente, amarillenta y viscosa: el calostro. El calostro es una sustancia rica en albúmina y vitaminas que precede a la subida de la leche propiamente dicha y que aporta al niño elementos muy nutritivos: contiene, además, muchos anticuerpos y por ello proporciona al recién nacido medios de defensa contra los peligros de infección. El calostro también es un purgante que favorece la eliminación del meconio, las primeras heces que el niño debe expulsar justo después del parto.

Las primeras tomas

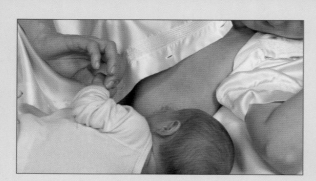

Dar de mamar ↓
Los días siguientes, siéntese cómodamente. Ayude al bebé a chupar todo el pezón y la areola. La nariz no debe quedar tapada.

Los primeros días ↑
Dar de mamar al bebé es naturalmente más fácil cuando no llora. En caso contrario, lo primero que hay que hacer es consolarlo, hablarle. Mímelo siempre un poco antes de cada toma. Dele el pecho en cuanto lo reclame. Acomódese tumbada sobre un costado con el bebé echado a su lado, a la altura del pecho. Estimulado por el contacto del pezón sobre su boca, mamará instintivamente.

Amamantar

No hay contraindicaciones para empezar a dar de mamar enseguida, aunque se haya aplicado la epidural o una anestesia general. La interacción que existe entre las glándulas mamarias y el útero hace que la succión del bebé provoque durante los primeros días unas contracciones uterinas especialmente dolorosas (entuertos) que permiten al útero retornar rápidamente a su tamaño normal y que sólo duran unos días. Son más fuertes cuantos más hijos ha tenido la madre.

En las primeras tomas hay que vigilar que el bebé ingiera bien el calostro: lo notará al ver los movimientos de succión de la boca y la sensación de estiramiento del pezón. Las primeras succiones no provocan la llegada inmediata del calostro a la boca del bebé; en cierta forma, tiene que «cebar la bomba». Después de unos instantes, el ruido y el ritmo de la deglución indican que bebe bien.

El recién nacido no mama durante mucho rato. Se cansa pronto y mordisquea el pezón. En ese momento, es bueno dejarlo recuperarse y ofrecerle el pecho de nuevo unos minutos más tarde. Durante las pausas, compruebe que tiene calostro haciendo presión sobre

el pezón con el pulgar y el índice; si ya no sale líquido, ofrezca el otro pecho: si el calostro es poco abundante, se pueden dar los dos pechos en cada toma.

> ### LAS BUENAS CONDICIONES PARA DAR DE MAMAR
>
> Dar de mamar nunca debe ser una competición. La serenidad de la madre a este respecto es determinante; muchas veces garantiza la buena salida de la leche. Tenga en cuenta que puede dejar de dar de mamar en cualquier momento, aunque resultará más difícil después de que la leche haya subido (véase p. 178). Coloque al niño en el pecho en cuanto lo pida, es decir, cada dos o tres horas (de seis a ocho veces cada veinticuatro horas). Dar de mamar «a petición» se adapta a las necesidades del bebé, respeta su sueño y su ritmo personal. Instálese lo más cómodamente posible y en un sitio tranquilo. Relájese y hable con suavidad al bebé —el sonido de su voz lo tranquiliza–, y tómese su tiempo. Entre las tomas, no exponga los pezones a la comprensión de un sujetador demasiado pequeño.

Los primeros biberones

En la maternidad, los biberones se preparan sin que la madre tenga que preocuparse. Una vez en casa, pida consejo al pediatra para asegurarse de que la leche que piensa dar al bebé es la más adecuada. Las tetinas permiten variar el caudal según cómo se presentan al bebé. En cada interrupción, aproveche para que el bebé haga un eructo poniéndolo erguido y con la cabeza un poco hacia atrás. Cuando acaba de comer, es mejor cambiarlo: el bebé se ha podido ensuciar. Espere un cuarto de hora antes de volverlo a acostar.

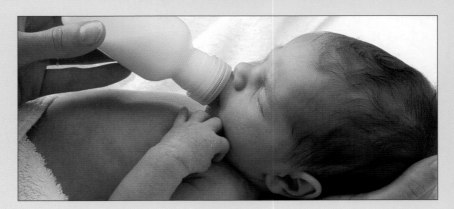

Para dar el biberón ↑
Póngase cómoda en posición recostada y en un sitio tranquilo: el bebé debe notarla relajada. Coloque al niño en el hueco que forma el codo, con la cabeza un poco hacia atrás y de frente a usted. Acérquele la tetina suavemente, sin esperar a que mame enseguida: necesita un poco de tiempo. Si mama demasiado rápido, no dude en interrumpirlo para que no se atragante. Si se duerme, retire la tetina.

☖ QUISIERA SABER

¿Se le aporta menos al bebé si no se le da de mamar?

☖ No. Psicológicamente, es la calidad de la presencia materna lo que crea los lazos. Las leches maternizadas aportan al bebé todos los nutrientes esenciales para su crecimiento.

¿Hay que dar de mamar justo después del parto?

☖ Las reservas que tiene el bebé cuando nace son bastante escasas y hay que darle pronto de mamar o un biberón, aunque esté medio adormecido. Generalmente se le da la primera toma a la segunda hora de vida.

¿Cómo se puede aumentar la secreción de leche?

☖ Depende de las mujeres, pero el mejor sistema es el reposo y dar de mamar con frecuencia.

¿Hay que despertar al bebé para darle de mamar o el biberón?

☖ Si está dormido, espere para despertarlo. Normalmente, el hambre se encarga de hacerlo. Por el contrario, los primeros días se duerme a menudo antes de haber tomado lo suficiente. Aunque absorbe la mayor parte de la ración en los primeros cinco minutos, conviene incitarlo a mamar más, manteniéndolo despierto un poco más en cada toma.

¿Hay que pesar al bebé después de cada toma?

☖ No. En cada toma el bebé recibe lo que necesita. Sin embargo, una vez en casa, hay que vigilar el peso de vez en cuando (por ejemplo, una vez a la semana durante los dos o tres primeros meses) para estar seguros de que está bien alimentado.

La subida de la leche

La subida de la leche propiamente dicha ocurre dos días después del parto bajo la influencia de una hormona, la prolactina. La producción de leche es tan alta en este período que a menudo sobrepasa las necesidades del bebé.

• Los pechos. Están doloridos y tensos entre toma y toma. Las molestias se alivian fácilmente si se utiliza un sujetador de lactancia especial, que permite que salga el exceso de leche. Mientras la producción de leche es suficiente para el niño, es inútil dar los dos pechos en una misma toma. Es normal que también salga leche del pecho que no se ofrece al bebé. Si la piel está irritada o seca, aplique un suave masaje circular al extremo de los pechos con una crema hidratante entre cada toma.

• La posición. Siéntese cómodamente en la cama o en una silla con la espalda recta, apoyada en unas almohadas, las rodillas algo levantadas y el busto algo hacia delante. Coloque al bebé en el hueco del codo, con el cuerpo hacia usted más bien recto (si es posible, apoyado también por el brazo del sillón) y la boca a la altura del pezón.

• El ritmo. La succión debe ser lenta, regular y prolongada. En este período, las tomas pueden durar hasta una hora y no está de más aprovechar las pausas para hacer eructar al bebé; para ello, se lo puede mantener en posición vertical, apoyado en el hombro, o boca abajo sobre las piernas, masajeando suavemente su espalda. Antes de encontrar el ritmo normal de ocho to-mas cada veinticuatro horas, el bebé se duerme sin haber bebido lo suficiente, lo que aumenta el número de tomas. Al principio, la duración de las tomas y los horarios son variables. Desde cinco minutos en cada pecho el primer día, hasta a veces una hora. Las tomas se estabilizarán más tarde, cuando la madre ya esté en casa, con una duración aproximada de quince minutos.

Los primeros biberones

Porque la madre lo prefiere y dado que al bebé no le afectará, ha elegido desde el nacimiento alimentar al bebé con biberón. Todas las marcas de leche en polvo ofrecen calidades equivalentes. Se le suele dar al niño la leche recetada por el pediatra de la maternidad. Si después de unos días no la tolerase bien, habría que proponer otra más adaptada.

Desde el primer día, hay que dar el biberón cuando lo pide el bebé y no siguiendo un horario preciso. Incluso si el niño tiene un buen reflejo de succión, sepa que necesitará varios días de aprendizaje para encontrar su ritmo.

En los primeros biberones será irregular tanto el tiempo como la cantidad que tome. Algunos bebés beben 10 g por biberón mientras que otros toman 40 g. De media hay que dar entre 6 y 7 biberones al día: las raciones aumentan poco a poco, según el apetito del lactante y los consejos del médico.

El control médico en la maternidad

Durante los días pasados en la maternidad, médicos, comadronas y enfermeras la ayudarán a superar el choque del parto y a que conozca al bebé. También se asegurarán de que todo vaya bien para el niño.

La adaptación del recién nacido al nuevo entorno, a la vida al aire libre y a la alimentación por la boca exige unos días. Por este motivo es objeto de una vigilancia muy atenta. Se le realizan varias pruebas que permiten diagnosticar posibles enfermedades congénitas, que son más fáciles de tratar cuando se detectan enseguida.

Por otra parte, los bebés que han nacido de forma prematura o a los que se les ha detectado una discapacidad, tendrán un seguimiento y cuidados especiales. Enfrentados a estos nacimientos difíciles, los padres, por su parte, no deberán dudar en apoyarse en el personal médico para adaptarse a problemas que a veces les sorprenden.

El control de los primeros días

Durante los primeros días de vida, las enfermeras y el equipo médico vigilarán de cerca al bebé: seguimiento de la evolución del peso, observación de las heces y análisis de sangre que permiten asegurarse de que tiene buena salud.

El peso

A lo largo de los primeros cinco días, el recién nacido suele perder generalmente hasta un 10% del peso que tenía al nacer (unos 350 g, por ejemplo, para un bebé que pesaba 3,5 kg). Se debe a tres razones principales: elimina el exceso de agua (edemas) presente en el nacimiento, sus riñones inmaduros concentran de manera insuficiente la orina y sus necesidades energéticas aumentan considerablemente, a la par que el aporte calórico resulta, al principio, escaso para que engorde. Hacia el 6.º día, empieza a adquirir peso: una media de 30 g al día. Al cabo de ocho o quince días ha recuperado totalmente el peso que tenía al nacer.

EL APETITO

El interés y el vigor que manifiesta el bebé en su alimentación es la prueba de una buena salud. Si le da de mamar, la enfermera le enseñará cómo hacerlo bien (véase p. 140). Si lo deja diez minutos en cada pecho, tomará por sí solo la cantidad de leche que necesita. En general, con esto basta y no es necesario darle leche de complemento, salvo si está verdaderamente delgado, débil o es prematuro. Si se le alimenta con biberón, también se le puede dejar alimentarse «a demanda», según sus necesidades.

Las heces

La observación de las heces es un punto esencial en la vigilancia del recién nacido. Los dos primeros días son verdosas, casi negruzcas y pegajosas; es el meconio, que está compuesto de una mezcla de bilis y mucosidad. A partir del 3.ᵉʳ día, las deposiciones pasan a ser más claras, de color amarillo dorado y grumosas, a veces líquidas. El bebé defeca generalmente en cada toma si está siendo amamantado; en el caso de que se le alimente con biberón, la frecuencia es de una a tres veces al día durante las primeras semanas.

La glucemia

Durante las primeras horas de vida, suele practicarse un control del nivel de azúcar en la sangre, o glucemia. Para realizar este análisis, basta con pinchar ligeramente el talón del niño para que salga una pequeña gota de sangre que se recoge en una tira reactiva. Si el bebé es prematuro, especialmente delgado o, al contrario, muy grande y con una madre diabética, se sigue realizando este análisis de forma sistemática para evitar que el niño sufra una hipoglucemia.

La coloración de la piel

Durante los dos o tres primeros días siguientes al parto, muchas veces aparece una coloración amarillenta en la piel y las conjuntivas del bebé: es lo que se llama la ictericia fisiológica del recién nacido. Debido a un aumento de los pigmentos biliares (bilirrubina) en la sangre, esta ictericia benigna afecta al 20-30% de los recién nacidos a los nueve meses y al 70-90% de los prematuros. Después de desarrollarse hasta el 4.º o 5.º día, disminuye progresivamente y desaparece en una o dos semanas.

Esta forma de ictericia —muy distinta de la causada por una incompatibilidad Rh (*véase* p. 41)— se debe simplemente a que el inmaduro organismo del recién nacido no dispone todavía de la enzima que permite transformar la bilirrubina en un producto eliminable. Sin embargo, en unos pocos días el hígado aprende a fabricar dicha enzima. Mientras tanto, basta con vigilar que el índice de bilirrubina no suba mucho. Las complicaciones son extremadamente raras, al menos en los niños nacidos a los nueve meses, pero son graves —lo que justifica el control.

Si el bebé se pone demasiado amarillo, se hace un análisis de bilirrubina en la sangre. Si el índice se acerca al valor crítico, se le trata con fototerapia. Para ello, se coloca al recién nacido bajo unas lámparas ultravioletas que dan una luz azul y facilitan la eliminación de bilirrubina. La mayor parte de las maternidades están en la actualidad equipadas para realizar este tratamiento, que no obliga a separar a la madre del bebé y no presenta ningún peligro, con la condición de que se protejan los ojos del bebé con una cinta y que se le dé agua suficiente.

LA DETECCIÓN DE ENFERMEDADES CONGÉNITAS

La estancia en la maternidad es un momento idóneo para detectar ciertas enfermedades congénitas raras, pero cuya evolución puede ser grave si no se tratan enseguida.

¿Qué enfermedades se buscan?

Se efectúan pruebas sistemáticas para detectar la fenilcetonuria, que afecta a 1 bebé de cada 9 000 nacimientos, y el hipotiroidismo, que afecta a 1 de cada 3 800.

☙ **La fenilcetonuria.** Esta enfermedad se debe a una deficiencia enzimática que provoca desórdenes en el metabolismo y puede producir una degradación progresiva del cerebro y un retraso mental. Los niños afectados por fenilcetonuria tienen niveles sanguíneos anormalmente altos de un aminoácido, la fenilalanina, ya que no disponen de las enzimas necesarias para su transformación. La fenilalanina sin metabolizar se acumula en el organismo y se hace tóxica, en especial para el cerebro. Para conocer la tasa de fenilalanina en la sangre basta con hacer un análisis de sangre (test de Guthrie). Una dieta alimentaria adaptada previene esta evolución. Más tarde, será necesario advertir a las mujeres fenilcetonúricas que tendrán que someterse obligatoriamente a un régimen adecuado en caso de embarazo.

☙ **El hipotiroidismo.** Se debe a una falta de hormonas fabricadas por la tiroides, por culpa de la ausencia de esta glándula o de su mal funcionamiento. Provoca un retraso en el crecimiento y retraso mental. La administración de hormonas tiroideas en forma de gotas permite que el niño se desarrolle normalmente en el plano físico e intelectual.

☙ **La fibrosis quística.** Esta enfermedad se debe a un mal funcionamiento de las glándulas exocrinas, que provoca un espesamiento de las secreciones mucosas.

En ciertos casos también se realizan otros controles, como el de algunas enfermedades hereditarias de la producción de hemoglobina.

¿cómo detectarlas?

El test de Guthrie se practica en la maternidad cuando el bebé tiene unos pocos días. La enfermera le pincha en el talón con un pequeño estilete y recoge unas gotas de sangre en un papel, que se manda al laboratorio para su análisis. El mismo análisis sirve para controlar las hormonas que intervienen en el funcionamiento de la tiroides: la hormona secretada por la hipófisis (TSH) que regula la producción tiroidea, cuyo aumento es síntoma de un trastorno. Cuando los resultados son positivos o dudosos, el centro de detección se pone rápidamente en contacto con la familia para realizar más análisis, profundizar las exploraciones y, si es necesario, establecer lo más rápido posible un tratamiento adecuado.

Los casos de partos difíciles

El nacimiento es un momento feliz, pero puede convertirse en una vivencia difícil cuando el niño nace demasiado pronto, demasiado pequeño o enfermo. En esos casos, nada es como estaba previsto. Muchas veces, el bebé debe ser separado de su madre. Los primeros intercambios se resienten y el afecto precoz entre los padres y su hijo puede verse afectado.

Para superar estas dificultades, es muy importante que los padres puedan hablar con los miembros del equipo encargado de cuidar a su hijo para obtener explicaciones claras, honestas y precisas.

Los prematuros

Los partos prematuros pueden ocurrir de forma totalmente inesperada, sin que nadie lo imaginase, o después de semanas de lucha contra un parto demasiado precoz (*véase* p. 53).

• **Las causas de prematuridad.** Hay algunas que son de orden local —malformación del útero, abertura del cuello del útero, placenta previa—, mientras que otras son más generales, como una infección contraída por la madre (por ejemplo, infecciones por estreptococos B, listeriosis). Los embarazos de gemelos muchas veces son también causa de parto prematuro. Las circunstancias exteriores tampoco se pueden olvidar. Por ejemplo, un golpe en el abdomen que provoque contracciones uterinas puede motivar un parto prematuro, así como un exceso de ejercicio físico: trabajo realizado en malas condiciones, largos trayectos para los desplazamientos diarios, trabajo doméstico excesivo, etc. (*véase* p. 78).

La mejora de la vigilancia médica de los embarazos y el esfuerzo por limitar las causas del cansancio excesivo en las futuras madres constituyen la prevención más eficaz de estos partos prematuros. Sin embargo, en casi la mitad de los casos se desconoce la causa exacta.

• **El estado del niño prematuro.** El aspecto del recién nacido prematuro varía mucho según su estadio de desarrollo. Cuanto antes nace, más pequeño es y menor es su peso. El volumen de la cabeza parece muy desproporcionado con respecto al cuerpo, los miembros son muy delgados y la piel, fina y rosada, deja entrever la red venosa. Gesticula poco, la respiración es rápida e irregular, muchas veces entrecortada por pausas.

Si el niño nace entre la semana 34 y 37, pesa más de 2 kilos y no presenta ningún riesgo especial, algunas maternidades son partidarias de mantener al bebé cerca de la madre bajo una estrecha vigilancia. El recién nacido puede así empezar a mamar sin tardanza y proseguir su desarrollo con la proximidad física y afectiva de su madre, prácticamente sin rupturas.

Si, por el contrario, el bebé nace antes de la semana 34 o 35, pesa menos de 2 kg, ha tenido unas condiciones de parto difíciles, tiene dificultades para respirar, o corre el riesgo de alimentarse mal o de padecer una infección, la prudencia recomienda que se hospitalice en un servicio de neonatología. En ese momento se plantea, tanto para él como los padres, el problema de la separación.

La incubadora

Un niño prematuro es un niño cuyas funciones esenciales no han alcanzado la madurez. Según el estado del bebé prematuro, el médico puede decidir ponerlo sólo durante unas horas en la incubadora de la maternidad donde ha nacido o enviarlo a un hospital especializado en cuidados para los prematuros. En la incubadora, tendrá una temperatura y una humedad constantes, así como las mejores condiciones higiénicas posibles, y podrá estar conectado a aparatos que lo ayudarán a respirar y alimentarse. Es esencial que los tejidos y el cerebro se oxigenen suficientemente y que se le alimente mediante sonda o perfusión si no tolera la alimentación oral.

La duración de la hospitalización de un prematuro es variable. Puede oscilar entre unos días y unas semanas, según la evolución del peso, la calidad de su respiración, la tolerancia a la alimentación, la aparición o no de episodios infecciosos, etc. La mayor parte de las veces todo va bien y el niño, primero en la incubadora y luego en la cuna, se desarrolla hasta alcanzar la autonomía funcional y el peso que permiten llevarlo a casa.

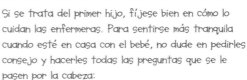

ANTES DE VOLVER A CASA

Si se trata del primer hijo, fíjese bien en cómo lo cuidan las enfermeras. Para sentirse más tranquila cuando esté en casa con el bebé, no dude en pedirles consejo y hacerles todas las preguntas que se le pasen por la cabeza:

– ¿en qué posición acostarlo?
– ¿cómo cambiarlo y lavarlo?
– ¿cuál es el ritmo de las tomas?
– ¿hay que despertarlo para darle de comer?
– ¿qué agua mineral darle?
– ¿se le puede dar zumo de naranja y a partir de cuándo?, etc.

La separación

Cuando el parto llega antes de lo previsto y el niño, pequeño y débil, tan diferente del bebé soñado, debe ser hospitalizado, los padres se sienten al mismo tiempo preocupados, frustrados y a menudo culpables. Es importante que vayan a ver a su hijo al servicio al que ha sido enviado lo más rápido y a menudo posible; la relación padres-hijo depende de ello —sin duda, primero será el padre y, después, la madre en cuanto pueda. Si la hospitalización se presenta bastante larga, tendrán que organizarse. Mantener la frecuencia de estas visitas también es esencial para el bebé: necesita verse estimulado por relaciones afectivas para desarrollarse mejor.

Cuando, después de un período más o menos largo, llega el momento tan esperado de llevarlo a casa, quizá se sientan un poco desamparados, un poco inquietos, con ese bebé que ha sido fuente de tantas preocupaciones y que es todavía tan pequeño. Para preparar la vuelta a casa y enfocar el futuro con serenidad y confianza, no hay que esperar a la salida para solicitar consejos sobre qué cuidados necesita. Después, las consultas del pediatra permitirán seguir la evolución del recién nacido, tranquilizar a los padres y enseñarles a no considerar ya a su bebé como un niño débil. Si su hijo es prematuro, no intente compararlo con otro niños más grandes o «más avanzados». Adáptese a su ritmo para acompañarlo en sus progresos.

Las discapacidades

Hoy en día, muchos bebés muy prematuros sobreviven y recuperan su retraso. Algunos meses o algunos años más tarde, ya nada hace presumir su prematuridad. Están tan fuertes como los niños nacidos a los nueve meses.

Pero, puede ocurrir excepcionalmente que el niño nazca con una deficiencia de las funciones motoras o sensoriales. También puede suceder que el bebé nacido prematuramente sufra graves complicaciones infecciosas, respiratorias o neurológicas que pueden acarrear graves secuelas (déficits motores, neuropsíquicos, de la vista o de la audición, etc.). Entre un 4 y 6% de los prematuros padecen alguna discapacidad. En caso de complicación en la evolución, la vigilancia regular es todavía más necesaria: hay que detectar lo antes posible el eventual problema para iniciar la reeducación adecuada y brindar las máximas oportunidades al bebé.

El médico no puede impedir el impacto y el sufrimiento de los padres ante la idea de que su hijo pueda tener una discapacidad, pero puede ayudarlos a comprender lo que ocurre y aconsejarlos para afrontar las dificultades y organizarse. De todas formas, no hay que olvidar que los niños pequeños tienen inmensas facultades de recuperación y lo que puede parecer alarmante a una edad determinada acaba luego por normalizarse perfectamente.

⚕ QUISIERA SABER

Durante los primeros días, mi bebé tiene ictericia. ¿Es grave?

⚕ Suele ocurrir que al 2.º o 3.er día los bebés, aunque hayan nacido a los nueve meses, sufran una ictericia banal, la «ictericia fisiológica». El hígado no es todavía capaz de eliminar del todo la bilirrubina, un pigmento tóxico disuelto en la bilis y que se difunde por la sangre tiñendo de amarillo la piel y el blanco de los ojos. En esos casos se vigila el nivel sanguíneo de bilirrubina. Si es demasiado alto, se tratará al bebé con rayos ultravioletas (fototerapia). Por regla general, la ictericia desaparece en una o dos semanas sin complicaciones posteriores.

¿A qué se llama «niño prematuro»?

⚕ Un niño sólo puede sobrevivir fuera del útero materno si nace después del 6.º mes de embarazo (a partir de la 28.ª semana). Si nace a partir del 8.º mes, ya no se le considera prematuro. Se llaman prematuros a los niños que nacen antes de la 37.ª semana. En los países occidentales, es el caso de entre un 5 y un 6% de los recién nacidos.

¿Cómo tener relación con un bebé que está en incubadora?

⚕ Para permitir unas relaciones estrechas entre los padres y el hijo, el personal sanitario favorece las visitas diarias, incluso varias veces al día, así como la alimentación del bebé con leche materna (obtenida con un sacaleches). No vacile en acercarse al bebé para que la vea, hablarle y pedir que le dejen tocarlo por las aberturas de la incubadora, aunque esté unido a aparatos de vigilancia o de asistencia.

La madre después del parto

Aproveche los días que pasa en la maternidad
para familiarizarse con el bebé y descansar.
Una vez en casa, ahorre fuerzas.
Dé de mamar o no, aliméntese
correctamente. Su organismo
necesitará varios meses
para recuperarse.

Los primeros días en la maternidad

Por término medio, estará en la maternidad entre tres y cinco días si ha tenido un parto clásico, o unos siete u ocho días si el nacimiento fue por cesárea. Luego, volverá a casa con su hijo y organizará poco a poco la nueva vida familiar.

Durante las horas que siguen al parto, la euforia se mezcla con un enorme cansancio: la madre acaba de realizar un esfuerzo físico extenuante. Este estado puede verse agravado por una anemia debida a la pérdida de sangre durante el parto. No hay que levantarse sin ayuda la primera vez. Sin embargo, al día siguiente de un parto por vía natural la madre se puede mover por la habitación. El organismo necesitará entre ocho y diez semanas para volver a encontrar el equilibrio: es el puerperio, que termina con la reaparición de la regla. Las primeras reglas suelen ser más abundantes y largas que las habituales; los ciclos se hacen regulares tras unos meses.

La vuelta del útero a su estado normal

El útero empieza a recuperar su volumen normal a partir de las primeras horas que siguen al parto; se dice que involuciona. La mucosa interna del útero se va eliminando poco a poco y la pared uterina cicatriza; se producen unas pérdidas llamadas *loquios*, que son más abundantes que las reglas y se van aclarando hasta desaparecer después de unas tres semanas, aunque en algunas mujeres duran hasta la reaparición de la regla.

PRIORIDAD AL REPOSO

Se sentirá seguramente más cansada después del parto que antes. La estancia en la maternidad dura entre tres y cinco días. Aprovéchelos para descansar. Si puede, planifique las visitas que los familiares y los amigos querrán hacerle a usted y al bebé. Y dedique estos pocos días de tregua para familiarizarse con su hijo.

Justo después del parto, pueden aparecer unas contracciones dolorosas llamadas *entuertos*; se deben a la retracción del útero. Desaparecen alrededor de 48 horas después. Suelen ser más fuertes y dolorosas en las mujeres que ya han dado a luz con anterioridad y aumentan con el número de partos. También son más intensas si se da de mamar y se desencadenan en el momento de las tomas (*véase* p. 141).

La subida de la leche

Después del parto, el organismo se prepara para la lactancia. En cuanto se expulsa la placenta, la glándula hipofisaria segrega una hormona —la prolactina— que activa la producción de leche. Si ha optado por dar de mamar, al niño se le dará el pecho en las primeras horas de vida para estimular la hipófisis y la subida de la leche. Durante las primeras 48 horas, el pecho segrega un líquido amarillento, rico en vitaminas y albúmina: el calostro. Actúa como purgante para que el bebé elimine el meconio que todavía le queda en los intestinos. La leche sustituye al calostro hacia el 3.er día. La subida de la leche viene precedida por un endurecimiento y tumefacción de los pechos, a veces acompañados por una ligera elevación de la temperatura corporal.

Si no desea dar de mamar, el médico le recetará un tratamiento para impedir la producción de leche. No se ponga un vendaje en los pechos, ya que es totalmente ineficaz. Lo mejor es llevar un buen sujetador y beber menos: el consumo de agua aumenta la producción de leche.

Después de una episiotomía

Si la madre ha sufrido una episiotomía, probablemente notará tirones y dolor en la zona de la sutura. Al margen del lavado con agua y jabón, que deberá efectuarse du-

PREVER LA ANTICONCEPCIÓN DESPUÉS DEL PARTO

Si se siente bien, puede querer reiniciar rápidamente su vida amorosa. Hay que saber, sin embargo, que el cansancio y los pequeños incidentes posparto no siempre son propicios para mantener relaciones sexuales satisfactorias al principio. A pesar de todo, no espere para prever el tipo de anticoncepción. Las reglas reaparecen entre seis y ocho semanas después del parto en las mujeres que no dan de mamar; en las que sí lo hacen, no llegan hasta que dejan de hacerlo, ya que la lactancia bloquea el funcionamiento de los ovarios (aunque dar de mamar no es en ningún caso un medio anticonceptivo). La ausencia de regla no significa que no se pueda concebir. La ovulación puede darse veinticinco días después del parto. Para evitar un nuevo embarazo demasiado seguido, hay que pensar en un método anticonceptivo transitorio hasta la aparición de la regla. Cuando ya se tiene la regla, si no está contenta con este método pasajero, puede modificarlo cuando hable con el médico.

Los métodos anticonceptivos que hay que excluir

Justo después de un parto, no se puede recurrir:

– al DIU, que podría ser rechazado y que sólo se puede colocar hasta la primera menstruación después del parto en caso de optar por la lactancia artificial. Si la lactancia es materna, no se puede colocar hasta al menos cuatro semanas tras el parto;
– al método de la temperatura y el método de Billings, inaplicables hasta que no se ha tenido la primera ovulación;
– al diafragma, que deberá adaptarse más tarde a la nueva anatomía.

Los métodos anticonceptivos recomendados

Además del preservativo masculino, para la mujer son:

– Si no se da el pecho y no existen contraindicaciones, en cualquier momento tras el parto puede iniciarse la toma de píldoras anticonceptivas sólo con progestágeno, también llamadas minipíldoras, o la colocación bajo la piel de un implante de progestágeno En cambio, la píldora anticonceptiva combinada (píldora de estrógeno más progestágeno) no puede utilizarse hasta tres semanas después del parto.
– Si se opta por la lactancia materna, la píldora anticonceptiva combinada está contraindicada y la píldora con solo progestágeno y el implante subcutáneo de progestágeno no se pueden usar hasta seis semanas después del parto. El uso de anticonceptivos sólo con progestágeno durante la lactancia no afecta ni a la cantidad ni a la calidad de la leche, así como tampoco tiene efectos sobre el desarrollo del niño.

rante más de una semana cada vez que se orina, se puede secar la herida con un secador de pelo durante unos minutos para acelerar la cicatrización. Los puntos se quitan hacia el 4.º o 5.º día, pero si tiene molestias, siéntese sobre un cojín de goma o un flotador. Si el dolor de la episiotomía persiste después de tres o cuatro meses, hay que consultar al médico. Se puede «reparar» la episiotomía quirúrgicamente y no tiene por qué producir dolores.

Los esfuerzos que se hacen para empujar durante el parto provocan a veces la formación de hemorroides dolorosas. El médico recetará un tratamiento local (pomada antihemorroidal) o general (antiinflamatorio). Un poco de hielo aplicado localmente proporciona un alivio real aunque momentáneo. Quizá también esté estreñida. A pesar de la aprensión, es preferible no esperar más de dos días para ir al servicio. Los esfuerzos no pueden reabrir una cicatriz de episiotomía. El estreñimiento desaparecerá con laxantes suaves y ejercicios adecuados, asociados a una dieta alimenticia que favorezca el tránsito intestinal.

Después de una cesárea

Como cualquier intervención quirúrgica, la cesárea puede provocar un enorme cansancio. Sólo se realiza bajo anestesia general en casos de extremada urgencia. Si se ha utilizado una anestesia local, como la epidural, los efectos inmediatos serán mucho menos desagradables y se puede ver al bebé enseguida. Conviene levantarse al día siguiente, para evitar cualquier riesgo de complicaciones circulatorias y a partir del 2.º o 3.er día ya es posible moverse casi con normalidad. Para ducharse hay que esperar al 4.º o 5.º día. Los puntos o las grapas se quitan entre el 6.º y el 10.º día y pronto se recupera la libertad de movimientos. El tránsito intestinal y urinario tardará más en volver a la normalidad que en el caso de un parto por vía natural. El médico suele recetar analgésicos para las contracciones y los dolores en la zona de la cicatriz. El parto con cesárea no impide dar de mamar. Por lo demás, el cuerpo reaccionará como si se hubiese tratado de un parto normal.

De vuelta a casa

Se siente feliz ante la perspectiva de la vuelta a casa con el niño, pero todavía está cansada y, quizás, algo preocupada después de que en la maternidad se hayan encargado de todo. Las cosas irán bien, pero hay que organizarse para poder descansar.

Los órganos tardan unas seis semanas en volver a su sitio y el organismo necesitará varios meses para recuperarse del cansancio debido a los esfuerzos realizados durante el embarazo y el parto. Sobre todo, cuide sus fuerzas. Si ya tiene hijos que esperan en casa, intente que la ayuden: haga que el padre, los abuelos, una amiga, etc., colaboren. Efectúe pausas durante el día y échese una siesta por la tarde si puede; no se precipite para hacer las tareas domésticas que se han acumulado durante la ausencia: piense en usted, en su alimentación, no cargue con objetos pesados (es malísimo para la espalda y el perineo). En cuanto pueda, salga un poco. El bebé va a imponer un ritmo de vida muy exigente; tendrá necesidad de reservarse para usted algunos momentos de libertad. No haga gimnasia hasta obtener la autorización del médico y evite los masajes del vientre al principio. Si da de mamar, espere a destetar al niño para realizar una actividad deportiva; si no da de mamar, espere hasta la aparición de la regla.

Un período de readaptación

Aunque haya podido volver a ducharse al día siguiente del parto en la maternidad, deberá esperar alrededor de una semana (más en caso de cesárea) antes de darse el primer baño en casa, ni demasiado caliente ni demasiado largo, sobre todo después de una episiotomía. El final de los loquios (pérdidas) puede considerarse como la señal de que el cuello del útero está bien cerrado y que puede volver a bañarse. Las irrigaciones vaginales están absolutamente prohibidas. Las mujeres que dan de mamar deberán, además, dedicar unos cuidados especiales a los pechos, que las enfermeras de la maternidad se encargarán de explicar.

Recuperar el peso

Durante el parto se pierden unos seis kilos. Costará más perder el resto, pero no intente desembarazarse de ellos demasiado rápido. Una alimentación variada y equilibrada, rica en calcio y sin demasiadas calorías, permite recuperar el peso habitual durante el primer año (*véase* p. 161). Las mujeres que dan de mamar necesitan unas reservas de energía de algunos kilos. En estos casos, adelgazar implicará un cansancio peligroso para la salud. Además, la lactancia provoca a veces una pérdida de peso espontánea y, al contrario, obliga a seguir una dieta alimenticia (*véase* p. 156)

Bajar el vientre

Los músculos abdominales requieren ser tonificados, ya que la piel y los músculos se distienden durante el embarazo. La vuelta al estado normal no necesitará demasiado tiempo. Sobre todo, no hay que precipitar las cosas y se deben seguir atentamente los consejos del médico y del fisioterapeuta. Se pueden iniciar sesiones de gimnasia después de la aparición de la primera regla. Los abdominales se recuperan espontáneamente, pero antes hay que esperar a que el perineo, que sostiene todo el aparato urogenital, vuelva a ser elástico y recupere su tono.

LA REAPARICIÓN DE LA REGLA

Las primeras reglas suelen ser más abundantes que las anteriores. Si no se da de mamar, la primera regla aparece de media entre la séptima y la octava semana después del parto. La ausencia de regla sólo se considera anormal si pasan más de tres meses.
Si se da de mamar, la fecha de esta primera regla se retrasa (ya que la lactancia bloquea el funcionamiento de los ovarios) y es difícil de prever. Se suele situar hacia el cuarto mes y, excepcionalmente, después del sexto.

Resolver los pequeños problemas

De vuelta de la maternidad, no dude en considerarse como una convaleciente durante al menos dos meses. Ahorre fuerzas y preocúpese por su comodidad. Recuperar una buena forma física exige organización.

Dolores en las piernas y la espalda

El masaje de las piernas y la espalda –piense también en los ejercicios ya realizados durante la gestación (véase p. 74)– puede ser un auténtico alivio después del parto, pero hay que evitar la zona del vientre, donde los músculos y la piel están muy distendidos, por lo que es inútil estirarlos con manipulaciones demasiado fuertes que podrían impedir que se vuelva a recuperar un vientre liso.

La fragilidad del perineo

La espalda no es lo único que sufre cuando se cargan objetos demasiado pesados. Los abdominales están débiles y debe ser el perineo, también debilitado, quien trabaje. Llevar bolsas de la compra repletas o cargas demasiado pesadas no está recomendado; deje que se encargue la pareja. Si se lleva al bebé en un canguro, hay que colocarlo muy alto, casi entre los pechos, y sobre todo no ponerlo sobre el vientre. No levante ningún peso sin contraer al mismo tiempo los abdominales y el perineo.

Los problemas urinarios

A veces, después de una epidural la vejiga no se vacía por sí sola. Esta retención de orina es pasajera y desaparece en dos días. Pero, también se pueden padecer pequeñas pérdidas incontroladas de orina cuando se hace un esfuerzo (reír, toser, estornudar). Es habitual después de un parto largo y complicado. La incontinencia urinaria también aparece a veces al final del embarazo e, incluso, después de partos sin problemas. En la maternidad le pueden recomendar unos ejercicios adecuados para fortalecer el esfínter urinario. No dude en comentárselo al médico, que podrá recetar, si es necesario, una reeducación perineal bajo control de un fisioterapeuta.

Las relaciones sexuales

El equilibrio hormonal debe restablecerse; la ausencia de estrógenos, que dura hasta la reaparición de la regla o mientras se da de mamar, conlleva una sequedad pasajera de la vagina, que puede hacer dolorosas las relaciones (en ese caso, se recomienda un gel lubricante). La vagina ha sufrido una gran distensión y la mucosa puede estar desgarrada; quizá queden algunos puntos de sutura, los de la vagina y del perineo, que se reabsorben por sí solos; mientras que los que cierran la incisión (episiotomía), a veces no reabsorbibles, se quitan cinco o seis días después del parto. La cicatriz de la episiotomía puede provocar dolores o molestias; es prudente esperar a la cicatrización completa, lo que puede tardar varias semanas.

Los pequeños incidentes

Sin el entorno médico de la maternidad, los primeros quince días suelen parecer los más desconcertantes. Dos semanas después del parto, quizá note unas pérdidas de sangre más importantes: son los loquios. Duran de dos a tres días y no deben alarmarla. Si los loquios son malolientes, hay que consultar al médico: las pérdidas abundantes y diarias son anormales y pueden ser un síntoma de una infección de la mucosa uterina (endometrio). Los entuertos pueden desencadenarse durante las tomas si se da de mamar, pero generalmente desaparecen mientras se está todavía en la maternidad (para los posibles problemas relacionados con el embarazo y los pechos, véase p. 153).

El estreñimiento

El estreñimiento que a veces se tiene justo después del parto debería desaparecer en cuanto se retoma la dieta habitual. Hay que comer alimentos ricos en fibras (pan integral), verdura (espinacas, ensaladas) y ciruelas (crudas o cocidas). Las hemorroides, a menudo relacionadas con el estreñimiento, tardan más en reabsorberse y en algunos casos requieren un tratamiento local recetado por un médico.

Los problemas urinarios

Frecuentes sobre todo después de un parto difícil, los problemas urinarios suelen ser pasajeros. Si tiene incontinencia, no espere para iniciar una reeducación del perineo (véase el recuadro superior). No deje que la incontinencia, por mínima que sea, se convierta en una problemática habitual.

Los mareos

Al pasar de la posición tumbada a la posición erguida, tiene mareos. Al principio, intente no levantarse de golpe. Quizá tenga anemia. Adapte la alimentación a esta circunstancia (*véase* p. 162) y consulte al médico, que le recetará un suplemento de hierro.

Cuidados y cicatrices

• Si ha sufrido una episiotomía. Observe la higiene rigurosa que ha iniciado en la maternidad. Las molestias en la cicatriz deben atenuarse o desaparecer rápidamente. Evite los tejidos sintéticos. Renuncie a las relaciones sexuales mientras la cicatriz esté sensible.

• Si ha dado a luz con cesárea. La cicatriz puede trasudar después de quitar los puntos y grapas. Límpiela con agua y jabón y cúbrala con un apósito seco durante unos días. La cicatriz formará al principio un burlete, que se irá flexibilizando con el tiempo. Quizá note una zona insensible a su alrededor; tranquilícese, la piel recuperará progresivamente la sensibilidad.

Las posibles complicaciones

Las complicaciones suelen ser esencialmente de orden infeccioso (endometritis, infección de orina) o tromboembólico (flebitis y embolia pulmonar). Pueden aparecer durante los quince días posteriores al parto, por lo que hay que estar particularmente alerta en ese período.

Tómese muy en serio cualquier subida de la temperatura que no esté relacionada con la subida de la leche. Hay que controlarse la temperatura al menos en los siguientes casos: pérdida de sangre, estado febril y dolores en el abdomen, la pelvis, las piernas o los pechos. Si tiene fiebre, consulte con su médico, que buscará la causa.

Puede provenir de una infección de la mucosa uterina —el endometrio— o de una infección urinaria. Un absceso en un pecho se acompaña también de fiebre: debe tratarse quirúrgicamente (para los demás problemas relacionados con la lactancia, *véase* p. 153). También se puede formar un absceso en la cicatriz de una cesárea o de una episiotomía, situación que se acompaña de fiebre. El médico recetará unos análisis complementarios y, si es necesario, un tratamiento adecuado. En algunos casos, puede requerirse una breve hospitalización.

La formación de trombos en las venas, o tromboflebitis, aparece más a menudo durante los cinco primeros días posteriores al parto; se detecta sistemáticamente y se suele controlar durante la estancia en la maternidad. Luego, si se tiene un dolor persistente en una pierna, hay que ir obligatoriamente al médico.

♀ QUISIERA SABER

¿Cómo se pueden perder los kilos que sobran?

♀ Si se da de mamar, se gastan calorías adicionales y no es el momento de ponerse a régimen para adelgazar. Si no está dando de mamar, no hay que lanzarse tampoco a un régimen que agravaría el cansancio. Es mejor empezar por reducir el consumo de azúcar, mantequilla, salsas, embutidos, etc. La alimentación debe ser variada, con carne, huevos, pescado, lácteos, verdura y fruta. Su figura volverá por sí sola si se tiene paciencia para esperar unos meses.

Desde el parto sudo mucho.
¿Es normal?

♀ Durante el embarazo se acumula una cierta cantidad de agua en el organismo. El agua se elimina con la orina y por la piel. Después del parto es normal transpirar, sobre todo de noche. Tranquilícese, no durará mucho.

¿A partir de qué momento se puede hacer gimnasia?

♀ Antes de intentar reforzar los abdominales, es esencial recuperar el tono de los músculos del perineo. Es importante empezar enseguida, ya en la maternidad, con ejercicios de mantenimiento del perineo. Además de los ejercicios que se aprenden en la preparación para el parto (*véase* p. 97), hay que seguir sesiones de reeducación perineal dirigidas por una comadrona o un fisioterapeuta especializado. La gimnasia para reafirmar el vientre puede iniciarse dos meses después del parto (*véase* p. 163).

Si da de mamar

Ha decidido darle el pecho a su hijo. En la maternidad, se ha familiarizado con las tomas. Una vez en casa, deberá cuidar sus pechos y alimentarse correctamente.

Alrededor de una semana después de la subida de la leche, la producción se regula de acuerdo con las necesidades del bebé. Los pechos están menos duros, la duración de las tomas se acorta; en cada una el bebé vacía completamente un pecho y, a veces, también el otro.

Los pechos y la lactancia

Sin embargo, suelen presentarse algunos problemas. El descanso, una alimentación equilibrada y unos cuidados adecuados de los pechos constituyen las mejores precauciones que se pueden recomendara cualquier madre. Las dificultades son a veces psico-lógicas y están relacionadas con una cierta ambiva-lencia: algunas mujeres desean dar de mamar pero, por un motivo u otro muy personal, se resisten a ello más o menos conscientemente.

También pueden ser causas simplemente «técni-cas», y entonces es fácil ponerles remedio. La lactancia en sí misma no estropea los pechos. Sin embargo, no hay que engordar demasiado y debe llevarse un buen sujetador. Una gimnasia adecuada devolverá a los pe-chos su tonicidad.

Leche en cantidades insuficientes

La cantidad de leche que tiene una mujer no depende de su buena voluntad. Algunas tienen demasiada y

El cuidado de los pechos

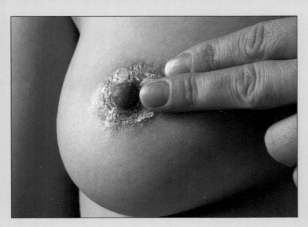

El cuidado de los pezones ↑
Para preparar la lactancia, ha nutrido e hidratado la piel del pezón y la areola con anterioridad (véase p. 140). Siga haciéndolo entre las tomas o al menos una vez al día, por la mañana después de la ducha. Use una crema grasa e inodora: la piel la absorbe rápidamente y no molestará al bebé.

La preparación de los pezones ↓
¿Tiene los pezones muy sensibles, poco formados o incluso umbilicados (hundidos, o el bebé no consigue cogerlos bien? Justo antes de cada toma, dese un masaje y tire del pezón para que sobresalga y se acostumbre a los estímulos. A lo largo de estos masajes, la leche empezará a salir, lo que también facilitará la toma.

otras no la suficiente en ciertos momentos del día. Si éste es su caso, deberá completar la lactancia con un biberón. De la misma forma, para proteger los pezones si todavía están doloridos, no vuelva a dar de mamar al bebé; cójalo en los brazos si llora; muchas veces basta para calmarlo y, si no, ofrézcale un biberón.

Hay que saber que en cualquier momento se puede suspender la lactancia (destete). Cuando se para después de varias semanas, tiene que ser de forma progresiva (*véase* p. 178), pero si lo que se desea es dejarlo a los pocos días de volver a casa, se puede hacer de golpe; el bebé se acostumbrará muy bien a la tetina del biberón. Mantenga bien sujetos y abrigados los pechos y beba la menor cantidad de agua posible durante ese período para no favorecer la secreción de las glándulas mamarias. Sin el estímulo de la succión del bebé, los pechos se secan.

Los pezones umbilicados o poco salientes

Si los pezones están hundidos o sobresalen poco, el bebé tendrá ciertas dificultades para mamar con eficacia. Además de la preparación manual ya mencionada (*véase* p. 153), el uso de protectores bajo las copas del sujetador favorece que sobresalgan los pezones. Si este método no funciona, antes de renunciar, compre (en la farmacia) pezoneras de silicona. Una pezonera puesta sobre la areola hace de ventosa, prolonga el pezón y permite que el bebé lo coja con la boca, facilitando la succión.

La hipersensibilidad de los pezones

Los pezones suelen estar a menudo muy doloridos, en especial al principio de la lactancia. Esta incomodidad puede deberse al bebé, que no coge correctamente con la boca el conjunto del pezón y la areola. Compruebe que mama como es debido. Si la succión es demasiado rápida, puede ralentizarla sosteniendo con suavidad el mentón del bebé mientras bebe. Por lo general, la hipersensibilidad disminuye a medida que la madre y el niño aprenden. Si persiste, se pueden usar pezoneras de silicona o sustituir algunas tomas por biberones.

Facilitar la lactancia

La recogida de la leche →
Si recoge leche del pecho del que no ha mamado el niño, viértala en un biberón esterilizado. No debe permanecer más de treinta minutos en el recogeleche, que deberá limpiarse y esterilizarse enseguida.

← **Cómo se utiliza el recogeleche**
Para prevenir la congestión, cuando sube la leche, lleve siempre un recogeleche entre toma y toma. Más adelante, llévelo puesto cuando la leche sale del pecho por sí sola, para recogerla.

El masaje del pecho ↓
En el momento de la subida de la leche, relaje los pechos durante las tomas por medio de pequeños masajes circulares en la parte superior de los mismos, intentando hacer desaparecer las «bolas».

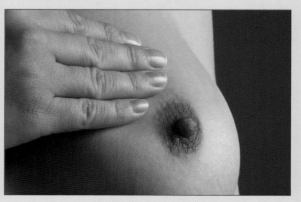

Las grietas

Este término inquietante se refiere en realidad a una irritación superficial de la piel del pezón. Las grietas suelen deberse a una mala postura del lactante: sólo coge el extremo del pezón y lo mordisquea durante demasiado tiempo sin tomar nada. Cuando es fuerte, la irritación puede obligar a suspender la lactancia hasta la cicatrización completa. Hay que secar bien las lesiones y nutrir la piel con una crema hidratante. Las pezoneras de silicona son de gran ayuda en estas circunstancias.

La congestión de los pechos

Se debe a un exceso de leche. Durante los dos o tres días que preceden a la subida de la leche, el bebé ya mama, incluso en la propia sala de parto, instintivamente. Esta acción «mecánica» es suficiente en principio para descongestionar los pechos. Sin embargo, si el bebé no basta para vaciarlos, se puede usar un sacaleches (mecánico o eléctrico) para aliviar las mo-

lestias. Pero si la leche sale mal, es necesario aplicarse unos masajes suaves, darse una duchas y mantener los pechos abrigados. Si se tiene fiebre, el médico puede recetar aspirina. Y relájese, una congestión es siempre transitoria.

La linfangitis

Se trata de una inflamación de las glándulas mamarias durante la lactancia. Se caracteriza por la aparición de una zona roja y dolorosa en el pecho, que está tenso, y se acompaña por lo general de fiebre, que puede alcanzar los 39,5 °C. Puede contraerse en cualquier momento. El tratamiento que receta el médico la cura en dos o tres días. Mientras tanto, se puede seguir dando de mamar con el otro pecho.

El absceso del pecho

Se trata de una infección que se manifiesta con fiebre, dolor en el pecho y luego bajo el brazo. Es imprescindible un tratamiento médico rápido, o incluso una in-

El sacaleche manual ↑
Si el bebé no mama correctamente (pezones umbilicados, niño de poco peso...), use con regularidad un sacaleche manual para recoger toda la leche que necesita el bebé. La recogida en el biberón debe hacerse en rigurosas condiciones higiénicas y la leche no debe conservarse más de veinticuatro horas en la nevera. Puede hacer lo mismo si debe ausentarse durante unas horas.

El sacaleche eléctrico ↓
Si el niño es prematuro o está hospitalizado podrá, a pesar de todo, recibir la leche materna gracias a la utilización de un sacaleche eléctrico. Desde los primeros días después del parto hay que estimular la subida de la leche utilizando el sacaleche tres o cuatro veces al día. Después de la subida, intente vaciar por completo los dos pechos cinco o seis veces al día.

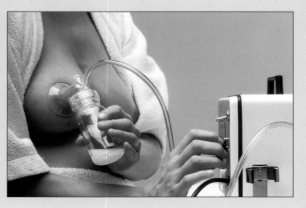

tervención quirúrgica, pero, no obstante, el absceso del pecho es muy raro.

¿Qué comer durante la lactancia?

La alimentación de una mujer que da el pecho deber ser ante todo variada y equilibrada. Después del nacimiento del bebé, la alimentación será la misma que al final del embarazo, aunque deberá incluir una mayor cantidad de productos lácteos, es decir, un litro de leche o su equivalente al día. Las necesidades aumentarán en función de la secreción de leche. Otras recomendaciones: beber mucho, suprimir la ingesta de alcohol, café y tabaco, y sobre todo, descansar.

Más calorías y calcio

Para poder proporcionar la cantidad de leche que necesita el bebé (500 g al día a partir del 15.º día), hay que añadir unas 500 calorías a la dieta habitual. Esencialmente, las aportarán los productos lácteos, al igual que el calcio y el fósforo, imprescindibles para el crecimiento. La leche se puede consumir en forma de productos lácteos y quesos variados, o usarse para confeccionar salsas, entremeses y cremas.

Consuma productos lácteos fáciles de digerir y variados, huevos, pescado y carne, que tienen proteínas; fruta y verdura, que tienen vitaminas y sales minerales, y féculas (patatas, cereales, pan), que tienen vitamina B. Repártalos en las tres comidas principales, el almuerzo y la merienda. Tome fruta en cada comida. No abuse de los cítricos que, consumidos en cantidades excesivas, pueden tener un efecto laxante. En cada comida, puede tomar media ración de verdura y media de féculas.

Agua en abundancia

La cerveza sin alcohol tienen la reputación, no siempre merecida, de favorecer la secreción de leche. Nada impide probarlo. Los desayunos a base de malta aromatizada con cacao, café o achicoria, las tisanas de hinojo, anís o comino pueden ser eficaces. Pero, sobre todo, es el agua lo que aumenta la producción de leche: la leche, por cierto, está compuesta de agua en un 90%.

Beba al menos 2 litros de líquido al día, esencialmente en forma de agua y leche (desnatada, si teme engordar demasiado), y para variar, caldos de verduras, infusiones, té muy ligero o café descafeinado. Tenga siempre un vaso de agua a mano durante las tomas para calmar la sed o eliminar la sensación de sequedad que se suele tener en la boca.

Sustancias que hay que evitar

Durante los quince primeros días de lactancia, modérese con las legumbres, los salsifíes, los guisantes y las coles, que pueden dificultar la digestión del niño. El sabor del puerro, el espárrago, la col, el ajo, la cebolla, el apio y el pimiento —alimentos que, por otra parte, no siempre se digieren bien— pasa a la leche y al bebé no tiene por qué gustarle. Escederse en el consumo de naranjas, pomelos, cerezas, ciruelas y uva puede causarle diarreas. A partir de la segunda semana, se puede comer de todo si se sigue moderando el consumo de estos alimentos, que podrían molestar al bebé.

Por el contrario, durante toda la duración de la lactancia, no hay que tomar ningún medicamento sin la prescripción del médico: algunos pueden secar los pechos. Antes de recurrir a los laxantes, coma verduras y frutas cocidas y crudas. Los tranquilizantes, los somníferos y los medicamentos contra el dolor (analgésicos) pasan a la leche, al igual que el alcohol y el tabaco. La nicotina puede provocar en el bebé cólicos, hiperexcitabilidad, llanto e incluso dificultad respiratoria. Por las mismas razones, se deben evitar el té y el café.

CUIDADO CON EL CANSANCIO

Algunas enfermedades (por ejemplo, la hipertensión grave o las enfermedades cardíacas) obligan a tomar medicamentos incompatibles con la lactancia, ya que pasan a la leche materna.

Consulte siempre con su médico. La dieta que debe seguir una madre que da de mamar no es sólo alimenticia.

El cansancio es el factor que más puede reducir la producción de leche. Hay que evitar, por lo tanto, esfuerzos excesivos; duerma lo más posible, pasee todos los días, viva con tranquilidad, descanse, ya que estará mucho más fatigada que antes del parto. Si puede, túmbese durante un cuarto de hora antes y después de cada toma, sobre todo al principio.

La visita posparto

Por regla general, al cabo de seis semanas del parto se suele pasar una revisión: es la conocida visita de la «cuarentena». Si le preocupa algún problema relacionado con el período del posparto, no dude en adelantar la consulta.

El reconocimiento posparto sirve para hacer un balance de los posibles problemas o anomalías que se habían detectado durante la gestación o el parto y prevenir complicaciones posteriores. Consiste en una visita ginecológica completa, que también sirve para elegir un método anticonceptivo.

Una evaluación necesaria

El médico repasará los datos sobre el desarrollo del embarazo, del parto y del puerperio, y de la salud del bebé. Orientará su reconocimiento en función de los antecedentes médicos (*véase* p. 38) y comprobará sistemáticamente, además del peso y la presión arterial, el estado de ciertos órganos.

• *Los pechos.* Si no se da de mamar, el reconocimiento de los pechos será similar al que se hace en todas las consultas ginecológicas. Si se da el pecho, el médico reconocerá los pezones y ayudará a resolver los posibles problemas relacionados con la lactancia (*véase* p. 153).

• *El abdomen.* A menudo, la piel del vientre está un poco distendida y los músculos abdominales todavía no han recuperado la tonicidad. Si se ha dado a luz con cesárea, el médico comprobará el estado de la cicatriz.

• *El perineo.* En caso de que se haya practicado una episiotomía, el médico examinará la cicatriz. Realizará una palpación vaginal para verificar la elasticidad de los músculos del perineo.

• *El conjunto de los órganos modificados por el embarazo.* La exploración, que se hace con la ayuda de un espéculo (*véase* p. 39), permitirá al médico comprobar el aspecto de la mucosa de la vagina y del cuello del útero. El médico recogerá las muestras necesarias si los últimos frotis cervicovaginales de control son antiguos. Hay que comunicar la existencia de incontinencia aunque sea ocasional (cuando se tose, se ríe, etc.). Si el médico detecta una anomalía, recetará sesiones de reeducación perineo-abdominal (*véase* p. 160). Mediante la palpación de la vagina y el abdomen, también controlará si el útero ha recuperado su volumen y posición normales.

UN NUEVO EMBARAZO DESPUÉS DE UNA CESÁREA

Si ha dado a luz con cesárea, quizá se pregunte cuándo podrá volver a quedarse embarazada y cómo se desarrollará el nuevo parto. A falta de datos científicos precisos, la mayor parte de los médicos aconsejan esperar un año antes de una nueva gestación. Si la causa de la primera cesárea persiste –por ejemplo, una pelvis demasiado estrecha–, probablemente se requerirá una nueva cesárea. Pero si las dimensiones de la pelvis permiten el parto por vía natural, y en ausencia de otros problemas durante el nuevo embarazo, no hay por qué pensar que la cesárea será imprescindible.

Análisis complementarios y precauciones

Tras la visita posparto no se realiza ningún análisis de laboratorio de forma sistemática, pero, por precaución, se suelen efectuar análisis de azúcar y albúmina en la orina.

Si no se está inmunizada contra la rubéola y no se ha recibido la vacuna en la maternidad, es el momento de hacerlo. Dado que implica un cierto riesgo —aunque remoto— de malformación del feto, en especial al principio de una gestación, no hay que estar embarazada en el momento de la vacunación; por tanto, la vacuna sólo debe ponerse dos meses después del parto si se usa un método eficaz de anticoncepción al menos desde hace un mes.

Si se han tenido complicaciones durante el embarazo, el médico hará una evaluación durante la visita posparto, pedirá los análisis complementarios necesarios y, si fuese necesario, recomendará un especialista. La hipertensión arterial, la diabetes del embarazo, el nacimiento de un niño de poco peso o las infecciones urinarias frecuentes son indicadores a los que hay que estar atentos.

De acuerdo con los resultados del examen posparto, se podrá elegir un nuevo método anticonceptivo o volver al sistema habitual.

La vida cotidiana

Después del parto se necesita un poco de tiempo para abordar la nueva situación familiar con serenidad, adoptar nuevos ritmos de sueño y recuperar una vida de pareja armoniosa.

Durante los días posteriores al parto, la mujer suele sentirse más vulnerable y sujeta a bruscos cambios de humor. Después de la inmensa alegría del nacimiento, aparecen las lágrimas, las dudas, la dificultad de hacer compatibles la imagen del bebé esperado con el que ha llegado al mundo y de reencontrar una vida amorosa. El cansancio físico debido al embarazo y el parto, el sueño interrumpido para alimentar al bebé, la acumulación de pequeñas molestias, los cambios hormonales, la conmoción emocional del parto, etc., tienen su parte de responsabilidad en ese estado de ánimo.

La melancolía

Esta pequeña depresión es muy frecuente y no debe confundirse con una verdadera depresión (llamada *depresión posparto*) que puede darse excepcionalmente después del parto. Puede durar días o semanas. No hay que encerrase en casa ni replegarse sobre una misma. Lo mejor es hablarlo con el compañero, los parientes y los amigos. Si este ataque de melancolía aparece en la maternidad, hay que comentarlo con el médico o la comadrona; en algunos casos, la ayuda de un psicólogo puede ser muy conveniente.

UNA FAMILIA

La vida en pareja, como amantes, pertenece al pasado. Quizás haya vivido como una realización de la pareja la necesidad de abrirse a un tercero, su hijo. Quizás tema no saber «dividirse» entre el marido y el niño. Si no se trata del primer hijo, sin duda habrá que saber enfrentarse a los celos de los mayores. Cada cual deberá ocupar y asumir su nueva situación en la familia. Esfuércese por no encerrarse en el papel de madre. Reserve momentos de tranquilidad para usted misma y ratos de intimidad con su compañero: contribuirá a su realización personal y a la de toda la familia.

Una difícil vuelta a la realidad

Algunas mujeres viven el puerperio, sobre todo cuando se trata del primer hijo, como una pérdida, como un luto. El estado de plenitud del embarazo, en el que la futura madre y el niño formaban un todo, ha terminado. Las atenciones que han tenido por objeto a la madre, se concentran ahora en el bebé —y, además, éste no se corresponde exactamente con el niño imaginario que se había soñado. Es un bebé real del que hay que ocuparse noche y día. La madre ideal, en la que creía que se iba a convertir, deja paso a una mujer cansada y llena de inquietudes: «¿Y si no soy una buena madre? ¿Sabré proteger a mi hijo de todas las amenazas? ¿Cómo evitar que sufra?»

La comunicación con el bebé

Como todo ser humano, el niño experimenta amor, alegría, placer, pero también angustia, pena, cólera e incluso odio. La presencia y el apoyo de la madre le permiten controlar estos sentimientos contradictorios. De momento, se expresa sobre todo con llanto: habrá que aprender a descifrar cuándo tiene hambre, cuándo sed y cuándo se encuentra mal, y a acompasar su sueño. También llora porque «sabe» que es el medio más seguro para que le hagan caso enseguida. La alternancia de la presencia y ausencia de la madre a su lado lo ayudará a convertirse en un ser autónomo. Un niño que está todo el tiempo en brazos de su madre, podría llegar a no desear nada más, y precisamente es el deseo lo que contribuye a forjar su personalidad.

Pero usted también tiene derecho a expresar su «humor». El bebé hace daño cuando mama, impide descansar, solicita sin tregua atención y la madre se pone a veces un poco nerviosa con él. Tranquilícese, es un sentimiento muy extendido, mezcla de agresividad y amor que, de vez en cuando, experimenta toda persona con respecto a sus seres queridos. La mayoría de las veces, esta fragilidad psicológica desaparece por sí misma a medida que se superan las diferentes etapas. No es sólo una cuestión de voluntad: es un «trabajo» a menudo largo, secreto y personal.

Si la «depre» se prolonga

Pero si, al cabo de las semanas, sigue sin tener ganas de hacer nada, lo ve todo con tintes negros, la menor actividad le supera, se siente incapaz y no se quiere a sí misma, hay que reaccionar. El médico o el ginecólogo podrán ayudarla u orientarla hacia un psicólogo. Para superar esta pequeña depresión, muy comprensible al principio, confíe también en su hijo: su presencia la reconfortará.

El sueño de cada uno

Tanto si el bebé duerme en la habitación de los padres como si no, el sueño de éstos depende en gran medida del recién nacido. A menudo se despiertan con el menor ruido, vigilan el más pequeño movimiento, comprueban varias veces por la noche que el niño respira bien, acuden inmediatamente si se pone a llorar…

De hecho, las intervenciones nocturnas de unos progenitores demasiado ansiosos pueden impedir que el bebé encuentre su propio ritmo de sueño, que no es el mismo que el del adulto (*véase* p. 194). Quizá llora porque está entre un estado de sueño profundo y de sueño ligero. Quizá se ha agitado mientras estaba en un estado de semiadormecimiento. Además, cuando la madre le da de mamar, titubeante de cansancio, él se vuelve a dormir tranquilamente y ella sólo tiene que hacer otro tanto —sin necesidad de cambiarlo después de esa toma. Si se alimenta con biberón, prepare un termo de agua tibia la víspera por la noche para que, luego, sólo haya que añadir la leche en polvo en el último momento. Quizá el padre se levante en lugar de la madre, para que ésta pueda dormir, y aproveche así unos momentos de intimidad con su hijo. La nueva situación familiar no se improvisa. Estas angustias son la cruz de casi todos los padres. Sólo con el tiempo se aprende a resolver las dificultades y a contestar con sentido común a las llamadas del niño. Confíen en ustedes mismos, sean pacientes y se sorprenderán de ver que reconocen las distintas señales que el bebé les dirige, tanto de día como de noche.

RECUPERAR EL DESEO

Desde hace algunos años se anima a las parejas a que mantengan su vida sexual durante el embarazo y la reinicien poco después del parto. Sin embargo, es normal que después del parto se tenga necesidad de un poco de tiempo —unas semanas, o incluso unos meses— antes de mantener de nuevo relaciones sexuales. Recuperar una sexualidad normal, no suele ser siempre fácil.

Entender el problema

Después de un parto, se suele observar una caída del deseo sexual en la mujer y a veces también en el hombre. Al margen de los factores estrictamente psicológicos, no es fácil encontrar las causas profundas, ya que los dolores y los problemas físicos que siguen al parto a menudo sirven inconscientemente de pretexto. Si la sexualidad de la pareja no era muy satisfactoria antes del embarazo, si

hay un conflicto latente que perturba las relaciones afectivas o si surge el miedo a un nuevo embarazo, las relaciones sexuales pueden ser delicadas, incluso rechazadas por la mujer o por el hombre. Por culpa de un parto largo y doloroso se puede asociar vagina y dolor, lo que lleva a la mujer a negarse a la penetración. Algunas mujeres, a las que se les ha practicado la epidural o han dado a luz con cesárea, no relacionan vagina y dolor, y no tienen ninguna aprensión. Sin embargo, en otros casos, la pérdida momentánea de las sensaciones durante la epidural o una cesárea se traduce por un desinterés pasajero por la zona genital del cuerpo.

Volver a aprender a amarse

En ocasiones, los dos miembros de la pareja se ven perturbados por la dificultad de distinguir la imagen de la

madre y la de la mujer. Ocurre a veces que la mujer se cree menos deseable. Por su parte, el padre puede sentirse excluido de la relación madre–hijo y considerar que su mujer está reservada al niño; el placer sexual suele parecer entonces culpable. Muchas madres jóvenes también se sorprenden cuando sienten una excitación mientras dan de mamar. Otras, por el contrario, experimentan un placer más maduro después de la maternidad. Muy pocas parejas esperan la aparición de las reglas para retomar su vida amorosa, aunque la mitad de la mujeres tienen un decaimiento del deseo sexual durante los dos o tres meses posteriores al parto. No hay que imponerse volver a tener relaciones sexuales demasiado rápido; los contactos sexuales son también una cuestión de atención y respeto recíprocos.

Recuperar la forma

En el embarazo y el parto el cuerpo ha trabajado mucho. Se merece toda las atenciones. Siga cuidándolo con esmero, ayúdelo a recuperar la belleza, la forma y la línea, sin exigirle demasiado, con suavidad.

Después del parto, lo más importante es descansar y, repitámoslo, reeducar bien los músculos del perineo. La reeducación perineal interesa a todas las mujeres, pero sobre todo a las que han tenido a lo largo del embarazo incontinencia urinaria cuando hacían un esfuerzo (reír, toser, estornudar) y a las que tuvieron un parto en el que el paso del niño fue largo y difícil.

Dos o tres meses después del parto se sentirá mejor. Las ideas negativas han desaparecido, así como gran parte del cansancio que tenía tras el parto. Además, poco a poco se ha ido adaptando al ritmo de vida impuesto por la presencia del bebé. Ahora tiene ganas de ocuparse más de usted misma, aunque haga falta hacer un pequeño esfuerzo adicional. Sobre todo, tenga paciencia.

Una recuperación progresiva de la forma

Después del parto, seguramente se sentirá impaciente por recuperar el cuerpo de «antes» del embarazo. Unos ejercicios y, por qué no, una cura de talasoterapia contribuirán a recuperar del todo la forma física. Sin embargo, no tenga prisa. No empiece a hacer la gimnasia habitual antes de dos meses después del parto, ya que los ejercicios abdominales clásicos —muy tentadores para reforzar el vientre— pueden hacer peligrar la reeducación del perineo, que es mucho más crucial (*véase* más adelante).

Para la talasoterapia, espere también de dos a tres meses después del parto y, si da de mamar, espere al destete, ya que el agua de mar que se utiliza en estas curas tiene unos 34 °C, lo que favorece la subida de la leche. Por otra parte, los pezones, debilitados por la lactancia, pueden escocer al entrar en contacto con el agua salada.

Pero, una vez llegado el momento, si puede permitírselo, no lo dude. Las virtudes del agua de mar son en la actualidad bien conocidas. Hay cada vez más centros de talasoterapia que ofrecen curas posparto con cuidados bajo vigilancia médica. Por ejemplo, se ofrece reeducación muscular, masajes relajantes, duchas tonificantes y estimulantes, baños burbujeantes relajantes y drenajes linfáticos para atenuar la sensación de pesadez que se puede tener en las piernas. También podrá realizar sesiones de gimnasia en una piscina de agua de mar. Unos dietistas le prepararán un menú de adelgazamiento a medida y las esteticistas se encargarán de la belleza del cuerpo y de la cara. Aunque algo caras, estas curas la pondrán en forma y le proporcionarán la posibilidad de reencontrarse un poco consigo misma. La mayoría de estos centros disponen de una guardería o de un equipo de cuidadoras que usted y el bebé pueden aprovechar.

Reeducar el perineo

A lo largo del embarazo, ha descubierto la existencia —y la importancia— del perineo, los «cimientos musculares» de la pelvis.

El peso que ha debido soportar durante el embarazo, sumado al esfuerzo realizado durante el parto, debilitan los músculos y ello a veces es responsable de la incontinencia urinaria que padecen muchas mujeres después del parto. Por lo tanto, es esencial reeducar los músculos del perineo aprendiendo a contraerlos y tonificarlos.

ANTE TODO, REPOSO

Antes de pensar en la gimnasia y la dieta, piense en el descanso. Es una etapa primordial de reconciliación con el propio cuerpo. Si puede, échese una siesta al mismo tiempo que el bebé. El sueño nocturno se verá obligatoriamente partido durante varias semanas. Por lo tanto, no se canse más de lo necesario.

Aprender a tonificar el perineo

Se puede empezar en la maternidad. Tumbada sobre la espalda, con las piernas dobladas y separadas, los pies bien planos, haga como si intentase retener un fuerte deseo de orinar. Si no consigue localizar el perineo, puede comprobar que se tensa colocando la punta del dedo índice encima o observando la eficacia del esfuerzo con un espejo. Relaje bien los abdominales durante este ejercicio: debe contraer el perineo sin contraer al mismo tiempo ni el vientre ni las nalgas, ni los muslos.

Antes de salir de la maternidad, la comadrona comprobará la situación del perineo y le aconsejará cómo realizar este ejercicio. De vuelta a casa, acuérdese de practicarlo al menos tres veces al día, a razón de veinte contracciones cada vez. Empiece con contracciones rápidas y repetidas y, luego, intente mantener el ano y la vagina muy apretados durante al menos cinco segundos, combinándolo con largas fases de relajación entre dos contracciones para evitar la fatiga muscular. En cuanto domine bien este ejercicio, acostúmbrese a hacerlo de pie, sentada, mientras camina o durante los esfuerzos habituales de la vida diaria.

Solicitar ayuda si es necesario

Durante la visita médica posparto, unas seis u ocho semanas después del parto, si lo considera necesario, el médico le prescribirá una reeducación perineal bajo el control de una comadrona o de un fisioterapeuta especializado. Esta reeducación se hace a veces mediante electroestimulación o en forma de sesiones de *biofeedback* muscular.

• La electroestimulación. Este método consiste en introducir en la vagina una sonda que libera unas descargas eléctricas de intensidad variable que producen una contracción refleja del perineo. La técnica permite tomar conciencia de la musculatura perineal y aprender a contraer voluntariamente el perineo.

• El *biofeedback* muscular. Este método consiste en introducir una sonda en la vagina y en apretar las nalgas como si se quisiese retener la orina: al mismo tiempo, se visualiza en una pantalla una columna luminosa que sube proporcionalmente al esfuerzo, lo que permite apreciar la intensidad y aprender a controlar esta actividad muscular para poder realizarla luego en solitario, sin sonda ni pantalla. Constituye un excelente medio para tomar conciencia de la alternancia contracción-relajación de los músculos del perineo.

Recuperar la figura

La «línea» se recuperará sola si se tiene la paciencia de esperar unos meses. Durante nueve meses ha engordado; acepte, por lo tanto, el mismo plazo para adelgazar. En el parto, se pierden unos 6 kg. De vuelta a casa, seguirá perdiendo agua y, cuando el útero haya vuelto a su peso inicial, se habrá desembarazado de 2 o 3 kg más. Después, habrá que esperar el retorno de la regla para iniciar un régimen. Si se da de mamar se pierde peso con mayor rapidez, ya que la producción de leche requiere grasas. En total, concédase al menos seis meses para recuperar el peso habitual.

Adelgazar inteligentemente

Piense que el cuerpo necesita fuerzas para afrontar el plus de energía que requieren los cuidados del recién nacido. Hay que respetar ciertas reglas, dictadas por el sentido común y confirmadas por los dietistas. No se salte ninguna comida, en especial el desayuno. Tómese su tiempo para desayunar y comer. Las comidas deben ser equilibradas, sin exceso de grasas ni azúcar. Si puede, tome un pequeño tentempié por la tarde. Coma a las horas normales para que no sentirse tentada por el picoteo. Coma de todo (carne, pescado, huevos, productos lácteos, verdura, fruta, féculas, etc.). Intente no comer carnes en salsa y postres dulces más de una vez al día. No olvide beber agua en abundancia, en especial durante las comidas.

Cuidado con la anemia

Muchas mujeres padecen de anemia después del parto. Esta anemia se debe a una carencia de hierro, proteínas

COMBATIR LA INCONTINENCIA URINARIA

El primer ejercicio consiste en interrumpir el chorro de la micción. Contrariamente a una idea muy extendida, basta con una vez, al principio de la micción. Después, hay que vaciar del todo la vejiga para prevenir una infección urinaria. Este ejercicio se debe practicar dos o tres veces por día durante varias semanas. No hay que preocuparse si no puede parar de hacer pipí durante los dos primeros meses; es normal.

PROPIEDADES DE LOS ALIMENTOS QUE HAY QUE CONOCER

Después del parto, para combatir el riesgo de anemia, hay que incluir en los menús alimentos ricos en proteínas, magnesio, hierro y ácido fólico. El hierro de origen animal se absorbe mucho mejor que el de origen vegetal y es, por tanto, mucho más eficaz. Además, la vitamina C activa la absorción.

¿Qué alimentos contienen magnesio?

♣ El cacao en polvo sin azúcar; el germen de trigo; las almendras; las judías blancas crudas, secas; el arroz integral, crudo.

¿Qué alimentos contienen hierro?

♣ Dentro de los productos de origen animal: despojos (hígado, riñones, corazón, morcilla), pescados, mariscos (ostras, mejillones, gambas, vieiras), carnes (buey, cordero, ternera, cerdo, conejo, pavo, pato, pollo), huevos y leche enriquecida con hierro.

♣ Dentro de los productos de origen vegetal: legumbres (garbanzos, judías blancas, habas, lentejas), frutos secos grasos (pistachos, nueces, avellanas, almendras, cacahuetes), harina y galletas de soja.

¿Qué alimentos contienen ácido fólico?

♣ El hígado, las espinacas, la lechuga, las almendras, los cacahuetes, la col, la remolacha, las alcachofas, los aguacates, las endibias, los pimientos, las naranjas, los quesos, los huevos, el arroz, la sémola y los plátanos. Dado que el ácido fólico se destruye con el calor, hay que comer estos alimentos crudos o evitar las cocciones prolongadas.

¿Qué alimentos contienen vitamina C?

♣ Dentro de las frutas crudas: naranja, pomelo, limón, kiwi, grosella, fresa y papaya; dentro de las verduras: perejil, pimiento, coliflor, coles de Bruselas, col lombarda, hojas de col, espinacas y berro crudo.

---

y ácido fólico (que interviene en la formación y la maduración de los glóbulos rojos). Es fácil ponerle remedio, con la condición de saber en qué alimentos se encuentran (*véase* recuadro superior).

Recuperar la forma física

Con o sin régimen, acabará recuperando el peso «normal». En general, un año después del parto ya se han perdido los kilos de más. Sin embargo, la maternidad modifica el cuerpo, que ya nunca será del todo el mismo; aunque nada impide volver a ser delgada, flexible y fuerte.

El cabello

Durante el embarazo, la caída normal del cabello se ha interrumpido por el efecto de las modificaciones hormonales. No se preocupe si de repente se le empieza a caer mucho el pelo. Es como si recuperasen el retraso acumulado: no se pierde más que si la caída hubiese sido regular durante todo el embarazo. Nada impide, sin embargo, darse unos masajes en la cabeza durante unos minutos al día para favorecer la irrigación del cuero cabelludo. Si el cabello sigue cayendo después de varios meses, hay que consultar a un dermatólogo.

La piel

No existe ningún tratamiento que permita acelerar la desaparición de la máscara del embarazo, que durará varios meses, o de suavizar la coloración excesiva de las areolas de los pechos. De igual forma, la línea oscura del abdomen desaparecerá a los dos o tres meses, cuando las hormonas especialmente activas durante la gestación hayan perdido poco a poco su influencia. Siga protegiendo la piel con una crema de protección total antes de exponerse al sol.

Los pechos

Se dé o no de mamar, los pechos no volverán a recuperar su firmeza de antaño, simplemente porque el exceso de peso debido al embarazo ha distendido los músculos que los sostienen. Generalmente, recuperarán la forma cuando se estabilice el ciclo hormonal normal.

Pedaleo clásico

Este ejercicio, muy simple, permite reforzar los abdominales. Tumbada sobre la espalda, suba ligeramente la cabeza ayudándose con las dos manos entrelazadas bajo la nuca.

1. Flexione las dos piernas y levante los pies hasta la altura de las rodillas. Respire con naturalidad.

2. Inicie un movimiento de pedaleo hacia delante. No fuerce: limítese a una serie de diez movimientos. Realice luego un movimiento de pedaleo hacia atrás.

Pedaleo vertical

Este ejercicio favorece la circulación sanguínea en las piernas y refuerza la musculatura del abdomen. Tumbada sobre el suelo, flexione las piernas. Levante los pies y colóquelos encima de la cabeza, como si fuese a dar una voltereta hacia atrás, para separar del suelo la parte baja de la espalda. Mantenga la espalda separada del suelo con la ayuda de las manos, situadas a la altura de los riñones.

1. Suba los pies hasta la vertical, con las puntas extendidas. Asegúrese de mantener el equilibrio. Intente respirar con naturalidad.

2. Ahora ya puede empezar el movimiento de pedaleo hacia delante. Después de una serie de diez movimientos, pedalee hacia atrás.

Estiramiento

Este ejercicio, que se debe practicar con regularidad pero sin forzar, favorece la flexibilidad del cuerpo. Haga el movimiento diez veces seguidas.

1. Siéntese sobre el suelo, con las piernas juntas y estiradas, la espalda recta y las manos en las rodillas.

2. Inspire con tranquilidad y luego espire llevando las manos hacia delante para intentar tocar la punta de los pies.

Robustecimiento de los pechos

He aquí un ejercicio simple para devolver a los pechos la tonicidad y firmeza, que se debe realizar con regularidad y repetir al menos diez veces seguidas.

Siéntese con las piernas cruzadas, las nalgas ligeramente elevadas sobre un cojín y la espalda recta. Respire con libertad. Junte las manos entrecruzando los dedos y súbalas hasta la altura del esternón. Presione las palmas de las manos una contra la otra durante tres segundos y, luego, relaje la presión. De nuevo, ejerza una presión con las dos manos y vuelva a aflojarla.

Para devolver la tonicidad al pecho, mójelo con agua fría después de la ducha o el baño diario. También se pueden usar productos de belleza especialmente concebidos para el busto, que se venden en farmacias o perfumerías.

Haga regularmente algunos ejercicios simples (*véase* pp. 163-164). En cuanto pueda reiniciar sus actividades deportivas —después de la aparición de la regla o, si da de mamar, después de dejarlo—, sepa que la natación y el tenis son excelentes para el pecho.

El vientre

En las semanas que siguen al parto, todavía se tiene «tripa». El útero necesita un tiempo para recuperar su volumen anterior. Antes del embarazo, pesaba unos 50 g; justo antes del parto, pesaba un kilo o incluso más.

El vientre está blando y hay que reforzarlo si no se quiere tener un «michelín» cutáneo persistente. Pero, antes de ponerse a hacer gimnasia de verdad, después de la vuelta de las reglas o, si se da de mamar, después del destete, hay que empezar con movimientos suaves. Tumbada y apoyada sobre los codos con el busto levantado, haga todos los días pequeños movimientos de piernas. Durante el día, apriete y relaje el vientre y las nalgas tantas veces como sea posible. Evite también una posición demasiado arqueada.

La celulitis

Si se tiene tendencia a sufrir celulitis, a veces se constata un agravamiento después del parto. Puede deberse al embarazo propiamente dicho o a problemas circulatorios. Se puede intentar tratarla con productos especiales de venta en farmacias y perfumerías. Con unos masajes en las zonas afectadas, se activa la circulación sanguínea, lo que puede disminuir la celulitis, al igual que ciertos ejercicios de «pedaleo» (*véase* p. 163). En caso de que no sea suficiente, se puede recurrir a una de las numerosas técnicas que hay actualmente.

• *Mesoterapia.* Este tratamiento consiste en aplicar microinyecciones (que se realizan simultáneamente con agujas de 4 a 6 mm, gracias a un microinyector) en los muslos, el vientre y las caras internas de las rodillas y los tobillos.

• *Ionización y electroterapia.* Estos tratamientos permiten un drenaje eléctrico mediante unos electrodos que se ponen en los pies, los tobillos, las pantorrillas, las rodillas y en la parte inferior y superior de los muslos.

• *Aspiración.* Este método combina la mesoterapia y la aspiración de las grasas gracias a una solución isotónica que hace estallar las células grasas (adipocitos) de las «pistoleras».

• *Electrolipoforesis.* Se trata de un drenaje de las células mediante dos agujas que se introducen bajo la piel y por las que se hacen pasar corrientes eléctricas de diferente intensidad.

LA CIRUGÍA ESTÉTICA

Si al cabo de varios meses el aspecto de ciertas partes del cuerpo la apesadumbra demasiado y no está dispuesta a vivir así, naturalmente puede recurrir a la cirugía estética. No obstante, si tiene intención de tener más hijos, es mejor esperar antes de operarse. No olvide que ante todo se trata de cirugía. Elija, por tanto, un especialista del que tenga previamente buenos informes. Antes de operarse, tómese un plazo de reflexión y consulte, si es necesario, con un segundo cirujano. Pida que le expliquen bien los límites de la técnica y las posibles imperfecciones del resultado, ya que las secuelas son a menudo definitivas. Una vez tomadas estas precauciones, la cirugía estética puede ayudarla en varios casos.

⚕ **La liposucción.** Esta técnica permite eliminar el tejido graso excesivo de un parte localizada del cuerpo mediante aspiración con una cánula. Exige una muy buena calidad de la piel.

⚕ **La cirugía plástica de abdomen.** A veces asociada a la liposucción, esta operación permite atenuar el aspecto antiestético de ciertas estrías mediante un estiramiento de la piel. Se realiza sobre todo para reparar la *diastasis*, nombre que designa las lesiones musculares que se deben a una separación excesiva de los músculos del abdomen durante el embarazo, o para eliminar los «michelines» que a veces se conservan después del parto.

⚕ **La cirugía plástica de mamas.** Permite subir los pechos que han perdido la retracción elástica. Los resultados suelen ser buenos, aunque hay que informarse sobre las cicatrices que dejan algunas técnicas operatorias.

El bebé hasta 1 año

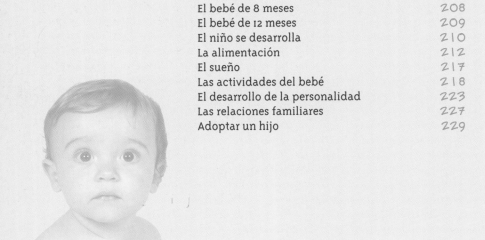

El lactante hasta los 6 meses

Aprender a dar el pecho o el biberón, bañar y cuidarse
de la higiene del cuerpo del bebé, respetar sus ritmos
de sueño, velar por su bienestar y su salud:
los padres están muy ocupados durante
estos primeros meses.
Además, el bebé se adapta
y se despierta al mundo
que lo rodea...

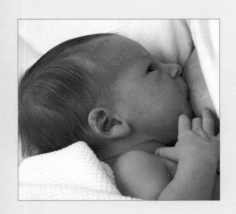

El bebé de 10 días

Las comidas

El reflejo de succión y de deglución permite al recién nacido mamar con eficacia desde que nace. Las tomas, que apaciguan el hambre, le producen una gran sensación de bienestar. A los 10 días, se alimenta entre cinco y ocho veces cada veinticuatro horas.

Los movimientos

En reposo, el recién nacido tiene las piernas y los brazos flexionados, la cabeza vuelta hacia un lado y las manos cerradas, con el pulgar sobre el resto de dedos. Si se le sienta, no consigue mantener la cabeza erguida, pero si se le sujeta por debajo de los brazos, la incorpora. El recién nacido reacciona apretando con fuerza el dedo del adulto cuando éste le toca la palma de la mano (reflejo de prensión). Si se le pone de pie, da algunos pasos apoyado sobre los talones (reflejo de marcha). Si, cuando está sentado, se le deja caer hacia atrás, abre los brazos y los dedos, para luego cerrarlos (reflejo de Moro).

El sueño

La vida del recién nacido sigue el ritmo de las tomas de alimento y de las largas fases de sueño. Duerme mucho, un promedio de dieciséis de cada veinticuatro horas, en períodos de tres o cuatro horas. No distingue entre el día y la noche. Durante ciertas fases de la vigilia, se muestra agitado y llora con facilidad para manifestar una sensación desagradable (hambre, incomodidades, dolor). En otros momentos, se le ve apacible, con los ojos vivos y brillantes, atento.

Los sentidos

Cuando está despierto y tranquilo, el recién nacido observa. Se siente atraído por la forma de las caras y sus expresiones. Ve claramente los objetos situados a 30 cm de sus ojos. Oye bien. Los sentidos del gusto y del olfato funcionan perfectamente. Es sensible a las caricias. Reconoce a su madre y a su padre por la voz, el olor y las caricias.

Talla	Niño	50 cm (47–54)	Peso	Niño	3,4 kg (2,5–4,5)
	Niña	49,4 cm (46–54)		Niña	3,3 kg (2,5–4,4)
Perímetro craneal		35 cm (32–37)			*Nota:* Estas cifras corresponden al 95% de los niños.

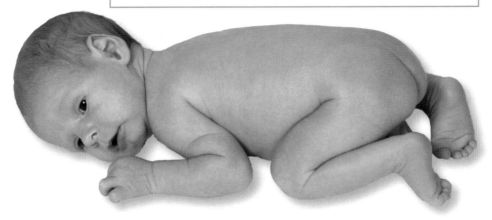

El bebé de 1 mes

Las comidas

El lactante mama un promedio de seis veces cada veinticuatro horas, de las que una o dos tienen lugar por la noche. Los horarios de las tomas se vuelven más precisos. La de la noche se va desplazando hacia la mañana. La cantidad de leche ingerida varía según el momento.

Los movimientos

En reposo, tiene aún las piernas y los brazos flexionados. Si se le acuesta boca abajo, puede girar la cara hacia un lado. Pierde el reflejo de marcha, pero sigue cerrando la mano si se le toca la palma con un dedo. No empezará a abrir la mano hasta cumplir unos dos meses.

El sueño

El bebé empieza a distinguir la noche del día. La fase de sueño nocturno se prolonga. De día, los períodos de vigilia en que está tranquilo se alargan. Por la tarde, llora todos los días a la misma hora sin que nada consiga calmarlo. Este llanto, que se suele atribuir a cólicos, está más relacionado con los problemas transitorios originados por el establecimiento de ritmos de vigilia y de sueño que con el hambre o dolores abdominales reales.

Talla	Niño	53,2 cm
		(49–57)
	Niña	52,4 cm
		(48–57)
Peso	Niño	4 kg
		(3–5)
	Niña	3,8 kg
		(2,9–4,9)
Perímetro craneal		37 cm
		(34–39,5)

Los sentidos

El lactante se fija con interés en los rostros y empieza a seguir los objetos con la mirada. Se esfuerza en producir sonidos y emite las primeras vocalizaciones. Todos los sentidos se agudizan y se enriquecen con nuevas experiencias. Los intercambios visuales y afectivos entre el lactante y sus padres dan lugar a las primeras sonrisas dirigidas e intencionadas.

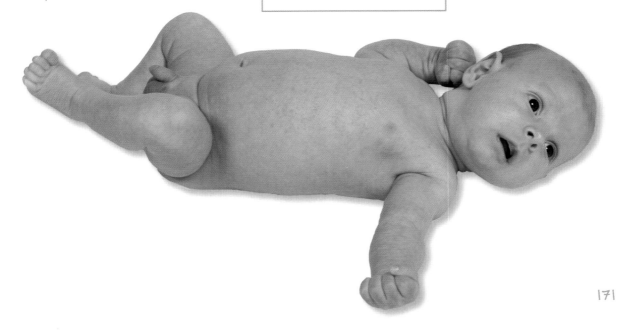

El bebé de 4 meses

Las comidas

El bebé toma cuatro comidas al día, a veces cinco. La leche sigue siendo la base de su alimentación, pero ha empezado a familiarizarse con los cereales. Pronto descubrirá la fruta y las verduras cocidas y trituradas, puesto que ya es capaz de tragar los alimentos que se le ofrecen en una cuchara.

Los movimientos

El bebé sostiene muy bien la cabeza, y la puede girar a voluntad. Si se le acuesta boca a bajo, la levanta y se apoya sobre los antebrazos. En reposo, extiende los brazos y las piernas. Si se le pone de pie, se mantiene erguido sobre las piernas. Empieza a utilizar las manos y ya las deja abiertas. Agarra los objetos entre el dedo meñique y el borde de la palma. Aparte de la succión, han desaparecido el resto de los reflejos primarios (prensión, de marcha y de Moro) del recién nacido.

Los sentidos

El bebé observa el mundo que lo rodea. Sigue los objetos con la mirada, de arriba a abajo y a los lados. Si oye un ruido, vuelve la cabeza y mira en la dirección de la emisión sonora. Balbucea y vocaliza. Empieza a jugar con un ábaco. Coge un objeto, lo sigue con la mirada mientras lo lleva en la mano y se lo dirige a la boca. Juega con las manos.

El sueño

El bebé puede dormir toda la noche sin despertarse. La calidad del sueño cambia y se duerme con facilidad para caer en un sueño profundo. Se tranquiliza chupándose el pulgar o el resto de dedos y también consigue encontrar recursos para dormirse solo. Las crisis de llanto inexplicable son menos frecuentes.

Talla	Niño	62,5 cm (57–68)
	Niña	61 cm (56–66)
Peso	Niño	6,5 kg (5,2–7,8)
	Niña	6 kg (4,8–7,3)
Perímetro craneal		41 cm (38–44)

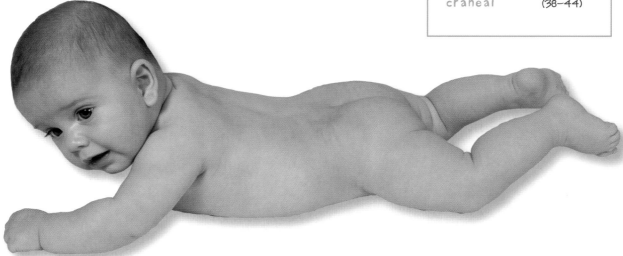

El bebé de 6 meses

Las comidas

La alimentación se diversifica. Las cuatro comidas diarias aportan al bebé 500 ml de leche, algún derivado lácteo, cereales, verduras variadas trituradas a mediodía y por la tarde, de 10 a 25 g de carne o de pescado, o medio huevo y frutas.

El sueño

Las fases de sueño se han estabilizado. El bebé duerme entre diez y doce horas por la noche, de dos a tres horas por la tarde y, en ocasiones, una hora más por la mañana. Pero este equilibrio puede variar para cada niño.

Los movimientos

En reposo, los brazos y las piernas están bien extendidos. Si se le acuesta boca abajo, se pone a cuatro patas. Se da la vuelta solo. Se mantiene sentado en equilibrio, apoyado sobre las manos, que sitúa delante. Sujeta los objetos entre los cuatro dedos y la palma de la mano, con el pulgar separado. Los agarra indistintamente con la derecha o con la izquierda, se los pasa de una mano a otra y deja caer uno para coger otro.

Los sentidos

Le gusta mucho pasar el rato manipulando objetos. Se familiariza con ellos y aprende a reconocerlos. Se dedica a la exploración de su cuerpo. Si está sentado, tira de los calcetines y se los quita. Cuando está acostado, consigue cogerse los pies y se los lleva a la boca. Dice algunas sílabas, sin repetirlas.

Talla	Niño	66,5 cm (61–72)
	Niña	65 cm (60–70)
Peso	Niño	7,6 kg (6–9,2)
	Niña	7,1 kg (5,6–8,8)
Perímetro craneal		43 cm (40–46)

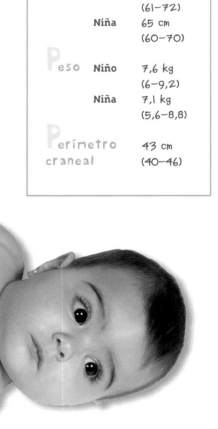

173

El recién nacido se despierta

El bebé ya ha llegado. Quizá duerma apaciblemente entre las tomas; quizá llore sin descanso a pesar de todos los esfuerzos para intentar tranquilizarlo. Lo más importante es no dejarse vencer por la inquietud.

No siempre resulta sencillo comprender las reacciones de un recién nacido. En el transcurso de las primeras semanas de vida, los padres pueden experimentar multitud de sentimientos. Algunos, agotados e intranquilos, tienen la impresión de que jamás conseguirán criar a su hijo. Otros se sorprenden de que el recién nacido les ocupe, de hecho, tan poco espacio. Las reacciones de la mayoría de padres se sitúan entre estos dos extremos. Todas ellas resultan comprensibles.

Del nacimiento al mes de vida

El recién nacido tiene la piel de color rosado, más o menos intenso. Presenta poco vello y, a menudo, cabello abundante. Se mantiene con los brazos doblados contra el pecho y los muslos hacia la barriga.

El hambre es una sensación nueva que el bebé descubre a partir del momento en que se le corta el cordón umbilical. En la sala de partos ya es capaz de arrastrarse sobre el vientre de su madre para acercarse a su pecho. La búsqueda de alimentación favorece el resto de sus prime-

¿Cómo sostener a un recién nacido?

Estas son algunas de las posiciones en las que el recién nacido se siente a gusto. La posición «de seguridad de base» consiste en colocar una mano bajo las nalgas y la otra detrás de la espalda, para evitar el estiramiento de la nuca y de los brazos. Al agarrarlo así, se le comunica el calor y la seguridad de llevarlo sostenido, y se favorece el intercambio visual. Al recién nacido le gusta también estar echado en el hueco que forman los brazos cruzados. Le gusta que lo mezan. Algunas veces, preferirá estar echado sobre la barriga en sus brazos. Para variar, manténgalo erguido contra su cuerpo, mientras le sujeta la cabeza, para que pueda mirar por encima de su hombro.

ros «aprendizajes». La repetición regular de las tomas, en un clima afectivo de relación mutua, le proporciona bienestar. Al satisfacer sus necesidades, se le ofrece una imagen acogedora del mundo. Estas primeras experiencias vitales le van aportando el sentimiento de existir.

La adaptación de los sentidos

El recién nacido duerme mucho, pero se producen grandes variaciones entre los que duermen mucho (20 horas de cada 24) y los que duermen poco (14 horas de cada 24). El sueño rápido, o paradójico (*véase* p. 194), representa del 50 al 60% del sueño total y servirá para favorecer el desarrollo de las facultades de aprendizaje y de la memoria.

Cuando está despierto y tranquilo, el bebé muestra una capacidad sorprendente de atención y de intercambio con su entorno, y está dispuesto a responder a los estímulos que recibe de sus padres: sonrisas, palabras, mimos, etc. El oído, el gusto y el tacto habían empezado a desarrollarse antes del nacimiento. Una vez venido al mundo, el recién nacido descubre nuevas sensaciones. Abre los ojos, percibe los rostros y los contempla. Le gusta moverse, estirarse, gesticular e incluso arrastrarse. Pero también experimentará la gravedad, el vacío y la incomodidad.

La ausencia de reacción visual durante los primeros días no debe ser motivo de inquietud. Es preciso que el recién nacido se encuentre en un estado de vigilia favorable; también es posible que esté fatigado por su nacimiento, o que tenga los párpados hinchados, o bien simplemente que sea más sensible a la voz y a las caricias.

De 1 a 4 meses

Al mes de vida, el recién nacido se convierte en lactante, cambio de denominación que responde a una transformación real. Físicamente es distinto, su piel es más pálida, a menudo marmolada; en ocasiones, presenta algunos granos de acné neonatal. En las zonas de roce de la cabeza, el cabello le empieza a clarear. Tiene un aspecto más fuerte, los muslos y las mejillas empiezan a engordar.

Con el paso de las semanas, irá disminuyendo el número de comidas. Las tomas nocturnas desaparecen y los padres vuelven a conocer noches más tranquilas. Durante cierto tiempo, el bebé sigue reclamando una quinta toma a final de la tarde, pero lo más habitual es que antes de los 4 meses pase por sí solo a las cuatro o cinco comidas.

El descubrimiento de sus manos

El bebé va siendo capaz de sostener cada vez más la cabeza, de levantarla de la cama y de girarla. Las manos están menos «agarrotadas» y las abre. Con ellas, entra en contacto con los objetos antes de sujetarlos esbozando un movimiento de prensión. A partir del tercer mes, el bebé se observa las manos y empieza a jugar con ellas: toca el móvil que está colgado sobre su cama, se succiona el pulgar… Al principio, coge los objetos por casualidad pero, a partir del quinto mes, los coge de forma intencionada.

Al mismo tiempo, las fases de vigilia activa se prolongan y el bebé empieza a interesarse por el mundo que lo rodea. Sin embargo, le resulta difícil conseguir cierto equilibrio. Se trata de la época de los famosos «llantos vespertinos», en ocasiones tan difíciles de comprender y de soportar. Es necesario armarse de paciencia: los llantos desaparecen en el transcurso del cuarto mes. A esta edad, el bebé precisa seguir un ritmo de vida estable; en la medida de lo posible, debe evitarse cualquier cambio intempestivo y mal preparado de su modo de vida (*véase* p. 201).

Los intercambios

Cuando está solo en la cuna o en la hamaca, el bebé oye los ruidos, mira fijamente los objetos, sigue con la mirada el móvil que tiene cerca. Si se demuestra interés y alegría por sus primeros progresos, se favorece el estado de vigilia. Entre el primer y el cuarto mes, las relaciones entre madre e hijo se modifican día a día. Los intercambios pueden ser frecuentes e intensos, con la mirada, las sonrisas… Si se le dedican gestos y se le habla, él responde a su manera. A menudo, el rostro se le ilumina con una verdadera sonrisa. Sin darse cuenta, estas «conversaciones» se alargan y se diversifican; el bebé es capaz de iniciarlas o de interrumpirlas. Los intercambios lo tranquilizan y lo familiarizan con el mundo que lo rodea, de modo que le permiten afianzarse en la vida.

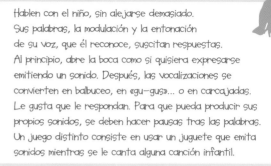

JUEGO A DOS VOCES

Hablen con el niño, sin alejarse demasiado. Sus palabras, la modulación y la entonación de su voz, que él reconoce, suscitan respuestas. Al principio, abre la boca como si quisiera expresarse emitiendo un sonido. Después, las vocalizaciones se convierten en balbuceo, en «gu-gus»… o en carcajadas. Le gusta que le respondan. Para que pueda producir sus propios sonidos, se deben hacer pausas tras las palabras. Un juego distinto consiste en usar un juguete que emita sonidos mientras se le canta alguna canción infantil.

De 4 a 6 meses

A los 4 meses, el bebé se ha convertido en un lactante fuerte, rollizo y vigoroso, muy distinto del recién nacido delgado del primer mes. A partir del quinto mes, los progresos físicos e intelectuales del bebé le permitirán diversificar sus actividades y aprender a conocer, además de a sus padres, a las restantes personas de su entorno.

Un período tranquilo

Antes de los 6 meses, el bebé se vuelve sin dificultades y hace muchas piruetas; se debe tener cuidado para que no se escabulla, por ejemplo, cuando se le está cambiando. Adquiere conciencia de su cuerpo y empieza a explorarlo. Por regla general, encuentra cierto equilibrio y los padres pueden gozar de un período de mayor tranquilidad: el bebé duerme, come, juega, sonríe, balbucea. A esta edad, llora pocas veces sin motivo.

Al jugar con él, el bebé empieza a tomar la iniciativa. Para ayudarlo a convertirse en un ser autónomo, es importante darle la oportunidad de expresarse y de realizar solo nuevas experiencias.

Las primeras separaciones

Durante este período, el bebé se da cuenta de que es un ser independiente de su madre. A pesar de que se vuelve más independiente, siempre la necesita para que lo tranquilice y lo anime.

Normalmente, entre los 4 y los 6 meses se confía el cuidado del bebé a una tercera persona, puesto que la madre vuelve a trabajar. Antes de empezar a dejarlo, es bueno que haya estado con la persona que lo cuidará, o en el jardín de infancia, acompañado por su madre.

La alimentación

Tanto si se opta por la lactancia materna como por el biberón, la alimentación desempeña una función primordial en el desarrollo del bebé. Además, alimentarse le proporciona un placer que asocia a la madre.

Para los padres, alimentar correctamente a su hijo constituye una preocupación primordial, que va acompañada de una atención especial a los diversos problemas que el niño sufre muchas veces en los primeros meses de vida. En este momento, el crecimiento del bebé es extraordinariamente rápido, pero sus funciones digestivas no le permiten absorber cualquier tipo de alimentos y, como no dispone de reservas, la alimentación debe aportarle todas las sustancias necesarias. La composición de la lecha materna, que hoy en día se conoce mucho mejor, ha permitido concretar cuáles son las necesidades alimentarias del lactante y elaborar leches sustitutivas adaptadas. La dieta del lactante está formada por las proteínas, los lípidos, los glúcidos, el agua, el hierro, el calcio, el magnesio, el sodio y las vitaminas que contiene la leche. En ocasiones se recetan vitamina D, hierro y flúor adicionales.

Comer y dormir

Al principio, el bebé duerme pocas veces más de tres horas seguidas. Y, cuando se despierta, tiene hambre, tanto de día como de noche; hasta que no tiene entre 1 y 4 meses no distingue entre el día y la noche (véase p. 194).

Es aconsejable dejar pasar un mínimo de dos horas entre las tomas para que tenga tiempo de digerir la leche anterior y volver a tener hambre.

Se aumentará la ración del final de la tarde y se irá reduciendo poco a poco la de la noche (un bebé de 5 kg a 6 kg dispone de reservas suficientes para permanecer entre 6 y 7 horas sin alimentarse). El número de tomas es de seis a ocho cada 24 horas durante el primer mes. Luego, se reducirán a cinco y después a cuatro: muchas veces, a partir de los 3 meses el niño reduce espontáneamente las comidas a cuatro. A los 4 meses, el bebé puede dormir toda una noche seguida y comer a las mismas horas que sus padres.

Comer no es simplemente una necesidad vital para el niño, también se trata de un placer. Las sensaciones se amontonan en esta actividad dominada por los olores, los sabores, los descubrimientos, los progresos y el juego. De ahí que sea interesante ir introduciendo progresivamente verduras y otros alimentos en la dieta.

La lactancia materna

Las escasas gotas de líquido amarillo, espeso y almibarado que el bebé ha tomado desde su nacimiento, antes de la subida de la leche, constituyen el calostro, una sustancia muy rica en inmunoglobulinas, es decir, anticuerpos. Aunque el bebé no haya podido mamar desde el nacimiento, la subida de la leche después del parto se produce de forma inevitable. Hacia el tercer día, las secreciones de los senos aumentan y su composición se modifica: el calostro deja paso a la leche, más clara y más rica en lactosa y materias grasas. Al décimo día, es clara y tiene un sabor dulzón.

Además, al mamar, el bebé favorece la vuelta a la normalidad del útero de la madre, ya que existe una estrecha relación entre las glándulas mamarias y este órgano. La lactancia no deteriora los pechos, pero es importante utilizar sujetadores de buena calidad y realizar ejercicios que sirvan para recuperar, después del destete, el pecho que se tenía antes del embarazo.

La leche materna

La leche materna se adapta perfectamente al bebé, que la digiere muy bien. Su organismo asimila fácilmente el hierro que contiene. Siempre se encuentra a la temperatura ideal, sale barata y no precisa ninguna preparación. Asimismo, es aséptica, aporta al niño anticuerpos contra numerosas infecciones y reduce de forma considerable el riesgo de diarrea, otitis, rinofaringitis, etc. Son muy poco frecuentes las alergias y las intolerancias.

La leche se adapta a las necesidades del niño durante cada toma y también a lo largo de toda la lactancia. Esta leche, clara, rica en agua y en lactosa al principio de la toma, se espesa luego, y la cantidad de materias grasas que contiene se multiplica por cuatro; ésa es la razón por la que, al principio del período de lactancia, es preferible dar primero un pecho y luego el otro, si el lactante no sacia su apetito o si la madre no dispone de demasiada leche.

La composición de la leche es distinta para cada mujer y también cambia de un día para otro e, incluso, a lo largo de un mismo día; así, el contenido en materias grasas aumenta entre las 6 h y las 10 h de la mañana y es mayor durante el día que por la noche.

Las tomas

Es aconsejable que la madre descanse un cuarto de hora antes de la toma; se puede instalar cómodamente en un lugar tranquilo para que el bebé se sienta seguro. Puede sentarse en la cama, con la espalda recta y el brazo que sostiene al niño afianzado por unos cojines; o bien en una silla baja, con la espalda apoyada en el respaldo, los pies sobre un taburete y el bebé en las rodillas, sobre un cojín, si es necesario.

Para que el bebé deje de mamar, se le debe abrir la boca bajándole con cuidado el mentón o pasándole un dedo por la comisura de los labios. No se tiene que notar ningún tipo de molestia mientras mama; en caso contrario, debe iniciarse otra vez la puesta al pecho.

Después de la toma, debe mantenerse erguido al niño para que eructe. Es posible que, al hacerlo, regurgite un poco de leche, lo que no es motivo de alarma. Si se le cambia después, debe procurarse no moverlo demasiado.

¿Cuántas tomas? ¿Durante cuánto tiempo? ¿A qué hora?

Todavía en el hospital, el primer día después del parto, el niño mama cinco minutos de cada pecho y a partir del segundo día diez minutos. Al principio, el bebé establece el número de tomas, y lo mejor es darle el pecho cuando lo pida.

Mientras la secreción de leche no se haya asentado (son precisos quince días para que se haga regular), es conveniente dar los dos pechos. Hasta que el bebé no haya vaciado el primero, no debería pasarse al segundo. Cuando tenga bastante con uno solo, se le ofrecerá el segundo pecho en la siguiente toma. El niño ha saciado su apetito cuando se duerme plácidamente. El pecho ya no está tenso (un pecho se vacía en unos diez a veinte minutos).

Poco después, los horarios de las tomas se volverán más regulares. Pueden espaciarse entre dos o tres horas.

Dar el pecho

← La posición correcta

Mantenga al niño más bien incorporado y sujétele la cabeza con la mano, con todo su cuerpo girado hacia usted.

Lo esencial es colocar la cara del niño a la altura del seno, con la boca cerca del pezón, y en una postura que sea cómoda para usted.

De forma instintiva, el niño buscará el pecho, pero no hay que dudar en ayudarlo si tiene dificultades. Puede presionarse el seno para facilitar la salida de leche.

Instalar bien al bebé ↓

El bebé debe abarcar con la boca el pezón y casi toda la areola. Hay que asegurarse de que respira por la nariz mientras mama.

La frecuencia es distinta según el niño (de cuatro a ocho tomas al día). El apetito del bebé puede variar de un día para otro y también de una toma a otra. Eso es perfectamente normal: el niño come lo que necesita y no hay motivo para preocuparse por las «raciones». No es necesario pesarlo antes y después de cada toma; basta con hacerlo una vez a la semana, por ejemplo, siempre en las mismas condiciones, a fin de controlar el crecimiento.

¿Cuándo y cómo destetar al bebé?

El destete consiste en suprimir la lactancia materna de forma progresiva para sustituirla por un tipo de alimentación a base de leche adaptada con biberón antes de los 3 meses. Pasados 3 o 4 meses, puede introducirse en la dieta, además de la leche, una alimentación variada (*véase* p. 184). El destete implica también una separación afectiva, que a veces resulta difícil, tanto para la madre como para el bebé. Además, éste deberá habituarse al contacto con la tetina y al gusto de la leche artificial. Puede ser la ocasión ideal para que el padre, que podrá dar el biberón, establezca unos lazos excepcionales con el niño. Es importante elegir un período en que el niño goce de buena salud ya que, en caso contrario, al estar más frágil, se adaptará con mayores dificultades a la nueva alimentación. El biberón debe sustituir poco a poco a la leche materna para evitar un destete traumático. Rodear al niño de cuidados afectuosos, contribuirá a superar este delicado cambio.

La decisión del momento del destete corresponde solamente a la madre, según su disponibilidad. El pediatra podrá informarla de los pasos que deben seguir-

👶 QUISIERA SABER

¿Cuál es el mejor momento para darle la toma de la noche?

- Al principio, debe dar de mamar al niño cuando éste lo pida. Puede que sea dos veces cada noche. No le dé nunca agua (ni, sobre todo, agua azucarada) para que se calme y no espere que deje de llorar por sí solo. Pronto sabrá cuál es su hora (por regla general, hacia las 2 o las 3 de la madrugada). Al cabo de seis a ocho semanas, esta toma coincidirá con la primera del día.

Me da miedo no tener leche suficiente

- La secreción de leche tarda en producirse. En cada toma, ofrezca siempre al niño los dos pechos; utilice protectores colocados bajo las copas del sujetador, que estimulan las mamas y recogen la leche (*véase* p. 154). Si alterna el pecho con el biberón, esta alimentación mixta puede provocar la disminución de la leche materna. Por otro lado, el nerviosismo contribuye también a reducir la leche materna: descanse y no se deje vencer por la inquietud.

Tengo demasiada leche. ¿Qué puedo hacer?

- Si tiene mucha leche, para evitar que las mamas se llenen en exceso, puede usar discos protectores recogeleche (*véase* p. 154), o extraerla regularmente de forma manual o con un sacaleche, y guardarla en un biberón esterilizado en la nevera, en la parte más fría, durante 48 horas.

¿Cómo son las heces del lactante alimentado con leche materna?

- Son de color amarillo pardusco, pero se vuelven verdes con facilidad; son frecuentes (hasta seis veces al día), con una consistencia muy diluida o grumosa y olor agridulce. Si el bebé presenta gases o deposiciones líquidas, ingiera menos ensaladas de frutas y de verduras, fruta cruda y zumo de frutas natural.

¿Por qué hay que dar un complemento de vitamina D al lactante?

- La vitamina D es indispensable para el lactante: favorece el crecimiento y previene el raquitismo. El organismo la produce, gracias a los rayos ultravioletas del Sol. Puede recetarse desde el nacimiento y se toma durante dos o tres años.

¿Qué cantidades de los distintos nutrientes debe tomar un niño?

- Las cantidades indicadas suelen representar los aportes aconsejados de proteínas, sales minerales y vitaminas. Están calculadas para un niño «teórico». La mejor forma de asegurar que el niño recibe el aporte adecuado de cada nutriente consiste en hacer que su alimentación sea variada cuando deje ser exclusivamente láctea.

se, indicará una leche adaptada al bebé y, si es necesario, recetará a la madre un tratamiento para reducir la secreción de leche; también es importante que ésta ingiera una menor cantidad de líquidos.

Si la madre vuelve al trabajo a los dos o tres meses, deberá iniciarse el destete a partir de la decimosexta a decimoctava semana. Para que el cambio no sea brusco, conviene mantener todo el tiempo posible la toma de la mañana (cuando las mamas están llenas) y de la noche (es necesario vaciar las mamas por la noche), los momentos privilegiados para el niño.

• Si la madre ya no tiene leche o si debe volver a la actividad profesional, fuera del hogar, lo mejor es sustituir todos los días una toma diurna por un biberón, o bien complementar las tomas con biberones de leche adaptada de iniciación (leche 1) o de continuación (leche 2), según la edad del niño. El agujero de la tetina no debe ser demasiado grande, a fin de que la leche salga despacio y el bebé pueda satisfacer su necesidad de mamar.

• Si se dispone de todo el tiempo, puede reemplazarse una toma por un biberón una vez cada dos días, preferiblemente de día. Es aconsejable que la madre ingiera menos líquidos para reducir la secreción de leche.

Cuando se haya finalizado totalmente la lactancia materna, es aconsejable ducharse los pechos con agua fría y realizar algunos ejercicios para que recobren el tono y la firmeza (*véase* p. 164).

La alimentación con biberón

En el transcurso de las primeras semanas, suele ser la madre quien da el biberón, pero el padre puede también encargarse de alimentar al niño. En la primera visita, el pediatra confirmará que la dieta alimenticia iniciada en el hospital es adecuada para el bebé; si, tras algunos biberones, se observa que el niño no tolera bien la leche, se sustituirá por otra, más adaptada.

Las leches de iniciación y de continuación

La leche adaptada de iniciación (en el envase lleva el número 1) constituye el alimento de los lactantes que toman biberón durante los primeros cuatro meses. Se prepara a partir de leche de vaca muy transformada para su adaptación a la fisiología del lactante y suele presentarse en forma de leche en polvo. No contiene los anticuerpos de la leche materna, que previenen contra infecciones. Su composición está estrictamente controlada; existe una gran variedad de marcas a la venta (en las grandes superficies o en las farmacias) pero no es necesario preocuparse, ya que el pediatra aconsejará la que le conviene más al bebé.

La leche adaptada de continuación (en el envase consta el número 2), que se da a partir de los 4 o 5 meses, obedece a las mismas normas de fabricación. Es rica en áci-

Dar el biberón

← **La posición correcta**
Póngase el niño sobre las rodillas, en posición semivertical, ni demasiado echado ni demasiado erguido. Apoye el brazo con el que lo sujeta en un cojín o en el brazo del sillón donde esté sentada. Sostenga el biberón inclinado de modo que la tetina esté siempre llena de leche para que el bebé no trague aire. Las burbujas que suben por el biberón demuestran que el bebé mama bien. Deje que los brazos del niño estén libres: debe poder tocar el biberón.

Observar la tetina ↓
Si la tetina se deforma, desenrosque ligeramente el tapón para dejar entrar un poco de aire. La nariz del niño debe estar libre para que respire con facilidad.

dos grasos de origen vegetal y en hierro. Sea cual fuere el punto de venta o la marca, tanto si se presenta en forma líquida o en polvo, todas las leches de continuación son prácticamente idénticas. Su riqueza en ácidos grasos y en hierro es la aconsejable para el niño, que debe consumir un mínimo de dos tomas al día de este tipo de leche, hasta llegar al medio litro cuando tenga un año de edad.

Preparación de la leche

Aunque últimamente ha aparecido alguna leche de iniciación que se vende ya en forma líquida y que sólo es necesario verter en un biberón esterilizado, lo más habitual es utilizar leche en polvo, en cuya preparación se podrá adaptar la concentración de los nutrientes a las necesidades específicas del bebé. El pediatra indicará no sólo la leche más oportuna, sino también el método apropiado para obtener la fórmula idónea en cada etapa de crecimiento del niño.

Para preparar el biberón con la leche en polvo, debe recordarse que la disolución se produce con mayor facilidad en agua tibia que en agua fría. Puede calentarse el agua en un calientabiberones, al baño María o en el horno microondas (que no supone ningún riesgo, pero calienta mucho). Debe comprobarse siempre la temperatura de la leche: si está demasiado caliente, el niño podría quemarse.

El biberón debe consumirse de inmediato; no es conveniente prepararlo con antelación, puesto que la leche podría convertirse en un verdadero caldo de cultivo de gérmenes. Si se va a salir o durante la noche, puede mantenerse el agua tibia dentro del biberón esterilizado y añadir la leche en polvo inmediatamente antes de dárselo al bebé.

¿Cuántas tomas? ¿Durante cuánto tiempo? ¿A qué horas?

Si se opta por la alimentación con biberón desde el momento del nacimiento, en la maternidad le facilitarán la información necesaria (*véase* p. 140). Cuando esté en casa, deben respetarse las cantidades y las proporciones de agua y de leche en polvo. No hay que obligar al niño a terminar el biberón si se niega a hacerlo durante unos quince minutos; sin duda, ya no tiene apetito.

Normalmente, un lactante de 1 mes efectúa alrededor de seis tomas al día y, en ocasiones, otra más por la noche. La cantidad consumida no suele ser la misma en cada biberón y no se reparte de la misma forma a lo largo del día. Si el bebé pide el biberón por la noche, quiere decir que la alimentación diurna no es suficiente. La hora del biberón nocturno irá avanzando progresivamente hasta coincidir con la del primer biberón de la mañana. Del mismo modo, el paso de seis a cinco, o incluso cua-

Preparación del biberón

Para preparar el biberón, así como para dar de beber al bebé, hay que usar agua natural, mineral o de manantial, siempre tras haberla hervido durante algunos minutos para garantizar su esterilidad.

Al preparar el biberón con agua y leche en polvo, se deben seguir las indicaciones del fabricante. La leche se prepara añadiendo al agua el polvo, que se mide con una cazoleta (que viene en el envase) llena pero no colmada, sin aplastar el polvo. Por norma general, la medida dosificadora contiene la cantidad de polvo que debe diluirse en 30 ml de agua.

Si el pediatra indica que los biberones deben ser de 150 ml, se debe poner en el biberón 150 ml de agua y luego añadir cinco medidas de leche en polvo. Deje que el niño beba la cantidad que quiera.

Preparar la leche ↑
Ponga en el biberón el agua previamente hervida en la cantidad necesaria, deje que se entibie y añada la cantidad de leche en polvo correspondiente.

Agitar ↓
Cierre el biberón con el tapón y el disco protector que asegura su sellado. Agítelo para mezclarlo bien hasta que no queden grumos.

tro, tomas al día se producirá de forma natural: el pediatra indicará la proporción en que debe aumentarse la dosis para cada comida. El niño aguantará intervalos cada vez mayores entre las tomas. Respete su ritmo.

Después de la toma, debe mantenerse erguido al niño un momento para favorecer el eructo. Si no se produce rápidamente, es aconsejable darle golpecitos suaves en la espalda. Si se muestra inquieto durante la toma, puede ser por la necesidad de eructar. Una vez aliviado, volverá a comer. No es motivo de preocupación que el niño devuelva un poco de leche tras la toma: sucede que ha bebido demasiada cantidad y demasiado deprisa. El niño no tiene que tomar solo el biberón hasta el año, como mínimo (si no, podría ahogarse).

Las deposiciones del lactante que se alimenta con leche de iniciación, expulsadas una o dos veces al día, son sólidas, de color amarillo pálido y grumosas. Según el tipo de leche, son parecidas a las del lactante alimentado con leche materna.

Trastornos digestivos del lactante

El recién nacido, tanto si se alimenta con leche materna como con biberón, sigue su propio ritmo para comer y para dormir. En los cuatro primeros meses debe duplicar el peso que tenía al nacer, por lo que precisa comer mucho y a menudo. Es necesario tener paciencia (comerá más a gusto lo que se le ofrezca). A pesar de su capacidad de adaptación, en algunas ocasiones puede llegar a padecer ciertos problemas: debe prestarse atención a las pequeñas molestias y evitar, si es posible, alarmarse, puesto que el bebé podría acusarlo.

El muguet

Si el bebé presenta unos puntos blanquecinos en los labios, la lengua, el paladar o el interior de las mejillas (como si fueran posos de leche), puede tratarse de una micosis (afección por hongos) llamada *muguet*. Esta afección conlleva la irritación dolorosa de la boca e impide que el niño se alimente bien. El pediatra le recetará un tratamiento antifúngico local o general y cuidados corporales estrictos que será necesario seguir entre diez y quince días hasta que desaparezcan las lesiones, que pueden propagarse a las nalgas.

Dolores de esófago

El bebé se niega a mamar, está molesto y regurgita con facilidad: los eructos ácidos le irritan la mucosa del esófago y le provocan dolores abdominales durante y después de las comidas. El pediatra le recetará

Quitar el disco protector ↑
*Después de mezclar la leche,
quite el disco protector para
colocar la tetina y ajuste el
tapón de rosca que la sujeta.
Los posibles grumos
se habrán depositado
en el disco protector y
no en el interior de la tetina.*

Enroscar la tetina ↓
*Compruebe que el tapón de la tetina,
que se adapta a la boca del biberón,
no esté enroscado al máximo.*

Comprobar la temperatura ↓
*Vierta un poco de leche en la parte interior
de la muñeca o en el dorso de la mano para
comprobar la temperatura.*

Limpieza y esterilización del biberón

Es indispensable una higiene rigurosa. Si no utiliza biberones desechables, con independencia de la técnica de esterilización utilizada (con calor o en frío), siempre se deben efectuar todas las operaciones de esterilización, secado y conservación en un lugar limpio. Manipule los biberones con las manos recién lavadas.

← Limpieza de la tetina
Con la ayuda de una escobilla, limpie en primer lugar la tetina, el tapón de rosca y el disco protector con mucho cuidado; luego, limpie el biberón. Si los lava en el lavavajillas, aclárelos después con agua caliente para eliminar cualquier resto del producto de aclarado.

↑ Limpieza del biberón
Lave el biberón con agua y jabón y aclárelo bien con agua caliente. Una vez limpios y secos, el biberón y la tetina han de esterilizarse.

Secado →
Coloque el biberón en un lugar muy limpio. Para secarlo, es mejor usar una bayeta desechable que un paño de cocina.

← Esterilización en frío
Añada al agua una dosis líquida o una tableta del producto esterilizante y sumerja bien los biberones, las tetinas y los tapones durante el tiempo indicado por el fabricante.

Esterilización por calor ↑
Si no dispone de un esterilizador eléctrico, puede usar una olla de presión: introduzca los biberones, con la tetina, el tapón de rosca y el disco protector en la parte de arriba, con dos vasos de agua. Deben pasar siete minutos desde que empieza la rotación de la válvula. Espere siete minutos antes de abrir.

un gel que se tendrá que administrar antes o después de las tomas. Tras la toma, se sujetará al bebé en posición vertical contra el cuerpo, mientras se le sostiene por la cabeza y la base de la columna vertebral. Al acostarlo, deberá tener la cabeza algo más elevada que el resto del cuerpo.

El hipo

Se trata de un movimiento reflejo del diafragma, el músculo que separa el tórax del abdomen. El hipo se presenta tras la toma y dura solamente unos minutos. No conlleva ninguna gravedad. Es signo de que los alimentos han llegado bien al estómago y lo han distendido. Por regla general, el niño soporta bien el hipo, pero no está de más hacerle mimos cuando se produzca.

Ictericia por la leche materna

Si el bebé presentaba ictericia tras el parto, es normal que la coloración amarillenta de la piel y las mucosas persista hasta pasados diez o quince días. Si se prolonga más tiempo y el niño se alimenta con leche materna, debería consultar con el pediatra: probablemente se trate de ictericia por leche materna. Esta situación, que no reviste ninguna gravedad, no supone que deba suprimirse la lactancia materna. Desaparecerá si se elimina la leche materna o bien si ésta, después de extraerse con un sacaleche, se calienta hasta alcanzar los 57 °C.

Negativa brusca a comer y a beber

El bebé rechaza el pecho o el biberón, se queja a intervalos regulares y sufre vómitos, llora y se mueve agitando las piernas sin que nada consiga tranquilizarlo. De repente, palidece agotado y, luego, el dolor vuelve a empezar. Debe acudirse a un servicio de urgencias: es posible que una porción del intestino se haya metido hacia dentro como «al darle la vuelta a un calcetín», lo que ha provocado una oclusión intestinal: es lo que se denomina *invaginación intestinal aguda*.

LOS CÓLICOS

¿Por qué llora el bebé? ¿Se encuentra mal? ¿Tiene hambre? ¿Qué quiere? ¿De qué se queja? Hasta los 3 meses, tanto si se les alimenta con leche materna como si se les da el biberón, ciertos bebés lloran de forma inexplicable y periódica.

Tradicionalmente, estos llantos, a menudo violentos, se atribuyen a una sensación de «malestar» relacionada al mismo tiempo con un conjunto de problemas digestivos y con las dificultades de establecer los ritmos del sueño. Suelen producirse al final de la tarde. El niño está molesto, aunque ha comido hasta saciarse, ha eructado y se desarrolla con normalidad. Pronto se aprende a distinguir el llanto de hambre, de enojo, de sufrimiento y de llamada.

⚕ No se duerme, o se ha dormido pero se despierta demasiado pronto; grita y llora con fuerza, se retuerce y palidece; está incómodo. No tiene necesariamente hambre. No hay que darle una toma suplementaria, sino cogerlo en brazos, mecerlo o aprovechar ese rato para sacarlo a pasear; el vaivén del cochecito puede calmarlo y conseguir que se duerma.

⚕ Tiene la barriga hinchada, tensa y sonora; echa gases más o menos olorosos. Ha tragado demasiado aire al beber o al llorar. Lo mejor es darle una masaje suave en la barriga, de derecha a izquierda, al cambiarle, pasearlo poniéndole la mano en el vientre; el contacto y el calor de su mano pueden bastar para calmarle; acuéstelo boca abajo.

⚕ Las deposiciones del niño desprenden a menudo un olor agridulce, son poco consistentes y de un color verdoso; su acidez puede favorecer la aparición de lesiones rojizas y supurantes en las nalgas: la dermatitis amoniacal o de Jacquet. La alimentación rica en lactosa de la leche conlleva un exceso de fermentación. Una pomada cicatrizante o un tratamiento específico recetado por el pediatra pondrán fin a las zonas enrojecidas.

⚕ Está estreñido, llora, se retuerce, defeca con dificultad y se pone colorado cuando intenta expulsar las deposiciones, que son poco frecuentes, secas y fragmentadas en bolitas. Es aconsejable darle un masaje en la barriga y un poco agua o de zumo de frutas. Si le da el pecho, coma más frutas de temporada. Cuando los problemas persisten, consulte con el pediatra; no administre laxantes al niño, no lo atiborre de zumos de frutas, que irritan los intestinos, y no cambie de leche sin el consejo del pediatra.

Los alimentos nuevos en la dieta del bebé

El interés nutritivo de la fruta y la verdura en el momento de la diversificación de la alimentación del bebé no es prioritario. Mientras el bebé tome leche materna o leche de iniciación (si se alimenta con biberón), prácticamente están aseguradas todas sus necesidades nutritivas (eventualmente con excepciones, por ejemplo en lo referente a la vitamina D o al flúor). Así pues, no es necesario ofrecerle nada más. Sin embargo, es posible que el placer y el deseo de descubrir cosas hagan que encuentre gusto en probar sabores nuevos.

A los 3 meses

Pueden empezar a incluirse cereales en la dieta. Las papillas de trigo y de maíz para niños desde 4 meses, de preparación instantánea, sin azúcar y sin gluten suponen un buen comienzo. Mezcladas con leche, a razón de dos cucharaditas en el último biberón del día, tranquilizarán al niño que se despierta por la noche.

A los 4 meses

Seguramente, una vez familiarizado con los cereales, al bebé le gustará la verdura. Pueden añadirse, de forma muy progresiva, en el biberón de mitad del día, por ejemplo, una cucharadita de verduras hervidas y trituradas, o una cucharadita de puré de potito. Las productos especiales para niños (en caja o en tarrito) están sometidos a controles de las condiciones de cultivo y de la calidad de las materias primas; asimismo, se llevan a cabo otros controles en el transcurso de la producción. Todo esto garantiza la esterilidad del producto.

También puede prepararse el biberón de mitad del día sustituyendo una parte del agua por un caldo de verduras (el agua de la cocción de las verduras, sin sal; conservación: veinticuatro horas en la nevera).

Si el bebé acepta comer con cuchara, se le podrá ofrecer una cucharadita de verduras cocidas, en forma de puré. Puede tratarse, por ejemplo, de una verdura a la que se le añade un poco de patata para proporcionar mayor untuosidad al puré. Las distintas opciones incluyen: judías verdes, calabacín, tomate (sin piel ni pepitas), espinacas, acelgas, remolacha, zanahoria, calabaza, lechugas cocidas variadas, endivias, alcachofa y setas.

También puede utilizarse fruta cocida o cruda, muy madura y sin piel. Sin embargo, al principio, no hay que incluir ningún tipo de baya (fresas, frambuesas, moras) que contenga granos demasiado duros. Se tritura una o más frutas en el último momento (en caso contrario, se favorece la pérdida de vitamina C de la fruta pelada o del zumo) con un poco de plátano o de manzana, para ligar el resto de frutas y conferir un sabor y un color determinados. No debe añadirse azúcar: así, el bebé se familiarizará con los sabores auténticos. En el momento de introducir la fruta, en vez de compotas, preparadas en casa o de potito, también se puede recurrir a zumos de frutas.

En lugar del zumo de fruta, que se ofrecerá al acabar la comida, la otra única bebida que debe tomar el niño es agua. Si el bebé no quiere tomarla cuando parece que debería hacerlo, no significa que no le guste: sencillamente, no tiene sed. Deberá insistir más tarde.

No conviene efectuar cambios demasiados bruscos, que provocan problemas digestivos (quizá debidos a una adaptación insuficiente de la flora intestinal), rechazos o dificultades para aceptar los gustos nuevos o las presentaciones distintas (mezclas no homogéneas, más o menos grumosas, ofrecidas con la cuchara).

A los 5 meses

Después de un mes de experiencias con los placeres derivados de los cereales, la fruta y la verdura, ha llegado el momento de empezar a introducir alimentos de origen animal: huevos, carne y pescado.

Todas las carnes son buenas, siempre que se cocinen con poca cantidad de grasa (carne roja o blanca, asada o hervida, jamón, hígado, volatería). En cuanto al pescado, es preferible que no tenga un sabor demasiado fuerte. En el caso de los huevos, dado que la clara cruda es una sustancia que puede provocar alergias, se recomienda cocerlos hasta que estén duros.

La higiene del bebé

El bebé debe estar siempre limpio para gozar de bienestar y salud. El baño constituye también un momento único de contacto y de diversión. Además, para sentirse totalmente a gusto, el bebé tiene que utilizar prendas que le permitan moverse con total libertad.

El bebé se ensucia con mucha rapidez. Así pues, se impone una cuidadosa higiene diaria. Además, muy pronto el ritual del baño se convertirá en algo que le resultará familiar.

También es el momento en que los padres pueden ver al niño desnudo y cerciorarse de que todo marcha bien. Los cuidados particulares necesarios de las nalgas, el ombligo y la cara sirven para prevenir o combatir las pequeñas molestias que en ocasiones afectan a la piel sensible del bebé. Háblele con dulzura, acarícielo, juegue con él; al bebé le gustarán mucho estos momentos de intimidad y de descubrimiento de su cuerpo antes de volver a estar vestido. Asimismo, es importante cambiar a menudo al niño, tanto por motivos de higiene como para que goce de una mayor comodidad.

El baño cotidiano

En el hospital bañan al niño durante la hora posterior al nacimiento, en ocasiones en presencia del padre cuando éste ha asistido al parto. En contra de lo que se creía hasta hace pocos años, la presencia del cordón umbilical, que todavía sin cicatrizar, no supone ninguna contraindicación. El recién nacido se reencuentra así con el medio acuático en el que se ha desarrollado durante su evolución en el útero materno. Posteriormente, en casa, es aconsejable bañarlo a diario.

¿Cuándo debe bañarse al niño?

No existe un momento concreto para el baño, pero lo mejor es que los horarios del día mantengan cierta

Los cuidados del cordón umbilical

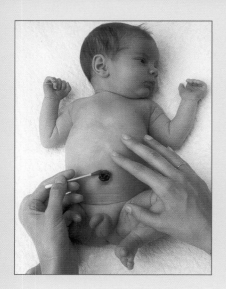

← Desinfectar el ombligo
Cada día, hasta la caída del extremo del cordón, aplique alcohol de 60° con un bastoncillo de algodón, seguido de un antiséptico incoloro o de color no muy intenso con el otro extremo del bastoncillo.

Poner el apósito →
Recubra el extremo del cordón ya desinfectado con una gasa estéril. Si lo prefiere, una vez limpio el ombligo con agua y bien seco, también puede poner el producto antiséptico en el mismo apósito.

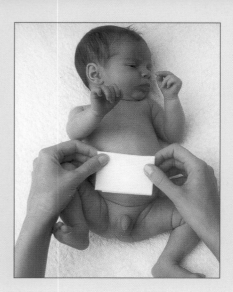

regularidad, puesto que ello proporciona seguridad al bebé y le ayuda a establecer puntos de referencia temporales. Para bañarlo en buenas condiciones, es preferible elegir un momento en que el bebé no tenga demasiada hambre ni esté enojado. El baño también se debe evitar inmediatamente después de una comida: porque eso podría hacerle regurgitar la leche que ha tomado.

Antes de bañarlo, debe comprobarse que la temperatura del cuarto de baño o de la habitación que se va a utilizar sea la adecuada (entre 22 °C y 25 °C), ya que el bebé se enfría muy deprisa.

¿Qué hay que preparar?

Antes de sacar al bebé de la cuna debe tener a punto todo lo necesario para el baño y para después del baño, de modo que se encuentre al alcance de la mano. No es cuestión de dejar al niño solo en el vestidor, ni tan sólo un segundo. Si no se dispone de vestidor, servirá una colchoneta especial recubierta con una toalla. No es indispensable contar con una bañera especial para bebés: si hay bañera en la casa, existen hamacas de baño regulables que se adhieren al fondo.

Elementos necesarios: jabón líquido suave (el gel de baño u otros productos de tocador pueden provocar alergias o irritaciones locales), una toalla o un albornoz, una manopla o una esponja, un cepillo para el cabello, pañales, ropa interior de algodón y prendas de vestir limpias. Para los cuidados: compresas, algodón, bastoncillos de algodón, gasas, suero fisiológico, alcohol de 60°, un antiséptico, aceite de almendras, vaselina y alguna pomada cicatrizante.

¿Qué hay que hacer?

Se llena la bañera de agua y, antes de meter al niño, debe verificarse siempre la temperatura con el dorso de la mano o con el codo, o bien con un termómetro de baño: el agua debe estar tibia (37 °C). Se pone al bebé en el vestidor, se le desnuda y se le limpian las nalgas para evitar ensuciar el agua (*véase* «Limpieza de las nalgas», abajo). Después, se enjabona al bebé de la cabeza a los pies en el vestidor, directamente con la mano

El baño

Primero, lavar las nalgas ↑
Cuando se ha desnudado al niño en el vestidor, se procede en primer lugar al aseo de las nalgas para que el agua del baño no se ensucie. Límpielas con los extremos del pañal y, luego, use una toallita suave, una manopla reservada para este fin o un algodón. Empápelo en agua tibia y utilice jabón líquido suave o un producto hipoalergénico.

Enjabonar al niño ↓
Enjabone totalmente al bebé con una toallita suave, una esponja o manopla de baño o la misma mano. Empiece por la barriga: será más agradable para el niño. Insista en los pliegues del cuerpo y en los genitales. No olvide el cuero cabelludo: no tema enjabonarle la cabeza, las fontanelas resisten perfectamente este masaje que impedirá la aparición de costras.

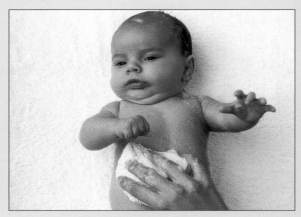

o con una manopla. Debe insistirse en los pliegues y en los genitales, sin olvidar la cabeza. Posteriormente, se le sumerge con cuidado y de forma progresiva en el agua para aclararlo, mientras se le reconforta con palabras y gestos. Pásele una mano bajo la axila y así con el brazo también le sujetará la cabeza.

También puede empezarse por sumergir al niño, con las mismas precauciones, y enjabonarlo dentro del agua poco a poco. Al principio, es posible que este método parezca más difícil. Cuando el bebé se sienta confiado en el baño, póngalo boca abajo, sujetándolo por debajo del pecho. En el agua, se relaja enseguida: déjelo chapotear un poco pero sin dejar de vigilarlo. Da lo mismo que suene el teléfono en ese instante o que otro miembro de la familia reclame su presencia: no deje nunca solo al niño en el baño, ni siquiera aunque haya muy poca cantidad de agua.

¿Qué hay que hacer a la salida del baño?

Al igual que la entrada en el agua, la salida es un momento delicado. Hay que aclararse bien las manos an-tes de sujetar al bebé, para que no resbale como una pastilla de jabón. Cuando el niño esté fuera del agua, debe evitarse a toda costa que se enfríe. Envuélvalo enseguida con una toalla y empiece a secarle la cabeza dándole toques suaves con la toalla o con un tejido suave (de algodón, preferentemente). No debe olvidarse la parte de detrás de las orejas ni los pliegues del cuello. Se procederá del mismo modo en las extremidades, las nalgas y las axilas.

cuidados especiales

El baño es el momento ideal para proporcionar al bebé los cuidados especiales necesarios en diversas zonas de su cuerpo: las nalgas, los órganos genitales y el cuero cabelludo. Cuando el bebé está bien seco, ha vuelto a entrar en calor y patalea con libertad en el vestidor, ha llegado el momento de ocuparse de su cordón umbilical (hasta que haya caído). Más tarde, con los pañales puestos y ya vestido, se emprenderán los cuidados de la cara.

En la bañera →

Ponga una mano por debajo de la axila del niño, para sujetarle la cabeza con el brazo, y cójalo firmemente por el hombro. Sumérjalo con cuidado en el agua y, con la otra mano, aclárelo mientras le habla con cariño para tranquilizarlo. El niño se relaja poco a poco en el agua y mueve las piernas con gusto. Al cabo de unos días, cuando se haya acostumbrado al baño, le podrá mantener boca abajo sujetándolo con un brazo por debajo del pecho y procurando que le quede siempre la cabeza totalmente fuera del agua.

Cuando haya sacado al niño del agua, envuélvalo enseguida con una toalla seca o un albornoz de baño para que no coja frío. A continuación, le secará con toquecitos suaves, sin frotar.
Empiece por la cabeza, siga por todos los pliegues, bajo los brazos, las ingles, entre las nalgas y tras las rodillas.

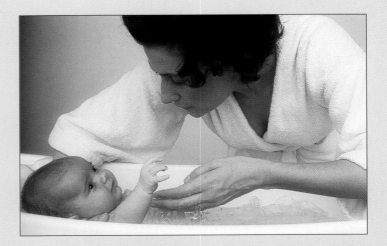

Las nalgas

Aparte del momento anterior al baño, debe cambiarse con frecuencia al bebé (de cuatro a seis veces al día). Lo mejor es limpiarle las nalgas con una toallita humedecida o un algodón empapado con agua tibia y jabón líquido suave, y secarlo de inmediato. Si se produce una irritación (dermatitis amoniacal o de Jacquet, *véase* p. 190), puede aplicar una pomada cicatrizante sobre la zona afectada pero, si tiene dudas, consulte al pediatra. Si la irritación es intensa, conviene dejarle las nalgas al aire y usar pañales de algodón hidrófilo, poniendo las tiras directamente en la braguita de algodón y evitando así cualquier contacto con el plástico.

Los órganos genitales

Requieren cuidados especiales porque están particularmente expuestos a irritaciones.
• En la niña. La vulva es una zona de secreciones; es necesario enjabonarla y aclararla de delante hacia atrás, prestando atención a los pliegues.

• En el niño. Se debe desplazar delicadamente hacia atrás la piel que recubre el glande (el prepucio) y volverla a llevar con cuidado hacia delante después de haber limpiado la zona. Es muy importante no insistir si la manipulación resulta difícil. El niño estará igual de limpio aunque no se haya retirado la piel del glande. Hasta pasados varios meses, no existe riesgo de infección debido a un prepucio demasiado estrecho (fimosis) (*véase* p. 395). Sólo es necesario observar si aparece enrojecimiento, calor o hinchazón inusuales, signos de una posible inflamación.

El cuero cabelludo

Para prevenir la formación de costras de leche debidas a la secreción de sebo, pase la mano empapada con jabón líquido suave por la cabeza del bebé y luego aclárela con agua abundante todos los días. No debe temerse tocar las fontanelas: éstas son flexibles pero resistentes (*véase* p. 138). Luego, puede utilizarse un champú suave especial para bebés, unas dos o tres veces a la semana.

Los cuidados de la cara

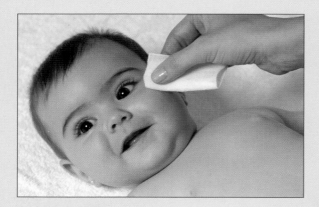

Los ojos ↑
Pase una gasa estéril empapada en agua previamente hervida o suero fisiológico sobre el ojo, desde el ángulo interno (donde se encuentra la glándula lagrimal), cerca de la nariz, hacia el ángulo externo.
Cambie de gasa para limpiar el otro ojo. Si el ojo del niño lagrimea o si secreta mucosidades amarillentas que se le pegan a los párpados, consulte con el pediatra. Los ojos del bebe son frágiles; debe impedirse que les entre agua durante el baño.

Las orejas ↓
Use un bastoncillo de algodón impregnado en suero fisiológico o agua estéril. Vuelva la cabeza del bebé hacia un lado y límpiele la oreja, repasando todos los pliegues.
Limítese a la entrada del oído porque, si mete el algodón dentro del oído, podría introducir el cerumen más hacia el tímpano y provocar la formación de un tapón. Cambie de algodón para la otra oreja.

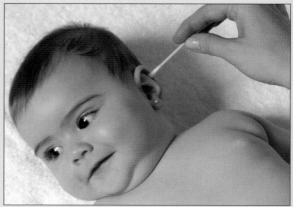

Si se forman costras, por la noche se untará la cabeza del niño con vaselina o con aceite de almendras y, a la mañana siguiente, se lavará y se aclarará; las costras humedecidas se desprenderán. Unas gotitas de colonia para bebés (con poco alcohol) en la cabeza aportan una nota agradable después baño, aunque no son necesarias.

El cordón umbilical

Al nacer, se corta el cordón umbilical a unos centímetros del cuerpo del bebé. Gracias a los cuidados posteriores (*véase* p. 185), el trocito que queda debe secarse y caer espontáneamente antes del décimo día. Si pasados quince días no ha caído por sí solo, o si se enrojece, supura, desprende un olor desagradable y se forma un bulto, consulte con el pediatra.

Tras la caída del cordón, en ocasiones persiste una pequeña hernia que hace sobresalir el ombligo; pero ésta desaparecerá de forma progresiva: no sirve de nada intentar reducirla mediante la compresión del ombligo del bebé.

LAS UÑAS

Es mejor no cortar las uñas a un bebé antes de que cumpla un mes como mínimo, ya que se corre el riesgo de cortar la piel de los dedos. Por regla general, al principio las uñas se rompen espontáneamente. Sólo se debe cuidar que el bebé no se arañe la cara con unas uñas demasiado largas. Si eso sucede, se le pueden poner unas manoplas de algodón especiales. Pasados los 3 meses, ya se le pueden cortar las uñas (pero no demasiado cortas) con unas tijeritas especiales de puntas redondeadas, dejando que la uña sobresalga un poco de la carne del extremo del dedo.

La cara

Para limpiar la cara del pequeño, basta con un algodón empapado en agua previamente hervida y enfriada. Debe prestarse especial atención a los lugares escondidos: los pliegues del cuello y la parte posterior de las

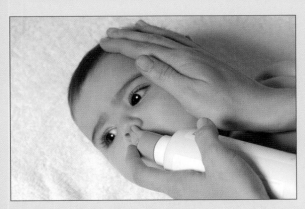

La nariz ↑
La nariz se limpia sola gracias a los minúsculos pelos que la tapizan y que repelen las partículas de polvo y las mucosidades hacia los orificios nasales. Basta con uno o dos estornudos para expulsarlas. Sin embargo, se pueden formar unas costras pequeñas que molestan al recién nacido porque durante las primeras semanas no sabe respirar por la boca. Estas costras se pueden eliminar introduciendo a presión suero fisiológico o un preparado específico.

El aspirador nasal ↓
Otra forma eficaz de eliminar las mucosidades que impiden respirar al bebé con comodidad es recurrir a un aspirador nasal. En el mercado, existen diferentes modelos pero todos son muy sencillos de emplear y funcionan de forma similar: se introduce uno de los extremos del aparato en la nariz del bebé y, por el otro, se aspira con fuerza para que las molestas mucosidades salgan de la nariz.

orejas, donde con frecuencia se presentan pequeñas lesiones con supuración y costras, que cicatrizan rápidamente con un antiséptico. Estas zonas deben lavarse regularmente y secarse con cuidado.

La piel frágil del bebé

La piel del bebé es especialmente sensible. Para evitar irritaciones e infecciones conviene seguir algunas reglas de higiene básicas: mantener la piel siempre limpia e hidratada, evitar las fricciones debidas a los pañales o a la ropa demasiado ajustada. A pesar de todos los cuidados, pueden presentarse a veces ciertas afecciones, que precisan de asistencia médica.

• Dermatitis amoniacal o de Jacquet. Se trata de una irritación frecuente en el lactante, debida principalmente a la agresión de la orina, las deposiciones y la flora bacteriana a la que se ven expuestas las nalgas. Si, a pesar de las precauciones (supresión de todos los productos causantes de alergias y utilización de pañales de algodón hidrófilo), las lesiones supuran, debe consultarse con el médico.

• El eccema del lactante. Poco frecuente antes del tercer mes, normalmente se localiza en la cara (a excepción de la nariz y el mentón), detrás de las orejas y puede extenderse a los pliegues de las articulaciones, el pulgar y los pezones. La piel se enrojece por zonas, se forman pequeñas vesículas que contienen un líquido transparente, y el bebé siente la necesidad de rascarse. Debe consultarse con el pediatra.

• El acné neonatal. Con frecuencia, a partir de la cuarta semana, se producen accesos de estos puntitos blancos sobre fondo rojo en la cara y el pecho. Pueden persistir durante varias semanas. Aparte de la higiene habitual, no existe ningún otro tratamiento preventivo.

Cambiar y vestir al bebé

Una vez lavado el bebé, secado y atendido, llega el momento de ponerle el pañal y vestirlo. No importa tanto la cuestión estética como que la ropa no sea demasiado ajustada y que el niño pueda moverse a sus anchas. No debe tener ni demasiado frío ni demasiado calor, ya que

La limpieza de las nalgas

← En el niño
Ponga al bebe boca arriba y, con una mano, levántele las piernas. Con la otra, utilice un algodón o una toallita húmeda para limpiar las nalgas y los muslos a fin de eliminar la suciedad. Enjabone y aclare bien, utilizando para ello otro trocito de algodón.

En la niña ↓
Levántele las piernas con una mano y, con la otra, limpie las nalgas con una toallita húmeda o algodón.
Repase todos los pliegues, entre los labios, siempre de delante hacia atrás. Seque bien la zona.

Limpiar bajo el prepucio →
Sobre el vestidor, o en la bañera mismo, enjabone y luego aclare la zona bajo el prepucio. Pero no insista en retirar la piel del glande si no lo consigue haciéndolo con suavidad. Seque la zona con un algodón.

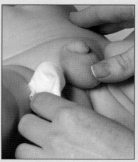

su capacidad de regulación térmica no le permite adaptarse a las diferencias bruscas de temperatura. La temperatura ambiente debe situarse alrededor de los 20 °C.

Los pañales

Lo más práctico son los pañales desechables. El tamaño debe adaptarse al peso del niño (se deben seguir las indicaciones que incluyen al respecto los paquetes de pañales). Ahora bien, si el bebé es alérgico a este tipo de pañales, pueden utilizarse los pañales de algodón tradicionales y una braguita cubrepañal de plástico.

Debe procurarse no tapar el ombligo si aún no ha cicatrizado y, para ello, se doblará la parte superior del pañal bajo esta zona antes de fijar las cintas adhesivas laterales, que no deben apretarse más de lo que sea necesario para evitar escapes.

Aparte del momento del baño, debe cambiarse a menudo al bebé: de cuatro a seis veces al día, preferiblemente a la hora de las comidas y cada vez que llore porque está molesto. En cuanto se perciba un olor sospechoso, se debe proceder a cambiar al niño de inmediato, sin esperar a que esté incómodo y lo demuestre mediante el llanto.

Las prendas de vestir

Deben ser prácticas y holgadas, en particular en las sisas y los puños. También deben permitir cambiar al niño con facilidad: primero, una camiseta de algodón, luego el pañal y la braguita de algodón y, por último, la ropa del día. En invierno, precisará un jersey de lana sobre la ropa interior. La barriga del bebé ha de quedar siempre tapada y que la ropa interior no se le suba por debajo del resto de prendas. Para ello es muy útil la ropa de una sola pieza, o body, que se cierra en la entrepierna. En casa, el niño no debe estar demasiado abrigado.

Al principio, es conveniente evitar las prendas que se ponen por la cabeza: a los pequeños no les gustan. También es mejor no usar imperdibles para fijar las prendas, ya que pueden abrirse o molestar al niño y ni cintas que podrían enroscársele alrededor del cuello. Para fijar las prendas que se abrochan por la espalda, hay que poner al niño boca abajo.

Cómo cambiar al bebé

Colocar el pañal ↓
El bebé está echado boca arriba en el vestidor. Acaba de proceder a la limpieza de las nalgas (véase página anterior). Levántele las nalgas y deslice bajo ellas la mitad del pañal limpio.

Doblar el pañal →
Pásele la mitad del pañal restante por entre las piernas. Si el ombligo todavía no ha cicatrizado, asegúrese de doblar la parte superior del pañal por debajo de esa zona.

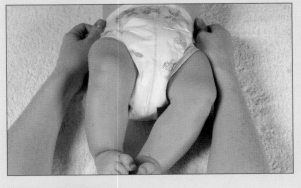

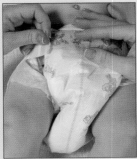

← Cerrar el pañal
Fije bien las dos partes del pañal con las cintas adhesivas para evitar que se escape nada por los lados, pero sin apretar demasiado.

Cómo vestir al bebé

← Empezar por arriba →
Ahora que el bebé está bien limpio y seco, le toca vestirse. Empiece por colocarle el jersey o la camiseta de algodón.

Proceder por orden →
Si le va a poner un jersey de manga larga, acuérdese antes del baño de introducir uno de los jerseys dentro del otro; de ese modo el bebé sólo tendrá que pasar las mangas por los brazos una vez.

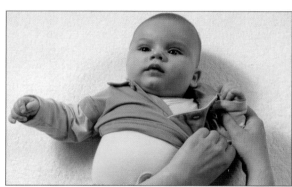

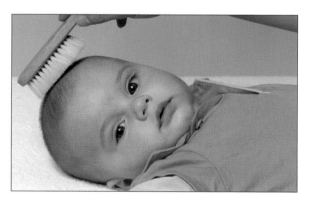

← Poner la parte de abajo
Al igual que las mangas, las perneras del pantalón o del peto deberán ser anchas para poderlas replegar sobre sí mismas y pasarlas luego por las piernas del bebé sin esfuerzo. Recuerde que no debe llevar las prendas muy ajustadas para poder moverse a su gusto.

Sobre todo, práctico ↓
Las camisas y las camisetas tienen tendencia a salirse del pantalón. Los bodies que se ajustan a la entrepierna, los monos y los pantalones con tirantes impiden que la barriga del niño quede destapada.

Peinar al bebé →
Una vez limpio y vestido, ya tenemos al bebé totalmente cómodo. Para acabar, pásele el cepillo con suavidad por los cabellos, con unas gotitas de agua de colonia (con poco alcohol). Será un agradable final para el baño.

El sueño

Para el bebé, dormir constituye una función primordial. La calidad del sueño influye directamente en su salud y su desarrollo. Para los padres, saber reconocer los ritmos y las fluctuaciones del sueño contribuye al equilibrio familiar y, con ello, a la plenitud del niño.

Mientras duerme, el bebé termina de desarrollarse tanto físicamente como en lo que se refiere a sus funciones cerebrales. La hormona del crecimiento se secreta en las fases de sueño lento. Durante las fases de sueño paradójico (*véase* el apartado «Los seis estados de sueño y vigilia del recién nacido», en el recuadro), se inscriben en la memoria las primeras experiencias, lo que aprende cuando está despierto. Por este motivo, resulta fundamental respetarle los ritmos del sueño, cuya regularización se alcanza de forma progresiva. Los cuatro primeros meses suponen básicamente un período de adaptación difícil para el bebé y es preciso facilitárselo creando a su alrededor un clima afectivo relajado. El bebé es muy sensible al estado de ánimo de quienes lo rodean y necesita mimos. Así pues, hay que tratarle con dulzura, pero sin olvidar la firmeza. Hay que saber dejar llorar al niño en la cuna antes de apresurarse a darle de comer, por ejemplo, si no le toca. Necesita organizarse el sueño él solo. De este modo se le ayuda a adquirir autonomía y equilibrio.

El primer mes: pendientes del recién nacido

El recién nacido tiene que hacer muchas cosas. Tiene que adaptarse a un entorno sonoro, visual y afectivo que va descubriendo día a día, siempre dominado por sus propios ritmos biológicos y sus funciones naturales: el sueño y el hambre, una sensación nueva, que experimenta desde que no recibe alimentos a través del cordón umbilical.

Respete su sueño

El recién nacido duerme mucho: de dieciséis a veinte horas al día, de las que más de la mitad son de sueño paradójico. Durante las primeras semanas, no distingue entre el día y la noche. Se despierta llorando porque tiene hambre, por regla general, cada tres o cuatro horas. Debe procurarse no interferir en su sueño, ya que necesita enlazar de forma natural las fases de vigilia y de sueño para conseguir adaptarse. Deberá intentar seguir su ritmo: duerma cuando él duerme, así podrá recuperarse al máximo. Mantenga a su alrededor un entorno tranquilo y armonioso, no con un silencio absoluto pero sí con ausencia de ruidos fuertes (aspirador, portazos, etc.). Aproveche sus ratos de vigilia para alimentarlo, cuidarlo, mimarlo y sacarlo a pasear. Será necesario esperar aún algunos meses más, según el bebé, para que se despierte menos de noche.

Tranquilícelo

El niño se adapta mejor a la nueva vida si se le proporciona sensación de seguridad. Unos cuantos principios básicos sirven para crear las condiciones adecuadas:

• Cama o cuna confortables. El bebé pasa echado muchas horas y el capazo, tan agradable, pronto se le que-

HAY QUE DEJARLO DORMIR

Es inútil intentar «educar» el sueño del recién nacido: hay que dejar que encuentre él solo sus ritmos. Se necesitan varios meses para que consiga el equilibrio. No se deben perturbar los ciclos de sueño del bebé. No hay que confundir los estados de vigilia con los de sueño paradójico activo, en que parece agitado, abre los ojos, sonríe o lloriquea dormido. No lo coja porque crea que la llama; le costará volverse a dormir. Espere a que se manifieste de forma más clara. Pronto distinguirá la diferencia. Si llora, conviene ir a verlo para asegurarse de que todo va bien, pero se debe resistir el impulso de cogerlo y darle de mamar. De este modo, se evitará el círculo vicioso de la agitación y la sobrealimentación, que sólo conseguirá distanciar más al niño del sueño.

da pequeño. Al niño le gusta reconocer el color, el olor y la forma de su cama. Le encantará contar con algunos elementos que se convertirán en un universo familiar y divertido: algunos peluches, un móvil, etc.

• No cambiarlo de cama. Si se le pasa a otra habitación para mantenerlo tranquilo, conviene llevarlo en su cuna para que conserve los puntos de referencia. Del mismo modo, en las salidas de fin de semana o de vacaciones, es aconsejable llevar la cuna plegable, que se ha convertido en algo familiar.

• Cogerlo en brazos tras las tomas. Echado sobre su madre o acurrucado en brazos de su padre, recupera las voces, los olores y los gestos que lo tranquilizan. Pero hay que separar los mimos del adormecimiento para que aprenda a dormirse solo en la cama.

Déjenlo llorar

De vuelta en la cama tras los mimos posteriores a la toma, si todavía no lo ha hecho, puede dormirse a costa de algo de llanto. Hay que dejarlo llorar: es su forma de adquirir el sueño. Evidentemente, debe comprobarse que no le incomode nada, que no tiene demasiado calor y que va limpio, pero no hay que volverlo a coger en brazos: si los lloros persisten, pruebe a tocarlo con la mano para tranquilizarlo mientras le dice algunas palabras o le canta una canción de cuna, pero sin estimularlo demasiado; acabará por dormirse. No conviene que la madre lo lleve a su cama por la noche, ya que podría quedarse dormida antes de volverlo a poner en la cuna, con el riesgo de dañarlo sin querer.

De 1 a 4 meses: adquisición de los ritmos del sueño

Poco a poco, el bebé aprende a distinguir entre el día y la noche, de modo que permanece más tiempo despierto de día y duerme más por la noche. Pero este período de transición, durante el que va adquiriendo el tipo de sueño del adulto, no excluye ciertas dificultades, especialmente al final del día.

Alternancia del día y la noche

Para acompañar al niño en el aprendizaje del ritmo día/noche, se ofrecen a continuación algunos consejos que deberían facilitarle la adaptación sin brusquedades.

LOS SEIS ESTADOS DE SUEÑO Y VIGILIA DEL RECIÉN NACIDO

Para el adulto, el sueño es la sucesión de varios ciclos que comprenden dos grandes períodos: el sueño lento y el sueño paradójico, llamado así debido a la aparente contradicción entre el estado de sueño y la animación del cuerpo de la persona dormida: rostro expresivo, movimientos oculares desordenados, pulso y respiración rápidos y actividad eléctrica cerebral más intensa (es cuando se sueña).

Entre el sueño y la vigilia, el recién nacido puede situarse en uno de los seis «estados» siguientes. El conocimiento de estas distintas fases permite comprender mejor las reacciones del niño y respetar sus necesidades.

☼ Fase 1: sueño lento. El bebé duerme con los puños cerrados, sin la menor agitación visible, pero sus músculos se mantienen tónicos. Durante esta fase se secreta la hormona del crecimiento.

☼ Fase 2: sueño paradójico activo. El bebé se muestra agitado, con expresiones faciales (sonrisas, crispación), mueve los ojos bajo los párpados entreabiertos, las manos o los pies efectúan ligeros movimientos y su respiración es irregular, con pausas que pueden durar quince segundos. Da la impresión de que el niño se va a despertar en cualquier momento.

☼ Fase 3: adormecimiento. El bebé se encuentra en un estado provisional de semisomnolencia. No hay que cogerlo ni hablarle en este momento: podría despertarse.

☼ Fase 4: vigilia tranquila. El bebé está tranquilo, atento a su entorno, se mueve poco pero «responde» con el esbozo de una sonrisa o una expresión.

☼ Fase 5: vigilia activa. El bebé presenta una gran tonicidad y se muestra más bien agitado, mueve los brazos y las piernas. Da la impresión de poderse poner nervioso con facilidad.

☼ Fase 6: vigilia agitada. El bebé se pone nervioso, gime, llora intensamente y, a pesar de todos los esfuerzos, no se calma. Durante las primeras semanas, estas fases son más frecuentes y más prolongadas que las de vigilia tranquila o de sueño lento. Más adelante se van reduciendo hasta desaparecer hacia el tercer mes.

• *Diferenciar las tomas del día y las de la noche.* Desde el comienzo, deben adoptarse rituales distintos. De día, los ruidos cotidianos, las voces o la música estimulan al bebé. Por la noche, todo debe estar en silencio. Conviene mantener este ambiente, reducir la intensidad de la luz, no hablarle demasiado ni intentar arrancarle sonrisas y volverlo a acostar inmediatamente después del eructo. Tras la última toma del día, es importante crear las condiciones adecuadas para irse a dormir: después de haberlo cambiado, póngale el pijama, acuéstelo, dele las buenas noches, corra las cortinas y apague la luz. Poco a poco, irá comprendiendo la diferencia.

• *Espaciar las tomas.* Reducir, muy lentamente, el número de tomas nocturnas, con la oportuna modificación de la cantidad de leche, contribuirá a que pierda la costumbre de alimentarse de noche. A partir del segundo o del tercer mes, cuando el niño pesa alrededor de 5 kg, dispone de reservas suficientes para no precisar alimentarse por la noche. Si llora, no debe apresurarse en cogerlo ni a alimentarlo; es mejor dejarlo llorar un poco. Quizá todavía no se haya despertado del todo o bien aún no se haya llevado el pulgar a la boca para succionarlo, lo que le calmará del todo. Hay que dejar que vuelva a dormirse solo. Si persiste en el llanto, tranquilícelo en silencio y a oscuras, sin cogerlo. Hasta los 4 meses, el bebé no consigue dormir entre nueve y diez horas seguidas todas las noches, por lo que conviene responder a sus necesidades con tranquilidad y dulzura, pero también con firmeza.

• *No deje que el niño duerma con o cerca de usted.* En especial tras el primer mes, es mejor que tenga, si no una habitación propia, por lo menos sí su rincón particular.

Si duerme cerca, notará que están atentos a sus menores movimientos y deseos y le costará más organizarse el sueño por sí solo.

El llanto al final de día

Entre la segunda y la décima semanas, con un máximo de intensidad hacia la sexta semana, sucede a menudo, al caer la noche, entre las 17 y las 23 h, que el bebé empieza a llorar y a retorcerse, con todos los signos de un malestar intenso. Sin embargo, está limpio, ha comido bien, ha eructado, no tiene demasiado calor... Se trata de «la ansiedad del anochecer» (los pediatras hablan de disritmia vespertina). No existe motivo de alarma. Se trata de algo frecuente y pasajero, que corresponde a una fase de vigilia agitada y desaparece hacia el tercer mes. El bebé, que no dispone de otro medio para descargar la tensión que ha acumulado a lo largo del día, «se desquita». Estos problemas forman parte de la adaptación a los ritmos del día y de la noche y deben reconocerse como tales.

• *Debe mantenerse la calma y la paciencia.* La duración de estas crisis diarias de llanto es variable, pero pueden llegar a superar las dos horas. Sin duda, un rato que pone a prueba la paciencia de los padres y del entorno, pero es preciso conservar la calma y la tranquilidad ya que, de lo contrario, el bebé se resentirá enormemente de la ansiedad que lo invade y los llantos adquirirán mayor fuerza. Evidentemente, no está prohibido consolarlo: mézalo con suavidad, en una ambiente de luz tenue, sin hablarle. Pero no hay que ceder con demasiada frecuencia,

¿Cómo acostar al bebé?

Boca arriba →
Hoy se recomienda acostar al bebé boca arriba. Los riesgos de hipertermia parecen disminuir en esta posición. Además de poder ver el entorno, el bebé obtiene una mejor oxigenación. Puede respirar con facilidad y desaparece el riesgo de asfixia por hundir la nariz y la boca en la cama.

De lado →
Puede acostar al niño de lado. Para mantenerlo en esta posición, prepárele un tope con una manta enrollada. Es importante que el bebé duerma sobre un colchón duro, sin almohada y sin manta, con un pijama. La posición boca abajo está indicada si el bebé regurgita o vomita.

puesto que se corre el riesgo de que asocie el llanto con la obtención de los mimos que tanto le gustan.

• No se debe recurrir a los somníferos. No existen medicamentos eficaces para los trastornos del sueño del niño; además, podrían poner en peligro el desarrollo del cerebro. Tampoco son aconsejables los jarabes que se utilizan con demasiada frecuencia y que contienen antihistamínicos (contra las manifestaciones alérgicas) o neurolépticos y benzodiacepinas (tranquilizantes).

• No hay que atribuir los llantos a cólicos. Los dolores abdominales, que se producen de forma más irregular durante el día, no son suficientes para explicar estos llantos por la noche (*véase* p. 183). Otro posible error consistiría en interpretarlos como crisis de hambre. No intente alimentar al niño para calmarlo. Debe mantenerse la sangre fría y rodearlo de calma mientras se espera que encuentre su ritmo.

Después de los 4 meses: el equilibrio encontrado

Después de los cuatro meses, se entra en un período de calma. El niño se muestra más tranquilo, ya no le duele la barriga, se alimenta de buen grado y «duerme por la noche». Sus funciones primordiales se han estabilizado. Tiene unas horas más fijas para las comidas (a esta edad, cuatro al día por regla general). Duerme entre nueve y doce horas por la noche y sigue durmiendo mucho de día (alrededor de cinco o seis horas, repartidas, según el niño, por la mañana y, al principio y al final de la tarde).

Ahora ya sabe dormirse y despertarse sin llorar y vuelve a dormirse solo si se despierta. Los padres ya han aprendido a reconocer cuándo quiere dormir y deben seguir respetando sus ritmos.

Pero todavía hay diversas circunstancias susceptibles de perturbarle el sueño. Se trata del período de los pequeños accesos de fiebre, ya que empieza a enfrentarse a las infecciones. Quizá empiece a quedarse al cuidado de otras personas, puede que se vayan de vacaciones… tendrá aún que adaptarse a cambios de lugar y a caras nuevas. El equilibrio que se ha alcanzado durante los primeros meses entre los padres y el bebé facilitará este período. Así pues, unos meses de descanso, antes de la próxima fase de transformación (alrededor de los 8 meses).

LA MUERTE SÚBITA DEL LACTANTE

Hoy en día, en los países occidentales, de 1 a 3 bebés de cada 1 000, entre el mes y el año de edad, mueren súbitamente mientras duermen, sin que nada, o casi, pueda hacerlo prever. La «muerte súbita del lactante» es la primera causa de mortalidad entre los niños más pequeños.

Las posibles causas

En casi el 50% de los casos, se desconoce la explicación. Y cuando se ha descubierto, se ha comprobado que la muerte no se había producido por una, sino por varias causas combinadas. Por ejemplo, el bebé dejó de respirar durante más de veinte segundos (apnea), se ahogó con sus regurgitaciones y, además, tenía la nariz tapada… Las dos terceras partes de las muertes ocurren en época fría, entre septiembre y

febrero y son más frecuentes entre los 2 y los 4 meses. ¿Por qué? Se trata de un período de transición, durante el que las defensas naturales del bebé contra las infecciones, así como el equilibrio de sus sistema nervioso, cardíaco y respiratorio se están consolidando. Al mismo tiempo, el lactante debe adaptarse a muchos cambios: alimentación, ritmos del sueño, una persona nueva que lo cuida…

La prevención programada

La función del médico consiste en detectar los «bebés de riesgo»: niños con envejecimiento prematuro, aquejados de malformaciones faciales o de la boca, nariz u oídos, o niños de familias desfavorecidas, que no cuentan con ningún seguimiento médico con garantías. Estos bebés,

más frágiles, deben detectarse y ser tratados con rigor y hospitalizados al menor signo grave que se produzca durante los seis primeros meses de vida.

Aprender a reconocer los «signos de alarma» sólo sirve para mejorar la vigilancia: del 50% al 75% de los casos de muerte súbita del lactante van precedidos de signos que indican una afección que podría suponer un riesgo vital para el bebé. Los padres deberán permanecer atentos para consultar con el pediatra. Por ejemplo, la conducta del niño cambia de forma brusca; se muestra más somnoliento de lo normal, grita de forma poco usual, respira mal, tiene molestias, fiebre alta… Son muchos los síntomas que se deben vigilar, sin dejarse llevar por el pánico: la mejor prevención es mantenerse alerta (véase p. 416).

El despertar del bebé

Al nacer, el niño depende de sus padres para satisfacer todas sus necesidades físicas. Pero sus sentidos, ya despiertos, le permiten entrar en contacto con el mundo que lo rodea y crear fuertes lazos afectivos. Los padres establecen con él unas relaciones de intercambio que le ayudarán a desarrollarse.

En el interior del útero, el bebé se alimentaba y recibía el oxígeno a través del cordón umbilical conectado con la placenta. Cuando llega al mundo y le cortan el cordón umbilical, el niño respira espontáneamente por los pulmones y busca alimento. No puede alimentarse sin ayuda, pero sabe mamar. Es capaz de reconocer el olor de la leche materna y se dirige hacia el seno, abre la boca frente al pezón y empieza a mamar respirando por la nariz. Sabe manifestar que tiene apetito y deja de comer cuando lo ha saciado. En pocas semanas, encuentra los ritmos del sueño, que es preciso respetar. Cuando está despierto, adquiere conocimiento del mundo al que acaba de llegar gracias a los cinco sentidos que ha adquirido durante el embarazo. A través de ellos, establecerá también la relación con sus padres, así como los lazos afectivos indispensables para el desarrollo de su personalidad.

UN DESPERTAR PROGRESIVO

Deje que el niño se despierte poco a poco al mundo que lo rodea. Para comunicarse con él a través de la palabra, el gesto o la mirada, se elegirán aquellos momentos en los que esté disponible, sin olvidar que su capacidad de atención, al principio, es de muy corta duración. No dude en acariciar al niño, darle masajes y dejar que él también la toque. Para el bebé, este contacto físico es tranquilizador y estimulante. Haga un esfuerzo para ponerse en el lugar del bebé: comprenderá mejor sus sentimientos, sensaciones y comportamientos. La relación con el niño es recíproca: usted reacciona en función de lo que adivina que quiere expresar; él reacciona en función de lo que comprende que usted le indica.

El despertar de los sentidos

Durante el embarazo, el feto es capaz de reconocer sabores distintos, de percibir la luz y de oír sonidos (*véase* p. 36). Los sentidos ya están activos. Después de nacer se desarrollarán aún más y se convertirán en instrumentos de descubrimiento y de conocimiento del entorno.

La vista

Durante mucho tiempo, se creía que los bebés nacían ciegos y no empezaban a ver hasta mucho después del parto. Hoy en día, se sabe que eso no es cierto. El recién nacido puede seguir con los ojos la luz que emite una lámpara y distinguir un objeto contrastado (como un disco de cartón con círculos negros y blancos). Se ha observado también que, muy a menudo, los objetos que más le atraen son aquellos que poseen una forma parecida a la de una cara humana: con los ojos brillantes y la boca. Cuando ese rostro expresa sentimientos, la excitación del niño

aumenta y, desde las primeras semanas, el recién nacido reconoce la cara de su madre y, después, la de su padre. Pero su campo visual es muy reducido (no puede ver más allá de los 30 cm, aproximadamente) y muchas veces sufre problemas de acomodación, que pueden provocarle un bizqueo intermitente. Poco a poco, el globo ocular se vuelve más redondo y flexible. A los 3 meses de edad, el bebé ya ve más allá de los 2,50 m y, generalmente, sus facultades visuales son totales a los 6 meses.

Al principio, mantenga la cara del niño a menos de 30 cm de la suya: el niño podrá observarla y seguir los movimientos de su cabeza. Pero para responder, el bebé debe encontrarse en un «estado de vigilia» favorable. En primer lugar, es necesario que quiera abrir los ojos, lo que no suele producirse siempre en los primeros días. Si está nervioso o cansado, no mantendrá la mirada. Se impone, pues, la paciencia y no forzar las cosas. Los periodos de vigilia del recién nacido son muy cortos. Los padres aprenderán rápidamente a reconocerlos (*véase* p. 194), lo que les permitirá encontrar el momento ideal para intercambiar miradas con el niño.

El oído

Puesto que ya ha oído la voz de sus padres durante el embarazo, el recién nacido suele mostrarse muy atento cuando les oye hablar a ambos. Utiliza ciertos signos (una expresión, una sonrisa, un gesto) para manifestar que le gusta la entonación y la modulación de sus palabras. Al igual que sucede con la capacidad visual, el pediatra, en el hospital, ha verificado las facultades auditivas del niño. Mediante el estudio de las reacciones del cerebro, del ritmo cardíaco, de la respiración y del ritmo de succión frente a estímulos auditivos (ruido ligero, voz), los médicos han observado que el recién nacido es más sensible a ciertas frecuencias sonoras, en particular las de la voz humana y, muy especialmente, la voz femenina. Pero la capacidad de escuchar del bebé es muy frágil, por lo que no se debe ser demasiado exigente. No intente comprobar la audición del niño mediante ruidos fuertes y violentos: podría encerrarse en sí mismo. Es preciso esperar el momento propicio para hablarle o que escuche música. Su voz puede tanto estimularlo como calmarlo cuando está agitado.

El gusto y el olfato

Cuando nace, el bebé ya tiene desarrollados el gusto y el olfato. Reconoce el olor de sus padres y, muy rápidamente, el de la cuna y el hogar. Ésa es la causa de que el olor de un objeto familiar sirva para tranquilizarlo cuando se encuentra lejos de casa.

Reacciona con cuatro expresiones distintas a los cuatro sabores básicos (salado, dulce, ácido y amargo) y manifiesta casi siempre una clara preferencia por el dulce. Sin embargo, la sensibilidad gustativa es distinta para cada lactante. Resulta fácil aprender a interpretar las reacciones de placer o de rechazo del niño en cuestiones alimenticias. De ese modo, se puede satisfacer sus gustos en la medida de lo posible, así como empezar a «educarle el paladar» a través de variaciones en la alimentación (*véase* p. 212 y siguientes).

LA IMPORTANCIA DE LOS LAZOS AFECTIVOS

Gracias a los cinco sentidos, el recién nacido podrá comunicarse con el mundo que lo rodea y, en especial, con sus padres. Pero necesita sentirse bien recibido para que se establezcan lazos amorosos que le ayudarán a vivir. Donald W. Winnicott, pediatra y psicoanalista británico (1896–1971), llegó a afirmar que «el recién nacido existe solamente a través de los lazos afectivos que establece a su alrededor».

La memoria y las relaciones

Actualmente, se sabe que la infancia se mantiene muy anclada en la memoria del individuo. El bebé almacena experiencias que olvidará enseguida pero que permanecerán grabadas en su inconsciente y que forjarán la personalidad del niño, del adolescente y del adulto.

El bebé posee una memoria con la que asocia los acontecimientos y las percepciones, y retiene con mayor facilidad las situaciones que se reproducen de forma regular. Durante las primeras semanas posteriores al nacimiento, la madre querrá estar siempre disponible para el niño. Quizá tienda a concentrar toda su atención en él. Es una reacción natural que Winnicott denomina «la preocupación maternal primaria».

Por su parte, el recién nacido está ya dotado de un temperamento propio, que va a influir necesariamente en la relación con su madre. Ésta también cuenta con una personalidad y una historia propias. Todos los padres proyectan sobre su hijo episodios de su existencia. Entre ellos y el niño se establece una relación basada en la reciprocidad.

La actitud de padres e hijo se ajustará en función de lo que cada uno habrá comprendido del otro a lo largo de los distintos intercambios que se producen.

Sonrisas y caricias

El intercambio de miradas, de gestos y de expresiones permite al niño adquirir conciencia de su existencia y darse cuenta de que los demás pueden compartir sus sentimientos y responderle. Es importante, por lo tanto, que las madres respondan al bebé, con una inclinación de la cabeza, una caricia o una palabra; porque, gracias a esta comunicación, se podrá establecer entre madre e hijo un profundo entendimiento, que el psicólogo alemán Daniel Stern denominó «armonización afectiva». Del mismo modo, el padre debe también establecer sus propias relaciones con el niño. Así, ambos progenitores mantendrán una relación muy íntima con el niño, lo que les ayudará en adelante a comprender mejor sus comportamientos.

El tacto

La madre necesita tocar al niño y acariciarlo y éste, por su parte, busca también ese contacto, que puede despertarlo y tranquilizarlo al mismo tiempo. El contacto físico entre madre e hijo es esencial. En nuestra civilización, en la que los niños van vestidos y están protegidos del frío, tenemos mucha tendencia a olvidar la importancia del tacto. Por ello, resulta instructivo observar los gestos de las madres africanas o indias, por ejemplo, que «saben» tocar a sus hijos y llevarlos. El niño necesita también el contacto físico con su padre. Aunque éste tenga la impresión de ser un poco patoso, no debe temer tocar, acariciar y coger a su hijo en brazos: los gestos del padre, distintos y complementarios a los intercambiados con la madre, suelen ser más rápidos y más dinámicos, y estimulan el despertar y el desarrollo motor del niño.

Las relaciones y la comunicación

Hasta las 6 semanas, el niño depende totalmente de su madre para vivir y forma un todo con ella. Pero, entre el segundo y el tercer mes, se desarrolla de forma bastante espectacular y se convierte en un ser «social»: responde con una sonrisa o con vocalizaciones a las expresiones faciales que se le dirigen y puede prolongar o interrumpir una mirada a su antojo. Uno o dos meses más tarde, sabe tomar la iniciativa de una caricia o de un juego con un objeto que ya puede coger. El conocimiento del mundo que lo rodea ha progresado mucho y se vuelve claramente consciente de la presencia o de la ausencia de sus padres; también empieza a darse cuenta de la desaparición de un objeto. Pronto percibirá que es un ser diferenciado, independiente, más autónomo. Es necesario aceptar esta evolución y dejar que, en adelante, elija libremente cuándo quiere iniciar o terminar un intercambio, por ejemplo, llamando la atención con vocalizaciones o, a la inversa, apartando la mirada.

El lugar y el papel del padre

El niño necesita ver que su padre y su madre son dos seres distintos. El padre tiene un modo particular de comunicarse con su hijo y su papel no se confunde con el de la madre. Ayuda a su compañera a permanecer en contacto con el mundo exterior y ofrece al bebé una relación de un tipo distinto al lazo maternal: una relación física más dinámica, más estimulante. El padre suele sostener al niño en el aire y mecerlo verticalmente y con movimientos rá-

---

LOS GRITOS, LA VOZ

Hay que procurar reaccionar con conocimiento de causa a los gritos y a los lloros del niño: se ha comprobado que cuando la madre, o el padre, responde con discernimiento a los lamentos del niño, éste grita menos y aprende antes a hacerse comprender de otro modo. Hable con el niño a partir del momento en que se dé cuenta de que le gusta escucharla o responderle. No se deben evitar esas entonaciones y expresiones especiales que utilizan los adultos cuando se dirigen a un niño pequeño. Estas actitudes son muy expresivas y captan la atención del bebé.

---

pidos; estos intercambios adquieren pronto la forma de juegos, algunas veces con un toque de cierta brusquedad, que servirán para desarrollar las facultades motoras del bebé. El recién nacido no es tan frágil como parece y le gustan mucho estos contactos, así que, ¡adelante! El niño necesita tener un padre distinto a su madre y mantener con cada uno de los dos una relación diferente.

El entendimiento de la pareja resulta determinante en el comportamiento de cada uno en relación a su hijo. El padre se ocupa más y mejor del niño si se siente animado en este sentido por su compañera, mientras que ésta necesita también apoyo y reconocimiento en su papel de madre.

Los primeros balbuceos

Durante el primer mes de vida, el bebé emite sobre todo gritos y llantos, que sirven tanto para expresar apetito, como dolor o placer. Hacia el segundo mes, empieza a emitir sonidos, entre los que siempre predominan las vocales (la *a* y la *e*): son los primeros balbuceos. Luego, hacia el 4.º o 5.º mes, asocia ciertos sonidos, ciertas palabras, a personas o a objetos. A partir del sexto mes, las consonantes se incorporan a su «vocabulario» y pronuncia sílabas como *ba* o *pa* que, a menudo, repite.

Este balbuceo constituye, a la vez, un juego y un diálogo. A veces, cuando está tranquilo y atento, el niño emite sonidos por placer. Si el adulto responde a sus balbuceos, él puede, a su vez, responder al adulto. Desde una edad muy temprana, el niño es sensible a las entonaciones (suaves o violentas) de la voz de los adultos. Un poco más adelante, empezará a comprender ciertas palabras pronunciadas en un contexto particular y acompañadas de un gesto: *ven, toma, no* y *sí, papá, mamá*.

Con quién dejar al bebé

Al cabo de unos meses, suele ser necesario dejar a alguien al cuidado del bebé. Esta delicada etapa se supera mucho mejor si la separación se ha preparado bien.

El niño tiene entre 2 meses y medio y 3 meses y quizá la madre debe volver al trabajo. ¿Con quién dejar al bebé y cómo prepararlo para que se acostumbre a su ausencia? La elección de un tipo de cuidados estable y seguro no se improvisa; debe reflexionarse incluso desde antes del nacimiento del bebé. Existen muchas fórmulas válidas. Lo importante es encontrar una solución duradera a fin de evitar que el niño tenga que adaptarse más de una vez a distintos lugares y personas diferentes. El bebé necesita puntos de referencia, tanto espaciales como afectivos.

Elección del tipo de cuidados

Según las posibilidades y las preferencias, se puede optar por el jardín de infancia o por un tipo de cuidados más individuales, en el hogar o fuera del mismo.

EL jardín de infancia

En el jardín de infancia el bebé está en contacto con otros niños. Evoluciona en locales amplios y seguros, y está sometido a la vigilancia de personal cualificado. Aunque se hacen esfuerzos para que una educadora se ocupe de modo constante del bebé, inevitablemente, esta persona tendrá más niños a su cargo y no será la única que cuidará de él. Los niños de edades superiores a 1 año se suelen divertir mucho en el jardín de infancia. Los más pequeños pueden adaptarse igualmente a este tipo de cuidados, pero algunos no soportan demasiado bien el ruido ni el ritmo de comidas y siestas impuesto, ni la presencia de ciertos virus…

Cuidados en casa de una canguro

En casa de una canguro, el bebé puede estar solo o en compañía de un reducido número de niños. Es preciso informarse a fondo de la persona que se ocupará del niño, visitar la casa, saber si dispone de experiencia en el cuidado de niños pequeños, cuántos niños tiene a su cuidado y de qué edades. Conocer la preparación y la experiencia de quien vaya a cuidar del niño en un entorno distinto del hogar, que el pequeño aprenderá a reconocer también como propio, es una cuestión fundamental. Sólo puede optarse por este método sobre una sólida base de confianza.

Canguro en el propio hogar

Contratar una persona a domicilio suele ser una fórmula más descansada para la madre y para el niño, que puede dormir a su antojo por la mañana y no debe adaptarse a un sitio nuevo. Aún así, la elección de la persona es decisiva: debe buscarse a alguien en quien se pueda confiar y que sea suficientemente abierta para responder a la curiosidad y a la necesidad de contacto del niño. El inconveniente de este tipo de cuidados es que resulta más caro.

Cuidados en casa de los abuelos

Algunas veces son los abuelos los encargados de cuidar de los niños durante el día, lo que no siempre está exento de algunos problemas. Incluso en el caso de que las relaciones entre los nuevos padres y los abuelos

FACILITAR LA ADAPTACIÓN

No se debe esperar al último minuto, ni tan sólo al nacimiento, para decidir quién se va a quedar al cuidado del niño. Para adaptarse a su nueva vida, el bebé necesita puntos de referencia: se deben evitar las idas y venidas de un sitio a otro y la sucesión de distintas personas, fuera de casa o en el mismo hogar. Demasiados cambios a la vez perturban al niño; hay que procurar conservar sus ritmos del sueño y no elegir este período para modificar también su alimentación. Cuando el niño regresa a casa, o cuando usted llega, intente tener un rato disponible para él solo. Pero no pretenda compensar su ausencia manteniéndolo despierto innecesariamente. El bebé necesita también descansar tras un día lleno de descubrimientos.

sean excelentes, entenderse con la madre o la suegra en lo referente a la educación del niño dista de ser simple. La búsqueda de este entendimiento puede ser enriquecedora, pero se necesita paciencia y tacto.

La necesaria adaptación

La madre no tiene ningún deseo de confiar el niño a una tercera persona y el niño tampoco desea que la madre se aleje de él. La separación es, por fuerza, dolorosa. Para que pueda ser aceptada por ambos, es necesario prepararla. No dude en explicarle la situación al niño: hablarle y familiarizarlo con los sitios nuevos donde se va a estar le ayudará a crear lazos con otras personas. En cierto modo, le da permiso para relacionarse con otras personas.

Algunas reglas que deben seguirse

Para que la etapa de la separación no suponga un duro golpe para el niño, deben observarse unas cuantas reglas bastante sencillas. El principio común a todas ellas se resume así: no cambiarlo todo a la vez.

• *Evite modificar los hábitos alimenticios del niño.* En el momento en que empieza a ser cuidado por otras personas, es mejor no variar su alimentación, ni intentar que empiece a comer con cuchara en lugar de tomar el biberón. Si se alimenta con leche materna, es mejor iniciar el destete con unas semanas de antelación y proseguir, si es posible, dándole el pecho una o dos veces al día después de haberse reincorporado al trabajo, por la mañana al levantarse y por la noche al acostarse, por ejemplo.

• *Procure mantener sus ritmos de sueño.* Es aconsejable que, las primeras semanas, las personas que se ocupan del niño acepten adaptarse a los ritmos que se están estableciendo, le den de comer cuando lo pida y no lo despierten de forma intempestiva.

• *Los primeros días, acompáñelo personalmente.* En el jardín de infancia o en casa de la canguro, acuéstelo y mézalo usted misma para que tome posesión de su nueva cama, o llévele su cajita de música, sus peluches o su objeto de seguridad, cuyo olor le recordará la cuna familiar.

• *Al principio, quédese un rato con él.* Durante este período de aclimatación, es indispensable que se quede con él unas horas en varias ocasiones. Es un modo de indicarle que conoce el sitio, que lo aprueba y que considera que estará bien en él. Asimismo, podrá asociarla a ese nuevo lugar de vida y notará que usted está de acuerdo con la persona que lo va a cuidar.

COMPRENDER EL MENSAJE DEL BEBÉ

Antes de los 6 meses, a pesar de que la adaptación sea aparentemente fácil, el bebé se resiente de la separación. No sabe manifestar sus sentimientos de forma muy clara, pero su desacuerdo no es por ello menos real. Hay que mantenerse, pues, atento a los pequeños signos que podrían expresarlo: tiene menos apetito, llora por la noche, sonríe menos o bien vuelve la cabeza. Sin duda, esta situación no durará mucho. Procure, si es posible, no inquietarse. Dedique una mayor atención al niño y favorezca los intercambios; lo acompañará así en el descubrimiento de su nuevo modo de vida.

Establecer una relación de confianza

La madre puede aprovechar estos momentos para conocer mejor al personal del jardín de infancia o a la canguro. Es muy importante establecer relaciones armoniosas y un diálogo abierto con las personas que van a cuidar al niño. No debe dudarse en comentar en profundidad los progresos o las dificultades del bebé. Con este contacto, la madre se beneficia también de muchos descubrimientos, que contribuyen a su propio bienestar.

La separación de madre e hijo es una etapa indispensable que, si se prepara adecuadamente, favorecerá el progreso del niño hacia la autonomía. El bebé se adaptará sin dificultad a otras personas si conserva una relación excepcional con su madre y goza de puntos de referencia estables.

El regreso a casa

Cuando se vuelve a ver al niño tras una jornada de trabajo, debe procurarse estar por él, a pesar del cansancio. Dedíquele durante un rato toda su atención, por ejemplo, bañándolo, dándole de comer o jugando con él. Es importante que vuelva a tener un contacto físico cariñoso con su madre. Pero, ¡hay que evitar excederse! No se deben prolongar exageradamente estos reencuentros en detrimento del sueño del niño, cuya jornada también ha sido, sin duda, movida. Es preferible que el intercambio con él sea breve pero intenso desde el punto de vista afectivo. No se debe demorar a toda costa la hora de acostarlo con la excusa de que no se ha pasado suficiente rato con él o que su padre todavía no ha regresado.

La salud

Aunque goce de buena salud, un bebé debe ser examinado periódicamente por el médico. El pediatra efectuará el seguimiento médico del niño, vigilará que se desarrolle adecuadamente y sabrá aconsejar a los padres.

En el hospital, las puericultoras ofrecen los primeros consejos sobre los cuidados y la alimentación que deben proporcionarse al recién nacido. Una vez en casa, los padres se quedan solos y, en ocasiones, sienten que estas enseñanzas no son suficientes y que necesitan contar con el apoyo de un médico.

El seguimiento médico del niño

Es importante elegir el médico que va a examinar al niño regularmente. Gracias a una supervisión personalizada, el pediatra sabrá valorar con precisión y rapidez el estado de salud del bebé. La relación de confianza que se establece con los padres debe permitirles plantear todas las dudas que se les presentan, pero también seguir los consejos indicados y comprender la evolución de las necesidades del niño.

La elección del pediatra y su función

Existen varias posibilidades, desde un médico de cabecera o un pediatra de la Seguridad Social o de una aseguradora privada, a un pediatra con consulta privada. Además de las sugerencias que aportan los familiares y amigos, ciertos elementos sirven de guía en la elección: la competencia del médico; su disponibilidad y la proximidad al domicilio, ya que es necesario saber que podrá acudir rápidamente en caso necesario. Es fundamental que el bebé sea examinado con regularidad y, si es posible, que lo haga siempre el mismo médico.

También es preciso informarse del precio de las consultas y de las condiciones del seguro que se tiene.

• Ritmo de las consultas. Es aconsejable llevar al recién nacido al médico cuando tiene entre una y dos semanas de vida y, a partir de entonces, una vez al mes durante seis meses. Después, bastará una visita cada dos o tres meses hasta que el niño cumpla dieciocho meses. Luego las consultas serán algo más espaciadas, cada cuatro a seis a doce meses hasta que cumpla los tres años.

• Control periódico y carné de salud. En cada visita, el médico supervisa el desarrollo físico y psicomotor del niño, lo pesa y lo mide, y valora sus reacciones ante determinados estímulos en función de su edad. Detalla o completa las indicaciones en materia de alimentación y, si es necesario, receta complementos vitamínicos. Además, lo vacunará cuando corresponda. El conjunto de toda esta información se recoge en el carné de salud (*véase* recuadro).

El crecimiento del bebé

El niño es un organismo en crecimiento. La parte fundamental del seguimiento médico consiste en la supervisión

EL CARNÉ DE SALUD

Este carné, que se entrega a los padres antes de abandonar la maternidad, contiene el historial médico del niño: en él constan los datos del nacimiento y todas las atenciones recibidas en los primeros días de vida, las enfermedades padecidas o incluso eventuales intervenciones quirúrgicas. Y en él se irán incluyendo todos los sucesivos datos sanitarios del pequeño. Sirve, pues, de lazo de unión entre los distintos médicos que se ocuparán del niño a lo largo de su infancia. Hay que presentarlo en cada consulta o, en su defecto, aportar las informaciones esenciales (peso y talla, vacunas...) y las que resultan de la visita del médico.

Se debe tener al día, ya que le será requerido en muchas cuestiones relacionadas con la educación o las actividades lúdicas del niño (escuela, colonias de vacaciones, etc.).

Anote los números donde llamar en caso de urgencia, en especial:

✣ el del servicio de urgencias pediátricas del hospital más cercano;

✣ los de los organismos privados de urgencias domiciliarias.

del desarrollo del niño. El crecimiento se evalúa comparando, visita a visita, las medidas que el médico anota regularmente: la talla, el peso (que se analiza siempre en función de la talla) y el perímetro craneal. Estos datos numéricos se reflejan en un gráfico en forma de curva.

Es básico que la curva de crecimiento del niño sea regular y se mantenga con ciertas variaciones alrededor de la media. La talla y el peso de cada niño aumenta a un ritmo distinto, por lo que no existen unos valores «normales», sino un margen de medidas dentro de las que se sitúa el 95% de la población. Cualquier medición puntual carece de significación. Así pues, aunque parezca que el niño come poco o que es más pequeño que otros niños de su edad, no hay que inquietarse si su curva de crecimiento se mantiene regular. Por contra, una disminución prolongada de la altura (o, al contrario, un estirón fuerte), o una interrupción de la curva del peso (o un aumento excesivo del mismo) son signos de alerta, y los padres deberían comentarlos con el pediatra.

La dieta alimenticia del bebé

Durante la consulta, el pediatra responderá a todas las preguntas respecto al ritmo de las tomas o de los biberones, y aconsejará sobre el tipo de leche que conviene al lactante. Cuando la alimentación del bebé empieza a diversificarse (a partir del 3.er o 4.º mes), el médico proporcionará las indicaciones necesarias (los momentos oportunos y las cantidades aconsejadas) para introducir en su menú las primeras papillas de cereales y de verdura, la carne, el pescado, los huevos o los productos lácteos (*véase* p. 184).

Asimismo, puede que le recete vitamina D, indispensable para prevenir el raquitismo, aunque en un país tan soleado como España no todos los médicos consideran necesaria esta práctica.

Las vacunas

Por otra parte, las visitas médicas proporcionan también la ocasión de seguir con atención el calendario de vacunación. La obligatoriedad de algunas vacunas varía de un país a otro. Algunas son necesarias para que el niño tenga acceso a las actividades colectivas (el jardín de infancia y, luego, el parvulario), mientras que otras simplemente se aconsejan.

• Las vacunas sistemáticas. El calendario vacunal varía según la comunidad autónoma pero en términos generales comienza a los dos meses, cuando se aplican las vacunas contra la difteria, el tétanos y la tos ferina (combinadas en la vacuna triple bacteriana), así como también la vacuna antipoliomielítica oral trivalente (Sabin), que se repetirán al cabo de dos meses y nuevamente a los siete meses de vida. Hacia los quince meses

Cómo tomar la temperatura

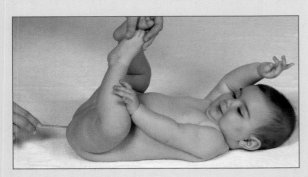

Bajo la axila →
Si no tiene prisa, este método no es tan desagradable para él. Levántele el brazo y póngale el termómetro bajo la axila durante tres o cuatro minutos.

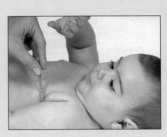

Por vía rectal ↑
Es un método rápido y preciso. Ponga el bebé boca arriba. Levántele las piernas con una mano y, con la otra, introdúzcale con cuidado el extremo del termómetro, recubierto de vaselina, en el ano. Mantenga el termómetro en esa posición durante un minuto.

← Termómetro de oído
Un sistema rápido y fácil de usar, que registra la temperatura corporal por medio de rayos infrarrojos.

de edad se aplicará la vacuna triple vírica, contra el sarampión la rubéola y la parotiditis (paperas). Posteriormente se aplicarán los refuerzos necesarios, y hacia los once años la vacuna contra la rubéola solo en niñas. La vacuna de la hepatitis B se aplica en tres dosis; una al mes o a los dos meses, una a los cuatro meses, y una de los seis a los 18 meses. También pueden incluirse otras vacunas específicas, como por ejemplo la antigripal o la vacuna contra la meningitis, si surge una epidemia o si el niño se encuentra en un grupo de riesgo.

Si el niño está enfermo

Gracias al contacto diario con el niño, los padres aprenden a conocer y a interpretar sus reacciones. Los síntomas más frecuentes son: los trastornos digestivos (diarrea, vómitos, falta de apetito), la fiebre, las dificultades respiratorias (tos, obstrucción bronquial), las enfermedades que afectan a los oídos, la nariz y la garganta, y también los trastornos de la conducta (cansancio, somnolencia o, al contrario, irritación o agitación inusuales, trastornos del sueño). También resulta útil saber cómo reaccionar frente a accidentes como los golpes o las quemaduras (*véase* p. 366).

Diarrea

Cuando un niño tiene diarrea, el principal riesgo es una deshidratación debida a la pérdida de agua. Si se trata

EL BOTIQUÍN DEL BEBÉ

Se han de respetar algunos principios: tire los medicamentos caducados; no administre por iniciativa propia los medicamentos que el médico haya recetado anteriormente al niño para combatir una enfermedad que le parezca similar.

Para los cuidados habituales, se debe contar con:

- algodón hidrófilo y compresas de gasa estériles;
- alcohol de 60° y un antiséptico incoloro o a base de povidona yodada;
- esparadrapo y tiritas hipoalergénicos;
- tijeras de puntas redondeadas;
- termómetro;
- algún antifebril, por ejemplo, paracetamol;
- bolsitas de polvos para rehidratación;
- suero fisiológico y gotas nasales antisépticas.

de un bebé de pocos meses, es preciso estar especialmente vigilante: si toma sólo leche materna, puede seguirse la alimentación normalmente, pero es aconsejable ofrecerle de 30 a 50 ml de solución rehidratante (polvos a base de azúcar y de sales minerales que se venden en la farmacia) antes de cada toma. Si el bebé se alimenta con biberón, el médico le recetará una leche de sustitución. En el resto de los casos, en especial cuando la alimentación está más diversificada, es preciso: dejar de darle productos lácteos (leche, yogur y productos a base de leche); suprimir la fruta (excepto las manzanas, los plátanos y el membrillo) y la verdura; ofrecerle, sin obligarlo jamás a comerlos, alimentos antidiarreicos, como la zanahoria o el arroz, y darle a menudo de beber, en pequeñas cantidades o según su deseo, una solución rehidratante.

Si la diarrea persiste más de veinticuatro horas y el niño se niega a beber, y si además presenta vómitos mientras las deposiciones siguen siendo frecuentes y líquidas, o bien si tiene fiebre, debe consultarse urgentemente con el pediatra.

Vómitos

Es importante diferenciar entre las regurgitaciones, debidas a problemas digestivos que sufre el lactante tras las comidas, de los vómitos que acompañan con frecuencia los trastornos infecciosos (gastroenteritis, infecciones urinarias, meningitis, infecciones pulmonares, además de faringitis y otitis). Lo más frecuente es que los vómitos sean benignos. Mientras se espera la llegada del médico, debe darse de beber al niño e intentar que absorba, en función de la edad, pequeñas cantidades de solución rehidratante o de caldo de verduras. Si los vómitos persisten y se presentan asociados a otros signos: el bebé tiene fiebre, los vómitos son biliosos y verdes, tiene la barriga hinchada, se muestra agitado o, al contrario, pálido y abatido por los accesos de dolor, debe consultarse urgentemente con el médico. Cuando el niño tiene menos de 3 años, puede tratarse de una invaginación intestinal (*véase* p. 407), en especial si las deposiciones contienen sangre.

Dolor abdominal

Hasta los 3 o los 4 meses, el bebé tiene dolor de barriga a menudo. Lo manifiesta con llanto y agitación. Si sigue comiendo, ganando peso y durmiendo, no hay motivo de alarma, pero debe consultarse con el médico si se presentan determinados signos.

Si a pesar de todos los intentos para consolarlo, el bebé sigue llorando, es preferible llamar al médico, ya que los dolores intestinales del lactante, muchas veces relacionados con el tránsito intestinal (estreñimiento), pueden ocultar problemas de origen diverso (oídos, nariz y garganta, pulmonares o urinarios).

Si el bebé presenta accesos de dolor muy fuerte, acompañados de vómitos, diarrea o fiebre, y se muestra a ratos pálido y abatido, puede tratarse de una oclusión intestinal que precisa una intervención quirúrgica de urgencia.

Fiebre

Es habitual que el bebé tenga fiebre. Si se le nota más caliente de lo normal, se le debe tomar la temperatura. Si ésta alcanza los 38 °C, puede considerarse que tiene fiebre (la temperatura normal oscila entre los 36, 5 °C y los 37,5 °C). Si tiene fiebre, desvista al niño y déjelo con la ropa interior de algodón, sin mantas, en una habitación que no esté excesivamente caldeada. Dele algo de beber. Si no existe contraindicación médica conocida, adminístrele medicamentos antipiréticos (contra la fiebre) en dosis adaptadas y a un ritmo regular, hasta la estabilización de la temperatura normal. Puede usarse paracetamol, en dosis de 6 a 10 mg por kilogramo de peso cada seis horas. Si la fiebre no desciende a pesar de los fármacos, envuelva al niño una tela fresca o una toalla humedecida, o dele un baño de diez minutos, como mucho, introduciendo al niño en agua templada (la temperatura del agua debe ser 2 grados inferior a la del niño). Si el niño tirita o cambia de color, sáquelo del baño.

Dificultades respiratorias

De forma muy gradual, el niño se inmunizará contra los virus y las bacterias que lo rodean. En los primeros años, se verá sometido con frecuencia a diversas afecciones de los oídos, la nariz, la garganta y también de tipo broncopulmonar, especialmente en invierno.

• Obstrucción rinofaríngea. El bebé tiene la nariz tapada y tose. Conviene practicarle instilaciones frecuentes de suero fisiológico en la nariz, aunque no le guste demasiado. Si presenta fiebre y la tos persiste, debe consultarse con el médico.

• Laringitis. El niño tiene tos «perruna», al inspirar emite un ruido ronco y parece que se ahoga. Es preciso avisar al médico. Hasta que éste llegue, conviene humidificar el ambiente de la habitación con la evaporación de un recipiente de agua caliente, y mantener al niño sentado.

• Bronquiolitis o crisis de asma. La espiración del niño está obstruida o es sibilante. Debe llamarse con urgencia al médico y mantener un ambiente húmedo alrededor del niño.

Traumatismos craneales

Antes de los 3 años, el niño se va a caer a menudo y va a golpearse la cabeza. No deje de llamar al médico si observa una modificación de su conducta: presenta vómitos, se muestra especialmente excitado (sus gritos son más agudos), muestra una somnolencia inusual, realiza movimientos anormales, su mirada se vuelve asimétrica, o le sangra la nariz o el oído.

Quemaduras

La gravedad de la quemadura depende de su profundidad y de su extensión.

• La piel está colorada (1.er grado). Si la quemadura es poco extensa, basta con limpiarla con agua y un jabón líquido suave, sin aplicar ningún tipo de pomada. Se recubre con una gasa estéril, fijada con un esparadrapo hipoalergénico, o con una compresa impregnada en un producto cicatrizante de venta en farmacias.

• Aparece una ampolla (2.º grado). No debe reventarse la ampolla. Se seguirá la misma actuación que para una quemadura de 1er grado.

• La piel adquiere un aspecto oscuro y duro (3.er grado). Debe llevarse el niño al hospital o a la consulta del médico. Deberá protegerse la herida con una tela limpia, pero sin intentar desinfectarla.

Vacaciones y viajes con el bebé

El bebé se siente muy unido a su ambiente y a los nuevos ritmos de vida que quiere establecer. Pero no le disgustará el cambio si se mantiene la calma y la estabilidad a su alrededor.

Los primeros meses, es aconsejable evitar los cambios de vida intempestivos. Sin embargo, muchas veces los desplazamientos son inevitables o bien se desea ir de vacaciones con el bebé.

¿Qué medio de transporte utilizar?

Durante el viaje, es importante que el niño pueda dormir. Por lo tanto, debe comprobarse que esté instalado cómodamente y evitar despertarlo de forma brusca. Hay que alimentarlo a sus horas. Si no se alimenta con leche materna, debe tenerse preparado todo lo necesario. También hay que cambiar al niño con la frecuencia habitual.

• **En coche.** El bebé debe ir en una sillita de seguridad. No debe ir demasiado abrigado ni estar en corrientes de aire.

• **En tren.** El niño debe ir en un moisés o en un capazo. Hay que llevar lo necesario para alimentarlo, tranquili-

zarlo y cambiarlo, así como su juguete favorito. No dude en cogerlo en brazos cuando lo pida.

• **En avión.** A partir de las primeras semanas, el bebé puede utilizar este medio de transporte. Para evitarle dolores en los oídos debidos a la diferencia de presión, que en ocasiones son muy intensos, conviene darle de beber al despegar y al aterrizar. De todos modos, es importante que beba a menudo, ya que el ambiente del avión es muy seco.

¿Adónde ir?

Sea cual fuere el punto elegido, el bebé tiene que disponer de un lugar de estancia estable para preservar en lo posible sus ritmos de sueño y de comidas. Si se va al extranjero, el pediatra indicará las precauciones que hay que adoptar: alimentación, riesgos de enfermedad, vacunas.

• **A la montaña.** La altitud ideal para un bebé se sitúa entre los 1 200 y los 1 500 metros. Por encima de estas altitudes, se corre el riesgo de que el bebé se altere y no consiga dormir bien. En los paseos, le gustará ir en una mochila para bebé. Debe vigilarse que no tenga demasiado calor en verano ni demasiado frío en invierno ya que, como está inactivo, no puede entrar en calor por sí solo. Al pequeño le molesta mucho el sol: protéjalo con un gorrito y unas gafas adecuadas. Las gorras son muy útiles, puesto que disponen de visera.

• **Al mar.** No son aconsejables las estancias largas en la playa antes de los seis meses. En cualquier caso, debe evitarse una exposición directa al sol prolongada. Incluso cuando el bebé se encuentra bajo una sombrilla, le alcanzan los rayos solares que se reflejan en la arena; la capota del cochecito o del moisés ofrecen mayor seguridad. Cúbrale la cabeza y póngale una crema solar con un factor de protección alto. Debe vigilarse que no coma arena ni conchas.

• **Al campo.** Los consejos respecto al sol y a la temperatura son los mismos en todas partes. También hay que pensar en los insectos (mosquitos, avispas o garrapatas) y proteger el cochecito o el moisés con una mosquitera. En las zonas donde haya serpientes, debe extremarse la vigilancia cuando se deja que el bebé ande a gatas por la hierba o permanezca echado sobre una manta.

VIAJAR SIN NINGÚN PELIGRO

Viajar con un bebé es fácil cuando se respetan ciertas consignas. He aquí una lista de lo que siempre debe evitarse:

Las salidas multitudinarias: las carreteras con mucho tráfico y a pleno sol (incluso con las ventanillas bajadas), ya que el bebé se deshidrata muy deprisa.

Los atascos: al bebé le gusta el vaivén del automóvil y el paisaje que se mueve; a menudo llora cuando el coche se detiene.

El humo de tabaco, y más aún en el espacio reducido del automóvil: aunque la ventanilla esté abierta, el humo circula hacia el interior del coche.

El automóvil parado a pleno sol, aunque el niño no esté dentro solo.

El bebé solo en el coche, aunque sea por unos pocos minutos.

Los cambios bruscos de las costumbres del bebé: debe comer a sus horas y hay que respetar su sueño.

El bebé de 6 meses a 1 año

En esta época, el bebé toma cuatro comidas al día y su alimentación se diversifica. Duerme toda la noche y echa una o dos siestas durante el día. Cuando está despierto, se muestra cada vez más activo: es capaz de mantenerse sentado y de desplazarse a gatas, empieza a jugar con las cosas. Poco a poco, se va diferenciando de su madre y sus relaciones con los demás se modifican.

El bebé de 8 meses

Las comidas

El bebé toma cuatro comidas. Está acostumbrado a los distintos alimentos que se le ofrecen: leche y productos lácteos, cereales, verduras, carne (o pescado o huevos) y frutas. Descubre los trocitos en el puré o la compota. Una vez saciado, chupa una corteza de pan o una galleta, siempre bajo vigilancia, ya que todavía no sabe masticar los trozos grandes.

El sueño

Por la noche, el bebé duerme profundamente de diez a doce horas. Por la tarde, echa una siesta larga, de entre dos a tres horas. La cabezadita de la mañana tiene tendencia a desaparecer.

Los movimientos

El bebé se mantiene sentado sin ayuda. Ya empieza a andar a gatas. Con las nalgas echadas hacia atrás, se mantiene erguido unos instantes apoyándose, por ejemplo, en los barrotes de la cama. Las manos ganan habilidad. Puede coger dos objetos a la vez y es capaz de pasárselos de una mano a otra.

Los sentidos

El bebé experimenta el poder que tiene sobre los objetos. Los tira, los golpea para hacer ruido. Retira la servilleta que oculta un juguete: ha comprendido que una cosa escondida no deja de existir. Se agarra los muslos, se retuerce las orejas y se toca los cabellos. Se vuelve desconfiado hacia los desconocidos. Toma apego a un objeto que le da seguridad.

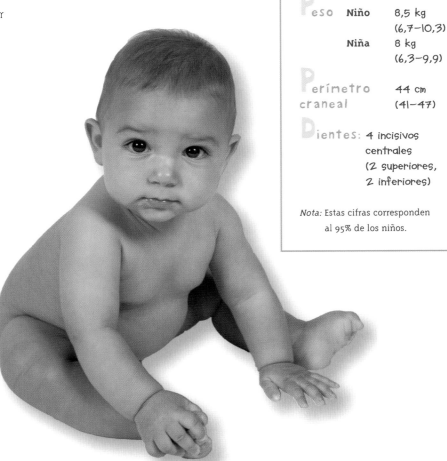

Talla	Niño	69,5 cm (64-75,5)
	Niña	68 cm (62,5-73,5)
Peso	Niño	8,5 kg (6,7-10,3)
	Niña	8 kg (6,3-9,9)
Perímetro craneal		44 cm (41-47)
Dientes:		4 incisivos centrales (2 superiores, 2 inferiores)

Nota: Estas cifras corresponden al 95% de los niños.

El bebé de 12 meses

Las comidas

El bebé puede comer alimentos aplastados con el tenedor: no hay que recurrir siempre a los triturados, puesto que ya puede masticar. Se le puede ofrecer la carne separada del puré, sin necesidad de seguir mezclándolos. **Q**uerrá tomar él solo trozos de comida: se los lleva a la boca, se los vuelve a sacar con los dedos, los mira y luego, se los come.

El sueño

Duerme de diez a doce horas, se despierta una o dos veces por la noche y, la mayoría de veces, vuelve a dormirse. El sueño es menos profundo, más agitado. Por la tarde, la siesta dura siempre entre dos y tres horas.

Los movimientos

Se mantiene de pie sin apoyo. Se levanta solo. Camina, quizá de la mano o sostenido por debajo de las axilas, o incluso puede que solo. Utiliza con destreza el índice y el pulgar para coger los objetos pequeños, recoger las migas… Deja caer voluntariamente un juguete, lo recoge, lo lanza. Sabe meter un objeto pequeño dentro de otro mayor.

Las relaciones

El bebé demuestra que comprende el sentido de muchas palabras: *dame, toma, adiós, muy bien*… También sabe lo que quiere decir *no*. Conoce los nombres de sus hermanos. Cada vez más, reconoce la categoría de los objetos: intenta probarse todos los zapatos, beber de todos los vasos, se mira en el espejo y se sonríe. Sabe «decir» tres o cuatro palabras: *ma-ma, pa-pa*…

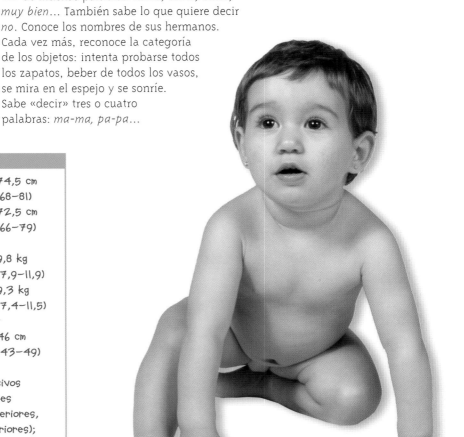

Talla	Niño	74,5 cm (68–81)
	Niña	72,5 cm (66–79)
Peso	Niño	9,8 kg (7,9–11,9)
	Niña	9,3 kg (7,4–11,5)
Perímetro craneal		46 cm (43–49)

Dientes: 4 incisivos laterales (2 superiores, 2 inferiores); 4 primeros premolares entre los 10 y los 18 meses.

El niño se desarrolla

En seis meses, el lactante, que dependía de sus padres para todos sus desplazamientos, se va a convertir en un niño cada vez más autónomo, capaz de ir a buscar él mismo los juguetes que quiere.

Entre los 6 y los 12 meses, el bebé vive un período de mucho movimiento y de grandes transformaciones. Domina cada vez mejor sus gestos y sus movimientos. Diversifica los juegos y amplía los intercambios con las personas que lo rodean.

Crecimiento y alimentación

Ciertos bebés tienen el cráneo grande, otros lo tienen alargado. Algunos disponen de mucho cabello, mientras que otros cuentan con apenas un poco de vello en la parte superior de la cabeza. Los hay que tienen ya ocho dientes o más, y otros, ninguno. No existen normas: el cabello y los dientes crecen a su ritmo. No hay que inquietarse por ello: ¡siempre acaban saliendo! La talla y el peso del bebé siguen aumentando con rapidez. Los lactantes aumentan un promedio de 8 cm y de 2,5 kg a lo largo del segundo semestre de vida. Aún así, cada niño es distinto y se producen diferencias importantes de uno a otro.

YA JUEGA SOLO

A partir de los 8, 10 o 12 meses, el niño se entretiene solo durante mucho rato. No hay que alejarse, pero tampoco interferir en sus juegos: cuando la necesite, el niño sabrá muy bien cómo indicárselo.

Hay que proporcionarle todo lo que necesita para experimentar y descubrir cosas, es decir, los juguetes adaptados a su edad (cubos, sonajeros, peluches, juguetes de manipulación), pero también objetos corrientes (cucharas de madera, cajas de plástico, etc.). No se le deben dar demasiadas cosas a la vez, sino variarlas a menudo.

No olvide que a esta edad se lo lleva todo a la boca: asegúrese de que los objetos que le da están limpios y no son tóxicos, y que no hay riesgo de que se los trague.

Variaciones del apetito

Las variaciones del apetito acentúan aún más las diferencias físicas. Algunos bebés voraces se convierten en bebés grandes, rollizos y mofletudos. Otros se conforman con menos, regulan por sí mismos sus necesidades y crecen con menor rapidez que durante los seis meses anteriores; pierden algunos «michelines» y empiezan a tener un aspecto más estilizado.

Es posible que el apetito del bebé disminuya en determinadas ocasiones, como al salirle un diente, por ejemplo. Además, hacia finales del segundo semestre, el niño empieza a elegir lo que come y acepta algunos platos, mientras que rechaza otros. Es importante permitir que el niño se desarrolle a su ritmo. Da lo mismo que el crecimiento sea más rápido o más lento, lo esencial es que sea regular.

Con los adultos

Al bebé le gusta asistir, sentado en la trona, a las comidas de la familia una vez terminada la suya. Si es comilón, aprovechará para aumentar considerablemente su ración; si no lo es, probará un poco de todo y se lo pasará bien con los trocitos de comida que le den. Pronto, querrá beber y sostener la cuchara él solo.

Los primeros juegos

El bebé, que había empezado ya a interesarse por los objetos, descubre realmente el placer de manipularlos entre los 6 y los 12 meses. Se vuelve más habilidoso, coge los juguetes sin titubeos y los examina con gran atención. Los toca, les da la vuelta en todas direcciones, los mira o se los ofrece a la persona que tenga cerca. Puede realizar cada vez más movimientos con los dedos y las manos, lo que le permite estudiar todo lo que lo rodea con mayor precisión.

A partir de ahora, sabe que las cosas escondidas no dejan de existir. Así pues, es capaz de buscar un objeto que ha desaparecido, lo que da lugar a numerosos juegos con los padres. El poder que tiene sobre los objetos le intriga: tira un cubo y observa cómo cae; le gusta darle golpes a una campana para que suene; le divierte mucho hacer rodar una pelota por el suelo y seguirla.

La ansiedad del 8.º mes

Hacia el 8.º mes, el bebé se vuelve más consciente del mundo que lo rodea. Diferencia entre las personas próximas y los desconocidos y, a menudo, gira la cara al ver a personas que no conoce. Las dificultades y la ansiedad relacionadas con el hecho de tener que separarse de sus padres se manifiestan asimismo a la hora de dormirse. Es el momento de los llantos; el bebé se niega a aceptar la soledad de la noche y se resiste al sueño. Se despierta por la noche con mayor frecuencia. Necesita que lo tranquilicen. Los padres deberán acompañarlo con cariño y firmeza mientras se duerme. Antes de acostarlo hay que reservar un momento de tranquilidad para prestarle atención. Resulta útil darle un juguete que le resulte familiar y sirva para tranquilizarlo: un osito de peluche, un muñeco, un trozo de tela.

El osito de peluche, su objeto de seguridad o cualquier otro juguete especial

Cuando está ansioso, el bebé suele elegir un objeto, siempre el mismo, al que se abraza para tranquilizarse. Este objeto recibe el nombre de *transicional*, puesto que le permite llevar a cabo la transición entre el estado de fusión afectiva con su madre, experimentado durante los primeros meses de vida, y la nueva relación que tiene con ella, en la que pasa a ser una persona externa y distinta de él. Este objeto, que es muy importante para el bebé, le ayuda a superar la ansiedad de la separación. Debe ser siempre tenido en cuenta y respetado.

En poco tiempo, listo para caminar

Durante este período, el bebé realiza espectaculares progresos físicos, ya que se refuerza su tono muscular. Entre los 6 y los 9 meses, empieza a sentarse solo y se sostiene muy bien sentado. Por regla general, se desplaza a gatas cada vez con mayor habilidad. Empieza a

ser capaz de ponerse de pie y de mantenerse en esa posición si se agarra a algo: la pata de una mesa, o el brazo de un sillón, por ejemplo. Efectúa progresos muy rápidos hacia la autonomía física. Sus nuevas aptitudes le permiten también utilizar hábilmente las manos y desplazarse sin ayuda para aumentar su campo de exploración.

¿A qué edad andará?

Cada bebé salva esas etapas cuando está preparado para ello. El tono y la fuerza musculares, así como el sentido del equilibrio varían mucho de un niño a otro. No existen normas. Es preferible no comparar las habilidades de dos niños, aunque sean hermanos.

Deben abandonarse ideas del tipo «mi hijo tiene que andar cuando tenga 1 año» o «mi hija de 16 meses todavía no anda: tiene cierto retraso». Lo que cuenta es que cada progreso del desarrollo del niño (marcha, lenguaje, higiene) se produzca en el transcurso de un período concreto, que los médicos denominan «período sensible» y no a una edad determinada. Así, su hijo, como la mayoría de los niños, andará entre los 10 y los 18 meses, o incluso un poco más tarde; dentro de este período no puede hablarse ni de adelanto ni de retraso. Si les preocupa que su hijo todavía no ande, no duden en consultarlo con el médico.

Los primeros pasos

Al enderezarse para andar, el bebé consigue un logro importante. Pero todavía es inestable. Cuando está de pie, tiene la espalda arqueada y los pies separados. Su marcha, torpe y vacilante, recuerda la de un pato. Es la época de los «tambaleos», en la que el menor contacto es suficiente para hacerle perder el equilibrio. Empieza entonces el período de los chichones, fase delicada en la que el niño, aún frágil, sin conciencia del peligro ni de sus limitaciones, pero ávido de aventuras, corre el riesgo de hacerse daño. Para ayudarle en este período debe crearse un clima de «seguridad material y afectiva» a su alrededor, sin impedirle que tenga sus propias experiencias. Compruebe al máximo que el entorno es seguro y elimine los objetos peligrosos y las posibles causas de accidente. Anímelo en sus descubrimientos y permítale efectuar solo sus primeras exploraciones. Ayudarlo consiste también en mantener una estrecha relación con él, ponerse en su lugar y prever sus reacciones para prevenir los peligros reales, que solamente el adulto puede imaginar.

La alimentación

En casa, en el jardín de infancia o con la canguro, el bebé ha ido tenenido, a su ritmo, algunas experiencias alimentarias. Quizá ya manifieste sus preferencias... Junto con las consistencias y los sabores nuevos, ha descubierto también la cuchara.

Ahora, el niño ya toma cuatro comidas, como los adultos. Entre los 6 meses y el año, va a ganar unos 2 kg de peso y le saldrán los primeros dientes... Es el momento de ofrecerle nuevos productos lácteos, pan, ensaladas de frutas y de verduras...

Hacia los 11 meses ya mastica y se le pueden dar alimentos chafados con el tenedor en vez de sólo triturados. A partir de esta edad, si se aguanta sentado, puede utilizar una trona. Empieza a usar la cuchara y a beber del vaso. Déjelo que se manche: forma parte del aprendizaje.

NO ACOSTUMBRE AL NIÑO AL AZÚCAR

Se tiene que dar de comer y de beber al niño sin añadir azúcar a los alimentos ni a las bebidas. El azúcar, ya sea blanco o moreno, refinado o no, en forma de miel, dulces, confitería, bombones, bebidas, sodas o jarabes, gusta a todo el mundo. Pero se debe limitar su consumo, ya que podría provocar ciertos desequilibrios graves (como la obesidad).

Cuidado con los productos alimenticios comercializados, siempre demasiado ricos en azúcar. Evidentemente, no se trata de eliminarlo totalmente, pero tampoco debe convertirse, ni ahora ni más adelante, en una recompensa o un consuelo («si no lloras» o «como te has portado bien, toma un caramelo o un dulce»).

La evolución de las comidas

En el menú del niño aparecerán alimentos nuevos, pero el biberón es aún indispensable, puesto que la leche de continuación sigue siendo el alimento más importante entre los 6 meses y el año de edad. Además, el bebé empezará a probar los productos derivados de la leche de vaca: requesón, queso fresco (tipo *petit-suisse*), yogures o queso, y una gran variedad de frutas y verduras, de carne y de pescado, sin olvidar el pan y las galletas.

Los productos lácteos y el queso

El yogur natural o de leche entera, comercializado o casero, no aromatizado ni endulzado (o muy poco dulce), el requesón con un 20% a un 30% de contenido graso, el queso fresco sin aromatizar; el abanico de posibilidades es amplio. No debe acostumbrarse al niño a los sabores demasiado dulces. Si quiere endulzar los productos lácteos, se les puede añadir una cucharadita de jalea, de almíbar, de mermelada de fruta (sin piel ni pepitas) o de miel.

A medida que el niño acepta los trocitos, se le pueden ofrecer lonchas de queso blando con un poco de pan. Déjese guiar por sus gustos. Si le gusta el queso con sabor fuerte, es probable que a su hijo también le guste. Hay incluso quien pone queso rallado en las comidas a base de verdura. Si sólo pone una pizca, el niño gozará del placer de descubrir otro sabor en su puré de verduras. Ahora bien, si come mucho queso, ese día convendría suprimir o reducir la carne, el pescado o los huevos ya que, en caso contrario, la alimentación contendría demasiadas proteínas.

El pan, la sémola, la pasta, el arroz y las galletas

Cuando el niño acepta bien los grumos, pueden introducirse este tipo de alimentos. La sémola y la pasta se cuecen normalmente; el arroz debe cocerse mucho. Hay que salar ligeramente el agua de la cocción. También pueden hervirse con la leche de continuación. No debe acostumbrar al niño a tomar galletas: su sabor dulce puede comportar un consumo excesivo; es mejor darle una corteza de pan.

La fruta y la verdura

La verdura fresca o congelada debe cocerse el tiempo necesario en la olla de presión o, mejor aún, al vapor; posteriormente, se triturará para obtener un puré muy fino.

El niño puede comer casi todas las verduras y frutas (*véase* p. 184). Acostúmbrelo a tomar ensaladas de frutas y de verduras. Ofrecerle, al principio de la comida, pepino, zanahoria, tomate (sin piel ni pepitas) o aguacate triturados lo familiarizará con una nueva alimentación. Las pocas cucharaditas (dos o tres) que aceptará por el momento carecen, evidentemente, de interés nutritivo. Pero sirven para preparar el futuro, ya que puede convertirse en un niño al que le gusten los entrantes a base de verdura si se le educa desde el principio. Más adelante, cuando acepte comer trozos, podrá darle, mientras espera la comida, un cuarto de tomate (pelado y sin pepitas) o un bastoncillo de pepino.

Puede prepararse cualquier tipo de fruta, madura y pelada, cruda y triturada, o bien en mermelada, para que la tome como postre al final de la comida.

La carne, el pescado y los huevos

Mientras que la alimentación no se diversifica, la leche constituye la única fuente de proteínas animales con un elevado valor biológico. En el momento en que se introducen las verduras y las frutas, el aporte de proteínas animales se reduce como consecuencia de la disminución de la ingestión de leche. Esta reducción debe compensarse con la introducción de huevos, carne o pescado, cuya composición en aminoácidos es muy parecida a la de la leche. Huelga decir que el jugo de carne, que todavía suele recetarse, carece de interés nutritivo (como mucho, puede considerarse como una iniciación al sabor de la carne). Anteriormente, se aconsejaba «rascar» la carne con un cuchillo. Hoy en día, se venden productos para bebé con carne homogeneizada.

El niño puede comer todo tipo de carnes. No es preciso que el hígado sea de ternera; puede utilizarse también hígado de cordero, de volatería o de cerdo. Asimismo, puede tomar todo tipo de pescados. Algunos tienen un gusto muy fuerte y se tarda más en digerirlos: caballa, atún, arenque, sardina. Es preferible no ofrecérselos al niño cuando es muy pequeño, aunque a algunos les gustan.

Los huevos son una fuente rica en proteínas. Como la clara del huevo cruda puede provocar alergias, se recomienda preparar los huevos duros.

Los sesos son interesantes por la untuosidad que confieren a los preparados, pero su interés nutritivo real no está a la altura de su fama.

No es preciso comprar alimentos especiales para el niño. Para preparar su comida puede utilizar parte de lo que se cocine para todos, a condición de que la cocción se haya efectuado con muy pocas materias grasas. El niño empezará así a compartir los hábitos alimenticios de la familia.

Comer con cuchara

Familiarizarse ↑
Al principio, le tendrá que dar usted la comida con la cuchara. Si el bebé se muestra reticente, no lo obligue, vuelva a intentarlo al cabo de unos días. Para que se familiarice con este objeto, dele una cuchara de plástico. Déjelo jugar con ella fuera de las comidas y cuando le dé de comer. Permítale también coger trocitos de comida con los dedos.

Sujetar la cuchara ↓
Un día, el niño querrá comer sujetando él mismo la cuchara. Póngale una servilleta o un babero de gran tamaño. Para los primeros intentos, dele una cuchara pequeña y un puré muy consistente. Ensuciará la mesita, se manchará la cara, pero es un buen comienzo. Aprender a usar correctamente la cuchara para comer no es nada sencillo. Tenga paciencia.

Los alimentos homogeneizados ofrecen mezclas de verduras con carne y pescado perfectamente adaptados a las necesidades del niño. La proporción de carne o de pescado, así como su aporte de proteínas, varía bastante de un producto a otro, por lo que hay que fijarse bien en las etiquetas.

Las grasas

Mientras el niño ingiera más de medio litro de leche de continuación, no es necesario añadir materias grasas a la verdura. Si consume menos de medio litro de este tipo de leche, debería añadirse al puré de verduras uno o dos pellizcos de mantequilla, de margarina o de nata, o una cucharadita de aceite de oliva, de girasol o de soja.

Los potitos y los congelados

Los potitos para niños, preparados a partir de productos de buena calidad y sometidos a un riguroso control sanitario, disponen de la ventaja de estar listos, y de ser variados y prácticos. Son fáciles de digerir y, por regla general, bien tolerados, de modo que pueden utilizarse para preparar las comidas. Una vez abiertos, se conservan cuarenta y ocho horas en la nevera.

Para preparar las comidas del niño, también pueden utilizarse alimentos congelados de muy diverso tipo que, naturalmente, deben cocerse bien, como en el caso de los productos frescos. Los productos congelados mantienen todo el poder nutritivo del alimento hasta la hora de la cocción.

Es posible mezclar productos frescos y congelados, como por ejemplo, un filete de pescadilla fresca y un puré de zanahoria congelado. Si prepara una sopa o un puré con verduras frescas, se puede congelar lo que sobre, siempre que respete escrupulosamente las normas de congelación. No debe volver a congelar un plato que haya preparado a partir de productos congelados.

La cocción en horno microondas, muy rápida, puede servir para reducir el tiempo. El horno microondas es muy útil también a la hora de calentar los biberones y los platos, pero a veces se obtiene una temperatura muy alta, por lo que siempre debe comprobarse.

Menús progresivos

Entre los 6 y los 12 meses, las raciones de carne o de pescado irán aumentando de 10 g a 30 g al día. En cuanto a los purés, las raciones variarán según el apetito del niño. Debe dejarse que el niño beba en cada comida la cantidad de agua, no endulzada ni aromatizada, que quiera y, de vez en cuando, un poco de zumo de fruta, sin añadirle azúcar. Hay que aumentar la cantidad de bebida, incluida la de entre horas, cuando hace calor o el ambiente está seco. El niño no debe tomar gaseosa, no puede digerirla.

LA ANOREXIA DEL LACTANTE

La necesidad de alimentarse es instintiva en el lactante, pero comer se convierte también muy pronto en un acto voluntario. El apetito y el placer que le procura esta actividad se encuentran estrechamente relacionados con su humor, con las relaciones que mantiene con sus padres y las que éstos mantienen con él, en particular su madre, ya que, por regla general, es ella la que se encarga de darle de comer.

Cuando un bebé se niega a mamar o a comer, en primer lugar se debe comprobar con el pediatra que no sufra ningún trastorno digestivo ni enfermedad orgánica. Si ese no es el caso y el niño sigue negándose a comer, y si no gana o gana muy poco peso con el paso de las semanas, puede que se trate de una anorexia de origen psicológico. Se trata de un problema poco frecuente, pero que se debe tomar en serio; no suele manifestarse antes del segundo semestre de vida. El bebé se niega a tragar o, incluso, a abrir la boca y a separar los labios, vomita los alimentos más o menos masticados, se agita y llora. La ansiedad de los padres, que intentan entonces obligarlo a comer por fuerza, sólo sirve para empeorar las cosas. Para romper este círculo vicioso, el pediatra ayudará a los padres a valorar la cantidad de alimento que el niño realmente precisa y a confiar en su capacidad de adaptación.

Al margen de algunos casos excepcionales de anorexia grave que necesitan la ayuda de un psicoterapeuta, los lactantes «anoréxicos» no son menos despiertos y precoces, aunque sean menudos. Crecen despacio pero se desarrollan a su ritmo. Así pues, su salud no siempre es preocupante.

El gusto evoluciona con el paso de los meses, a la vez que se pasa progresivamente de los líquidos a los semilíquidos, de los semilíquidos a las texturas consistentes, de las texturas consistentes a las grumosas y de las grumosas a los trocitos.

El desayuno

Si al niño le gusta tomar el biberón de la mañana, no existe ningún motivo para suprimírselo. Puede beber de 200 ml a 250 ml de leche de continuación, sin olvidar unas cuantas cucharaditas de cereales especiales para niños. En este momento, la mezcla puede ser más espesa que al principio. Debe tenerse en cuenta la consistencia preferida del niño. Para conseguir la consistencia deseada se tendrá que incluir mayor o menor cantidad de cereales para papillas, según el tipo y la composición. Empezar con un buen desayuno es fundamental.

Si al niño no le apetece tanto el biberón, puede prepararle la mezcla en un bol y, de este modo, podrá tomar el desayuno con usted.

El almuerzo

• Entrante. Puede consistir en dos o tres cucharaditas de verduras crudas, trituradas.

• Segundo plato. Al principio, está formado por un puré de verduras trituradas y, posteriormente, hacia el 11.º mes, por verduras chafadas con el tenedor; también se venden purés para bebés desde 6 meses, deshidratados o listos para consumir. Sea cual sea el tipo de puré, se le añade una medida de la leche usada para el biberón (rica en hierro) junto con una pizca de mantequilla o media cucharadita de aceite.

No mezcle siempre la carne, el jamón, el hígado, el pescado o el huevo duro (*véase Cantidad diaria de carne, pescado o huevos*, p. 442) con la verdura, a fin de que el niño aprenda a distinguir los sabores... y los colores.

Para preparar una comida con rapidez, puede añadir a los potitos una medida de la leche en polvo y un poco de materia grasa.

• Postre. Un yogur o dos o tres cucharadas soperas de requesón, a los que se añade fruta cruda triturada o chafada, por ejemplo manzana o plátano (la composición del plátano es similar a la de la patata, así que conviene reservarla para las comidas con pocos cereales o pocas patatas), o fruta cocida, en forma de mermelada.

Hacia los 10 meses, el niño puede empezar a tomar rodajas finas de fruta pelada, que se chafan con facilidad (melocotón y pera, en especial) y queso blando.

Beber del vaso

Del biberón al vaso ↑
Antes de darle el biberón, ofrezca al niño un vaso de metal o de plástico con un poco de agua. La primera vez, gira la cabeza; no insista demasiado. Vuelva a probarlo los siguientes días, e insista algo más, a la vez que le enseña cómo beber del vaso. Mientras, déjele el vaso vacío: al manipularlo en todos los sentidos, se acostumbrará a este objeto nuevo.

¿Beber o jugar? ↓
Puesto que al niño le apetece llevárselo todo a la boca, pronto le gustará poder utilizar un vaso... para beber, pero también para divertirse. No lo riña si el líquido se le sale por un lado. Limítese a volver a llenar el vaso con pequeñas cantidades. Quíteselo de la mano cuando haya bebido. Ofrézcaselo de vez en cuando mientras come.

La merienda

Sin duda, todavía consistirá en el biberón (de 200 g a 250 g de leche de continuación); si al niño ya no le gusta tomar el biberón, puede sustituirse por un bol de leche con cereales para niño; con la misma leche pueden prepararse también unas natillas: la leche hervida aporta la misma cantidad de hierro. Poco a poco, se irá añadiendo una o dos galletas o cortezas de pan (la miga es indigesta si no se mastica bien), o un biscote chafado en un poco de leche, o incluso fruta cruda triturada o bien cocida, en forma de mermelada.

Vigile al niño cuando le dé alimentos en trozos: corre el riesgo de llevárselos enteros a la boca y no poder sacarlos.

La cena

• Contenido de la cena. Se añadirá leche de continuación (de 200 g a 250 g) al puré de verduras, tapioca o sémola, que el niño tomará con biberón o con cuchara, según la consistencia. Puede sustituirse por una sopa de verduras con una medida de leche en polvo. Varíe las verduras y las mezclas; evite el pimiento morrón y las hojas de col, que son indigestos; puede utilizar a veces sopas y purés deshidratados o listos para comer y los potitos para niños desde 6 meses. Si se ha incluido carne, un poco de huevo duro (la clara y la yema) o pescado en el menú del almuerzo, no debe volverse a incluir en la cena.

• Postre. Si ha tomado un producto lácteo en el almuerzo deberá constar de mermelada de frutas o de una fruta cruda, triturada.

♟ Quisiera saber

Mi hijo está demasiado rollizo, a pesar de que no le doy todo lo que quiere.

♟ Si el niño está realmente demasiado rollizo, quiere decir que come mucho y que, por lo tanto, está sobrealimentado. Las galletas que acompañan al desayuno o a la merienda, o tomadas entre horas, los postres dulces, la fruta fuera de las comidas, las bebidas azucaradas, etc., contienen muchas calorías suplementarias e inútiles que el organismo almacena en forma de grasas. Si a ello se le añade la falta de ejercicio, el niño se ve expuesto a problemas graves relacionados con la alimentación. En ocasiones existe un factor hereditario en la obesidad pero, por regla general, cuando un niño está demasiado rollizo se debe a que está sobrealimentado.

No dude en consultar con su médico si el niño presenta problemas de peso.

El niño se niega a comer ¿Qué debo hacer?

♟ Dele las comidas a horas regulares y con tranquilidad. No le ofrezca el postre antes que la verdura «para que por lo menos haya comido algo». Es aconsejable variar la presentación y no mezclar todos los alimentos de forma sistemática en un único puré. La comida no debería alargarse más de veinte minutos. Intente estar totalmente disponible ese rato. Evite los dramas: no lo obligue a comer a toda costa. El apetito de los niños es variable. Si el niño sigue sin comer realmente nada en absoluto, consulte con su médico.

¿Cuándo sabrá comer con cuchara?

♟ Los primeros meses, al mamar, el bebé recibe los alimentos casi directamente en la garganta. Hacia los 5 meses, el niño aprende a tragar los alimentos que se le ponen en la lengua o los zumos de fruta que se le dan con cuchara. En un primer momento, será usted quien manejará el cubierto: coloque los alimentos hacia el fondo de la boca y no en la punta de la lengua porque, si no, se los volverá a sacar. Algunos niños saben chupar y masticar muy pronto; otros no aprenden hasta los 8 meses o más tarde. A los 10 u 11 meses hay que animar al niño a comer solo con los dedos: bastoncillos de pepino, queso blando, cortezas de pan, etc.; el niño coge los alimentos con el pulgar y el índice o con toda la mano. El resultado puede sorprender, pero es el principio.

con otra persona, el niño acepta mejor la novedad. ¿Qué debo hacer?

♟ Es posible que en el jardín de infancia, o con la canguro, el niño acepte mejor los platos nuevos que se niega a comer en casa. No se sienta decepcionada si por la noche rechaza la sopa que le ha preparado con esmero. Estará mejor con un simple biberón y entre sus brazos...

El sueño

El niño empieza a sostenerse sentado, balbucea, come casi al mismo ritmo que los adultos y duerme durante toda la noche. Pero algunos niños son más dormilones que otros...

A los 6 meses, el bebé «sabe» dormir; ha adoptado el mismo ritmo que los adultos, en la proporción correspondiente. Duerme un promedio de doce horas por la noche, una siesta por la mañana, de una hora más o menos, otra siesta al principio de la tarde, más larga, y una tercera a final de la tarde (una hora más o menos). Cuando tiene alrededor de 1 año, duerme unas diez horas por la noche y una larga siesta después del almuerzo. Las veces que duerma y la duración de estos períodos de sueño varían según el niño. Es importante que los padres conozcan y respeten los ritmos de su hijo.

Sigue llorando por la noche

A partir de los 6 meses, algunos niños duermen peor. Sin duda, es necesario comprobar que no haya ningún problema (que esté limpio, que no tenga demasiado calor, etc.) pero, una vez realizadas estas comprobaciones, hay que resistirse al deseo de cogerlo y de darle algo de beber o de comer. ¿Lo ha cambiado de cama? ¿Se ha ido a dormir antes de que su padre o su madre haya regresado a casa? ¿Se ha acostado más tarde de lo habitual o sin respetar el ritual que sigue para irse a dormir? ¿Ha dormido la siesta a su hora de costumbre? ¿Se ha puesto nervioso al final del día en un ambiente ruidoso o por una repentina actividad? Es tarea de los padres conseguir que el transcurso del día favorezca el sueño nocturno, elemento fundamental para el equilibrio del niño.

Duerme demasiado

Un niño con buena salud y feliz no duerme nunca demasiado, pero una prolongación inusual de la duración del sueño debe alertar a los padres. Puede que incube una enfermedad. Conviene echar un vistazo a la habitación: ¿respira con regularidad y silenciosamente?, ¿tiene fiebre? En caso de duda, hay que tomarle la temperatura. Si la situación persiste, es mejor que le examine el pediatra. Si no está enfermo, se deberá observar su comportamiento cuando está despierto. ¿Parece triste? ¿Juega menos que antes? Intente comprender el motivo. Es posible que se refugie en el sueño y con ello le revele algún malestar. Háblele con cariño, consuélelo y, si se da el caso, hable con las personas que cuidan de él durante el día para descubrir cuál es el problema.

No duerme bastante

Si, aún así, está en plena forma y de buen humor, significa que no necesita dormir más. Corresponde a los padres adaptarse y organizarse en función de este temperamento fogoso. Sea como fuere, alrededor del niño debe mantenerse un clima tranquilo y estable, en el que pueda tener sus puntos de referencia: su habitación con su decoración de siempre, sus objetos familiares. Y, por encima de todo, un entorno afectivo tranquilo, ya que el niño es muy sensible a ello.

LA NECESIDAD DE SUEÑO DEL BEBÉ CADA 24 HORAS

Al nacer: de veinte a veintitrés horas.

El 1.er mes: de dieciséis a veinte horas, en períodos de tres o cuatro horas seguidas, sin distinguir entre el día y la noche.

Entre el 1.er y el 4.º mes: de dieciséis a dieciocho horas, en períodos de cinco a seis horas a partir del 2º mes, hasta alcanzar nueve horas seguidas por la noche hacia el 3.er mes.

A partir del 4.º mes: de catorce a dieciocho horas, de las que entre nueve y doce son por la noche (por regla general, de un tirón, puesto que ya no se despierta para comer), y entre cinco y seis horas más de día (a menudo repartidas en tres bloques: por la mañana, a principio y a final de la tarde).

Hacia el 8.º-12.º mes: de catorce a dieciséis horas, de las que aproximadamente doce son por la noche, más una siesta larga tras el almuerzo.

Las actividades del bebé

Entre los 6 meses y el año de edad, el niño se desarrolla de forma espectacular. Manifiesta abiertamente su deseo de hablar y de jugar, y adquiere suficiente libertad de movimientos para empezar a explorar por sí solo el universo donde ha crecido.

A partir de los seis meses, el niño empieza a repetir continuamente sonidos, sílabas; intenta imitar lo que oye decir a sus padres. Su voluntad de comunicarse con los demás crece, a la vez que comprende cada vez mejor lo que le dicen. Es el período en que empieza a jugar, no sólo con su cuerpo, sino con los objetos que intenta coger.

También llega la época en que podrá sostenerse sentado y pronto empezará a desplazarse solo, a gatas. Enseguida, querrá explorar el espacio que lo rodea, tocarlo todo y llevárselo todo a la boca. Para él los descubrimientos se multiplican. Para los padres, la educación se vuelve algo más complicada.

La comunicación

Tras el balbuceo de los primeros meses (*véase* p. 199), ahora el niño se divierte asociando sonidos, formando sílabas, designando así los objetos y nombrándolos para que acudan a él. Estas primeras sílabas, que suelen ser *ba, da, pa, ta*, pueden designar todo tipo de cosas, ya que, si bien el niño empieza a interesarse por lo que lo rodea, sus medios de comunicación verbal son todavía pobres. Cuando dice por primera vez *pa-pa*, puede estar pensando tanto en su padre como en su madre: le resulta mucho más sencillo pronunciar las consonantes sonoras como la *p* o la *t* que la *m* de mamá.

Aprender a hablar no es una acción simplemente intelectual, sino que depende también del desarrollo afectivo, de cierta madurez. Para tener ganas de hablar con los demás, el niño tiene que haber roto previamente su relación exclusiva con su madre. Por otro lado, necesita recibir respuestas a sus «disertaciones»; respuestas que le permitirán enriquecer su lenguaje de forma progresiva. Cuando esté con el niño, acostúmbrese a decirle algunas palabras mientras hace los gestos de la vida diaria. En especial, deben aprovecharse los momentos privilegiados del baño y las comidas para hablarle, evitando, dentro de lo posible, los ruidos «parásitos» de fondo (la radio, la televisión), que podrían distraer su atención. El bebé es particularmente sensible a las entonaciones y a la melodía de la voz. No dude en acentuar las palabras al hablarle. Si se le habla con un tono demasiado monocorde, no se sentirá inclinado a establecer el diálogo.

Los juegos

En las primeras etapas de su vida, el niño juega, sobre todo, con su propio cuerpo (los pies, las manos) o con el cuerpo de su padre o su madre. Pero, a partir del segundo semestre, empieza a considerar suyos algunos objetos. Ya es capaz de coger varios objetos a la vez, de pasárselos de una mano a otra, de identificarlos por el color, la textura, el movimiento y la sonoridad. Sabe manipularlos, diferenciarlos y reconocerlos. Le gusta llevárselos a la boca para chuparlos o morderlos, y lanzarlos lejos para intentar conseguir que vuelvan. Pueden situarse varios juguetes alrededor del niño en el parque o en un rincón de una habitación. Así, el bebé se familiarizará con este espacio de juego y

EL LENGUAJE: ¿CUÁNDO HAY QUE EMPEZAR A PREOCUPARSE?

Hay que dejar que el bebé aprenda a hablar a su ritmo. Algunos niños aprenden muy deprisa y otros, no tanto. Sin embargo, si durante el primer año observa que el niño no balbucea o que deja de hacerlo, si le da la impresión de que no la comprende y no muestra interés cuando le habla, coméntelo con el pediatra. Éste analizará las distintas facetas de la evolución del niño y, seguramente, practicará un examen de la audición.

elegirá por su cuenta los objetos que le gustan y que va a usar más a menudo.

¿Qué juguetes hay que elegir?

Para el niño, cualquier objeto puede convertirse en juguete, lo que no le impedirá ser especialmente sensible a los que se le ofrezcan. ¿Cómo elegir un juguete de entre los muchos productos que hay en el mercado? En primer lugar, es preciso que se adapte a las características físicas y a la edad del niño.

A partir de los 6 meses y hasta los 18 meses, es mejor optar por juegos que favorezcan el despertar de los sentidos, el aprendizaje de la movilidad y la capacidad de imitación.

• *Los primeros juguetes.* Los juguetes que se le ofrecen normalmente a un niño de entre 6 y 7 meses suelen desempeñar una función importante en su vida afectiva. Así pues, los peluches o las muñecas, preferiblemente de tela los primeros meses, se convierten con rapidez en un objeto de atención y de cariño para el niño e incluso, en algunas ocasiones, en un «objeto transicional» (*véase* p. 225).

El móvil, cuando es un simple elemento decorativo, se colgará en un sitio que el niño no tenga constantemente a la vista. El bebé se sentirá muy atraído por sus colores, movimiento o música y querrá cogerlo y chuparlo. Así pues, se impone la prudencia. Pasados los 8 meses, los juguetes para el baño adquieren importancia: el niño, sentado en el bañera, puede utilizarlos para llenarlos de agua y volver a dejarla escapar.

• *Los juguetes de desplazamiento.* Todos los juguetes de los que el niño debe tirar, o que tiene que empujar o hacer rodar, lo acompañarán en el aprendizaje de la marcha y le servirán para coordinar mejor sus movimientos. Los juegos de cubos que debe apilar o encajar desarrollan su habilidad y su inteligencia, ya que aprenderá a manipularlos con destreza y a reconocer su forma y su color. Con los cubos, el niño puede también dedicarse al juego de construcción-demolición, y al de coger y lanzar (*véase* p. 224), ritual importante que indica hasta qué punto el niño adquiere conciencia del poder que tiene sobre los objetos.

• *Los juguetes para actuar como los adultos.* Todos aquellos juegos en los que se debe golpear permiten al bebé expresar su agresividad, así como practicar para

Jugar con objetos

Examinar ↑

Después de jugar con su cuerpo (las manos, los pies, etc.), a partir de los 6 meses, aproximadamente, el niño se interesa por los objetos. Ya es capaz de sujetarse sentado y ha adquirido mayor habilidad para utilizar las manos como si fueran unas pinzas, de modo que puede coger los cubos (con la mano derecha tan bien como con la mano izquierda). Atraído por los colores y las formas, los examina con atención, aprende a reconocerlos y a distinguirlos: desarrolla su inteligencia.

Manipular ↓

De este modo, el bebé se distrae solo mucho rato. Toma los cubos, los cambia de mano, los deja, los vuelve a agarrar, los desplaza, cuando no se los lleva a la boca... Construir y destruir una torre, coger los cubos y lanzarlos de forma repetida se convierte pronto en su juego favorito... y revelador: a la vez que mejora sin cesar su habilidad, el niño va adquiriendo conciencia del poder que tiene sobre las cosas.

dominar sus gestos. También le ofrecen la ocasión de imitar a los mayores. Por otra parte, todos los juegos basados en la imitación del mundo real y de los adultos (teléfono, maletín de médico o caja de herramientas, cocinitas, granjas, garajes) ayudan sin duda a construir la personalidad.

Prevenir los peligros

A partir de los 8 o 10 meses, el niño empieza a moverse de forma autónoma. Pronto puede llegar hasta una gran cantidad de objetos. Si se le permite moverse a su antojo, hay que estar muy atentos a su seguridad (*véase* el recuadro) así como delimitar el «territorio» de los adultos poniendo fuera de su alcance las cosas que se aprecian. No se debe dejar que el niño manipule objetos demasiado pequeños que podría tragarse, ni los objetos cortantes o pesados que podrían dañarle. También hay que retirar las telas que se deshilachan (y con las que podría ahogarse), los objetos con una capa de pintura tóxica y los de cristal o de plástico que pueden romperse. El niño se sentirá atraído por multitud de cosas. Por lo tanto, hay que protegerle del posible peligro que representan los elementos domésticos: el fuego de la cocina, las tomas de corriente, las agujas de coser y de tejer, etc.

El movimiento

En el momento de nacer, el niño mantiene sus miembros muy tónicos, e incluso, con ayuda, puede llegar a sostenerse sobre las piernas; en cambio, el tronco, muy débil todavía, debe sujetarse siempre a la altura de la nuca o de la columna vertebral. Al cabo de pocas semanas, las manos empiezan a abrirse para coger objetos, las extremidades se aflojan y pierden su elevado tono original. Por contra, los músculos del cuello y de la espalda adquieren fortaleza: pronto puede mantener la cabeza erguida, girarla y levantarla del colchón. Boca abajo, puede incorporarse apoyado sobre los antebrazos y darse él solo la vuelta en la cama. Antes de sostenerse sobre las piernas y de desplazarse con un apoyo y, por último, de andar solo, atraviesa etapas intermedias: aprende a mantenerse sentado y a avanzar a gatas.

Gatear

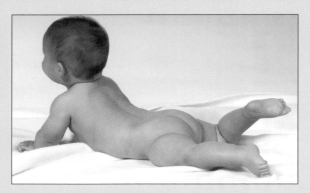

Cada cual con su técnica ↑
A partir de los 4 meses, el niño se incorpora apoyado sobre los antebrazos, levanta la cabeza con curiosidad e intenta avanzar. Más adelante, sus movimientos, realizados con mayor dominio, se vuelven más eficaces. Pero cada niño tiene su propia forma de desplazarse: sobre la barriga, como un nadador; sobre las nalgas, o de lado sobre las rodillas, doblando las piernas como haría un remero, con las nalgas echadas hacia atrás...

Déjelo a su aire ↓
No importa demasiado cómo lo haga. Déjele que adopte la técnica que más le convenga para conseguir lo que quiere. Anímelo en sus esfuerzos.

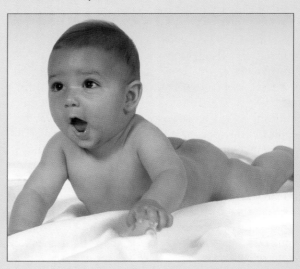

DESCUBRIR, PERO SIN NINGÚN PELIGRO

El niño empieza a mantenerse sentado, a andar a gatas; puede, pues, escaparse de la vigilancia de los padres y hacerse daño. Le presentamos algunas reglas de seguridad para que pueda explorar el mundo sin peligro ni «sustos». No se debe poner jamás sobre una mesa una silla portátil con el niño dentro. Nunca debe estar sin sujeción ni vigilancia en la trona. No debe quedarse nunca solo sentado entre cojines. Cuando empieza a desplazarse solo, hay que vigilarlo, aunque sin obligarle a moverse o impedírselo. No se debe refrenar sin cesar su curiosidad con un montón de prohibiciones, tan numerosas como incomprensibles para él. Conviene mantenerse firmes en algunas prohibiciones claras y bien elegidas, y dejarlo descubrir el mundo que lo rodea. No deben quedar a su alcance objetos pequeños que podría tragar. Y, si quiere gozar de algún momento de total tranquilidad, no dude en instalarlo de vez en cuando en el parque.

Heridas y chichones

Para las heridas sin importancia, imposibles de evitar, existen algunas curas sencillas. Limpie la herida con agua y jabón líquido suave, y luego desinféctela con un antiséptico líquido incoloro. Si la herida es pequeña y sus bordes se unen espontáneamente, cúbrala con una tirita. Si la herida, pequeña, ha dejado de sangrar pero los bordes están algo separados, cúbrala con un apósito de gasa estéril con un esparadrapo hipoalergénico y controle al cabo de cierto tiempo cómo evoluciona. Si la herida es más profunda, el médico deberá practicar puntos de sutura. Si se trata de un chichón, aplique con suavidad una pomada a base de árnica y una compresa con hielo.

Sentarse

La edad a la que el niño empieza a mantenerse sentado varía mucho de un bebé a otro. Por regla general, se sitúa entre los 6 y los 10 meses. Algunos niños, con un mayor tono muscular, realizan progresos motores rápidos. Otros, más «blandos», mantienen la espalda arqueada y se caen siempre que se intenta dejarlos sentados. Cada bebé progresa a su ritmo, y muy a menudo se trata del mismo ritmo al que se desarrollaron sus padres. En ciertas familias o en ciertos grupos étnicos, los pequeños se mantienen sentados y empiezan a andar de forma tardía. Sin embargo, a partir del final del segundo año, pueden hacer las mismas cosas que los bebés muy «adelantados», que podían sentarse a los 6 meses y que andaban antes de haber soplado la primera vela de cumpleaños. La precocidad o, por el contrario, el retraso que se observa en ocasiones en los movimientos del niño, reflejo de su tonicidad corporal, no aporta ningún indicio sobre su desarrollo intelectual.

Estar sentado precisa la participación de muchos músculos: los de la espalda, los muslos y la nuca. Esta postura suele resultar más cómoda para los bebés que tienen las nalgas rollizas. El niño, instalado en un principio en un asiento reclinable o afianzado por cojines, empieza, a partir de los 6 meses, a mantenerse en un equilibrio más o menos estable al estar sentado: arquea la espalda, inclina la cabeza hacia las piernas, extendidas en horizontal, e intenta apoyarse sobre ambos brazos. Esta posición se va estabilizando y reforzando con el tiempo. La cabeza del bebé se vuelve menos pesada, la espalda se le endereza y consigue mantenerse sentado sin la ayuda de los brazos, lo que le permite usar las manos para jugar y efectuar gestos.

A gatas

Ya en las primeras semanas, el recién nacido puede desplazarse en la cuna mediante movimientos de reptación para, por ejemplo, colocar la cabeza contra el extremo de la cama. A los 4 meses de edad, se incorpora sobre los antebrazos, levanta la cabeza con curiosidad e intenta replegar las piernas bajo la barriga para poder avanzar. De este modo empieza a desplazarse de un sitio a otro de la habitación. Por lo menos, ése es el caso de algunos bebés.

También los hay que no andarán jamás a gatas: se encuentran muy a gusto sentados y pasarán directamente a estar de pie sin intentar moverse por otro medio que no sea andar. Otros, en cambio, no saben estarse quietos y encuentran la forma de desplazarse a gatas que más les conviene; por ejemplo sentados, doblando las piernas para deslizar las nalgas, de una forma que recuerda un poco a un remero. Algunos de estos bebés inquietos no empiezan a andar hasta bastante tarde: no sienten deseos de ponerse de pie y correr el riesgo de una caída, cuando su técnica «a cuatro patas» les permite desplazarse deprisa con total seguridad…

Cuando el bebé se mueve por todas partes

Gracias a sus nuevas facultades, el niño se lanzará a descubrir el mundo. Intenta explorar las habitaciones donde están los mayores, lo quiere tocar todo y llevárselo todo a la boca, que sigue siendo un método de conocimiento privilegiado. Se ha terminado la época en que se quedaba prudentemente en la cuna. A partir de ahora, investiga el espacio de los adultos y se muestra dispuesto a destrozar todo lo que cae en las manos. Frente a un bebé lleno de vida y totalmente insensible a los razonamientos del adulto, la educación se vuelve bastante delicada. Los padres deben velar por la seguridad del niño (*véase* p. 254-255), respetar sus progresos y conservar, al mismo tiempo, su propia vida privada.

A la edad de estas primeras exploraciones, no puede decirse *no* a todo lo que el bebé emprende. No es conveniente intentar someterlo a mil normas, sino que hay que mantenerse firmes en algunas prohibiciones, siempre las mismas. Se le debe conceder el derecho a moverse y a satisfacer su curiosidad. Esta sed de descubrimiento es, en efecto, un elemento motor fundamental en su crecimiento y su plenitud. Por lo tanto, hay que favorecerla, lo que no significa dejar que el niño haga lo que quiera de cualquier manera.

Lo ideal es poder reservarle un lugar libre de peligros, sin tomas de corrientes ni superficies donde pueda encaramarse: el parque, con sus objetos familiares, será el lugar donde puede tocarlo todo, sin riesgo de romper o estropear objetos que los padres valoran. Es preferible un parque de madera con barrotes, que permite al niño agarrarse y levantarse fácilmente, que los parques más ligeros con red.

Fuera de este pequeño universo que puede estropear y ensuciar a sus anchas, conviene retirar las plantas, así como cerrar las puertas, los muebles y los armarios con llave (¡y quitar las llaves!). Si se dispone de una escalera interior, deberá instalarse una pequeña barrera. No debe dejarse una silla o un sillón bajo una ventana abierta, etc.

Encaramarse a las cosas

De rodillas ↓

De rodillas, el bebé se apoya sobre las manos. Cuando encuentra un punto de apoyo más alto que el suelo, el campo visual del niño se modifica, se ensancha. De la misma forma, cuando se pone de pie agarrándose a los barrotes del parque o a los patas de una mesa, descubre cosas nuevas. Pronto empezará a encaramarse a los sillones y a escalar las sillas. Permita que lo haga, pero sin dejar de vigilarlo.

A gatas ↑

Ahora que ya puede no sólo moverse sino también desplazarse por sus propios medios, al bebé le encanta explorar el espacio en el que vive. Lo mejor es procurar no dejar nada por el suelo, excepto sus juguetes o sus muebles, que le proporcionan el apoyo necesario para ponerse de pie, lo que no es poca cosa: las nalgas todavía le pesan mucho y el equilibrio es inestable.

El desarrollo de la personalidad

Tras los seis primeros meses de vida, en que existe básicamente a través de su madre, el niño va adquiriendo conciencia de que es un ser autónomo, independiente de quien le ha dado la vida. Entonces, se abre un poco más hacia el mundo exterior.

El segundo semestre constituye una época muy importante en la construcción de la personalidad del niño. Se trata del momento en que el bebé vive experiencias fundamentales, a pesar de que a veces resulten dolorosas. Hacia los 8 meses de edad, el niño se da cuenta de que su madre no es una más entre el resto de personas, que es única y que la prefiere a las demás. Este descubrimiento suscita una ansiedad real, puesto que esta madre insustituible no siempre está con él. Muchas veces, aproximadamente en esa misma época, se apega a un objeto de su elección, que se convierte en «objeto de seguridad». Al mismo tiempo, es capaz de constatar la desaparición de un objeto, así como su reaparición. Lo comprueba repetidamente, por ejemplo, lanzándolo y volviéndolo a coger muchas veces. Así pues, sus relaciones con los demás y con los objetos se modifican; aprende a ser más independiente, más autónomo. La evolución de sus reacciones delante de un espejo revela asimismo cómo poco a poco adquiere conciencia de su individualidad.

La ansiedad del 8.º mes

A los 8 meses de edad, el niño vive una transformación afectiva importante. Hasta entonces, podía sonreír a cualquier desconocido que le mostrara interés, sin manifestar ninguna reacción negativa ante el «extraño». A partir de ahora, distingue de forma muy clara entre su madre y los demás. Cuando un desconocido intenta cogerlo en brazos, llora porque tiene miedo. Este miedo es el signo de que su madre se ha convertido en algo muy especial, al que destina todo su amor. Para el bebé, ella es única y la prefiere a cualquier otra persona. A partir de ese momento, asocia cualquier rostro desconocido a la ausencia temporal de su madre mientras que, por el contrario, los rostros conocidos de su padre y de sus hermanos le son todavía más queridos porque los relaciona directamente con la imagen materna.

Transformaciones útiles

La figura materna se ha convertido en algo insustituible para el niño, pero no siempre está con él para responder a su llamada. Sus sentimientos hacia ella (también hacia su padre) se vuelven más ambivalentes: marcados a la vez por el amor y por cierta agresividad.

Las transformaciones afectivas que vive el niño a lo largo de este período le ayudan a adquirir conciencia de su existencia, independiente de la de su madre, y son indispensables para la construcción de su personalidad. En esta época, el niño comprueba que un mismo objeto, como en este caso su madre, puede ser a la vez fuente de placer y de sufrimiento. Puesto que acaba entendiendo que su madre es distinta de él y que puede estar ausente, aprende poco a poco a consolarse solo y a crearse un universo personal. Es importante que conserve toda la confianza en su madre y que sepa que ésta le querrá siempre.

La necesidad de afecto

Esté disponible y atenta cuando se encuentre con el niño (consejo válido también para el padre). Poco a po-

SUAVIZAR LA ANSIEDAD DEL 8.º MES

Cuando vaya a dejar al niño, no dude en explicarle (aunque le parezca muy pequeño para entenderlo) que va a dejarlo con alguien que sabrá cuidar de él. Dígale que pronto irá a recogerlo. El niño experimenta la ansiedad de la separación pero, cuando ve que su madre vuelve a buscarlo, va comprendiendo que ésta no desaparece y que puede contar con ella y con su amor. Si ya ha mostrado un cariño especial por un objeto, sea el que sea, es conveniente llevar este «objeto inseparable» al jardín de infancia o con la canguro: para el niño, eso significa llevar con él una parte de su hogar.

Agarrar y volver a lanzar: un juego revelador

Durante el segundo semestre de vida, las capacidades psicomotoras del bebé han aumentado claramente: puede lanzar un objeto, desplazarlo, cambiárselo de mano. Su juego preferido consiste muchas veces en tomar un objeto, lanzarlo, volverlo a agarrar, lanzarlo de nuevo, más lejos esta vez, y pedírselo a un adulto. Repite de forma incansable estos gestos hasta que se ha convencido totalmente de que el objeto sigue existiendo incluso cuando él no lo ve. Entonces, y sólo entonces, acepta sin llantos separarse de él, exactamente de la misma forma que acepta mejor la ausencia de su madre una vez ha constatado que ésta siempre vuelve.

A esta edad, el bebé adquiere la facultad de acordarse lo suficiente de un objeto para comprobar que ha desaparecido e intentar buscarlo. Con anterioridad, para él un objeto dejaba de existir cuando dejaba de verlo. Esta nueva etapa, que el psicólogo infantil suizo Jean Piaget (1896–1980) denominó «de la permanencia del objeto», es vital en el desarrollo del niño, puesto que significa que ya es capaz de representar mentalmente un objeto que no está presente. Claro está, el hecho de que las dos etapas (de la permanencia del objeto y de la ansiedad del 8.º mes) se produzcan a la vez, precisamente a partir de los 8 o los 9 meses, no se debe al azar. Estas dos evoluciones ponen de manifiesto una misma cuestión: el niño se individualiza y adquiere conciencia de que es distinto a lo que lo rodea, seres humanos u objetos. Esta fase, que coincide con el apego intenso por los seres próximos, en especial por la madre, señala el inicio de la autonomía del bebé.

co, el bebé se irá tranquilizando al ver que su madre siempre vuelve y que no lo abandona, de modo que aprenderá a soportar la ausencia, a jugar solo y a abrirse más al mundo que lo rodea.

Podrá constatar esta evolución si se fija en la actitud del niño cuando lo coge en brazos: antes tenía tendencia a acurrucarse contra usted, a hundir la cara contra su pecho y a doblar los brazos contra su cuerpo; ahora, cada vez más, se va incorporando, vuelve la cara al exterior y tiende las manos hacia las cosas o las personas que lo rodean.

La llamada «ansiedad del 8.º mes» es un fenómeno muy real para el niño. Es importante que, cuando se vaya, le explique que va a volver. Es cierto que la separación se produce a cualquier edad y que siempre resulta delicada pero, a los 8 meses, la adaptación a cualquier tipo de cambio es todavía más difícil. El niño expresa ansiedad, por lo que es necesario rodearlo de muchas atenciones.

La constatación de la propia existencia

Si se observan las reacciones de un bebé frente a un espejo, se puede entender cómo va adquiriendo la convicción de que se trata de un ser autónomo. Esta fase, denominada «estadio del espejo», descrita por psicólogos o psicoanalistas como Henri Wallon (1879-1962) o Jacques Lacan (1901-1981), se desarrolla en diversas etapas, entre los 6 y los 18 meses de edad.

A los 6 meses, el bebé percibe su imagen en el espejo pero no sabe que es la suya y cree que se trata de un ser real. Si ve en el espejo a su padre o a su madre, les sonríe y, si le hablan, se vuelve hacia ellos, pensando que los ve dos veces. Hacia el 8.º mes, muestra una reacción de sorpresa cuando se ve en el espejo pero todavía no se reconoce. A los 9 meses, extiende la mano hacia su imagen en el espejo y parece sorprendido al tocar el cristal, como si estuviera convencido de que la imagen es de otro bebé y se extrañase de no poderlo tocar. En ocasiones, llega a mirar al espejo cuando se llama.

A los 12 meses ha comprendido que el espejo refleja la imagen de los objetos de su alrededor y, en especial, de sí mismo. El espejo se convierte en un juego: le muestra su imagen, se sonríe, se hace muecas, toca y lame el cristal. Si ve reflejados a su madre o a su padre, los mira con atención y luego se vuelve hacia la persona real. De este modo podrá reconocer gradualmente (entre los 12 y los 18 meses) su propia imagen, así como la de las personas más próximas, y comprenderá que el reflejo que ve en el espejo no es un ser real.

Esta etapa es fundamental, puesto que el niño adquiere entonces una imagen global de su cuerpo: constata visualmente y adquiere conciencia de que es un ser independiente de los demás. Este mecanismo esencial también se irá reflejando en el lenguaje, al entender mejor quién es «yo» (*véase* p. 260).

Se chupa el pulgar

Muchos lactantes ya se habían empezado a chupar el pulgar durante su vida intrauterina. Tras el nacimiento, este hábito persiste, en especial durante el primer año, período de la vida en el que son bastante proclives a llevarse a la boca todos los objetos que encuentran. Se ha observado que los bebés alimentados con leche materna sienten menos necesidad de chuparse el pulgar que los niños que toman biberón. Quizá se deba a que los primeros disponen cada día de ratos de succión bastante largos, al contrario que los segundos que, como se toman el biberón en unos minutos, deben satisfacer su necesidad de succión fuera de las comidas.

Al chuparse el pulgar, el niño intenta sentirse seguro. Cabe destacar que los bebés africanos, tranquilizados por la presencia de su madre, que los lleva casi todo el día consigo, pocas veces se chupan el pulgar. Muchos bebés que no se han chupado jamás el pulgar de forma espontánea, se calman cuando se les ofrece una tetina.

¿Pulgar o chupete?

De hecho, no existen normas: deje que el niño se chupe el pulgar u ofrézcale un chupete. Hoy en día, los chupetes ya no deforman el paladar (el pulgar tampoco). Por contra, el chupete se pierde con mayor facilidad y no siempre está todo lo limpio que debería. Algunos niños conservan durante mucho tiempo la costumbre de chuparse el pulgar: hasta los 6 años o incluso más. Si sólo lo hacen para dormirse o porque están cansados, no hay motivo de alarma. Si adoptan esta actitud gran parte del día (en especial en la escuela) puede significar ansiedad o que se encierran en sí mismos, y hay que tenerlo en cuenta.

La importancia del «objeto de seguridad»

A los 8 meses, aproximadamente, el niño suele tomar afecto a un objeto de su elección. Toma posesión de una cosa exterior a su cuerpo, que no son ni su pulgar ni sus dedos. Un comportamiento de este tipo constituye una prueba más de su apertura hacia el mundo exterior.

El pediatra y psicoanalista británico Donald Winnicott (1896-1971) designa este objeto con el término «objeto transicional». Winnicott explica que el amor que el niño siente por este objeto marca una transición entre el período en que formaba un solo ser con su madre y una etapa ulterior de su desarrollo en la que cesa de identificarse totalmente con ella.

La elección del objeto

¿Por qué adquiere el niño más apego a un objeto que a otro? Resulta obvio que sus criterios no son estéticos, en el sentido que los adultos damos a esa palabra. El niño es más bien sensible a la textura y al olor de las cosas que a su forma o, incluso, a su color. Así pues, sin que se sepa por qué, va a sentir devoción por un trozo de tela informe, aunque disponga de peluches o muñecas, y lo va a bautizar (con una onomatopeya o un nombre). Debe dejarse que el niño elija con total libertad este primer objeto que considera como de creación propia y no como un regalo recibido de sus padres. Winnicott insiste en la necesidad de admitir que cada bebé debe poder, en cierto modo, «crear el mundo» de nuevo. También indica que el objeto transicional es la primera expresión de esta acción creativa. Ése es el motivo de que este «objeto de seguridad» sea algo tan preciado para el niño. No se lo olviden al ir de viaje. Hay que evitar lavarlo demasiado a menudo para que conserve ese olor único que resulta tranquilizador para el bebé. Si, en este período de su desarrollo, se empieza a dejar al niño al cuidado de terceras personas, la separación no le resultará tan difícil si cuenta con la presencia de este objeto que le recuerda el hogar y sus seres queridos. Ciertos niños que no encuentran un objeto transicional parecen tolerar peor las ausencias de su madre y les cuesta más consolarse por sí solos; otros, para consolarse siguen chupándose un dedo, objeto transicional siempre presente.

Amar y destrozar

El niño cuenta con todos los derechos sobre este objeto que ha elegido, comprendido el de destrozarlo. Durante varios meses, quizá varios años, el objeto transicional será algo único e insustituible, a pesar de que el niño se vaya interesando por otros juguetes. No hay que tirar jamás este «objeto de seguridad»: causaría al niño una tristeza terrible. Más adelante, cuando la transición haya finalizado totalmente, el propio niño perderá el interés por ese objeto y lo abandonará, sin sentirlo como una pérdida.

Las relaciones familiares

A partir de los 6 meses, el niño se abre más al mundo exterior. Las relaciones que mantiene con los que lo rodean y, en especial, con los miembros de su familia, adquieren cada vez mayor relevancia.

Hoy muchas mujeres trabajan fuera de casa y los hombres comparten con ellas las tareas domésticas y se encargan igualmente de los cuidados del bebé. Aún así, el papel del padre es específico. Para los hermanos y hermanas mayores, el bebé es un intruso ante el que tienen que defender su posición en el seno de la familia. Los padres deben procurar no desatender a los hijos mayores con el pretexto de que precisamente... ya son mayores. En cuanto a los abuelos, se trata de figuras importantes para el desarrollo del pequeño en relación al mundo exterior.

Un padre distinto a la madre

La mayoría de las veces, al padre le apetece alimentar, cambiar y mecer al niño. Pasado el primer semestre, en especial hacia los 9 o 10 meses, el bebé le parece menos frágil. Ya no duerme tantas horas al día y come prácticamente al mismo ritmo que sus padres. Empieza a balbucear, puede mantenerse sentado, se desplaza solo e intenta ponerse de pie. Solicita cada vez más la presencia de sus padres para que se diviertan con él.

El padre se siente entonces más cómodo, al constatar que el niño es fuerte, activo y se ríe por cualquier cosa. Lo toca, lo sacude con seguridad, empieza «hacer el gamberro» con él... La forma en que un padre juega con el niño suele ser muy distinta a la de la madre. Y es mejor así. Estos juegos más físicos desempeñan una función importante en el desarrollo de las capacidades motoras del niño. A la edad en que el niño adquiere conciencia de que es un individuo independiente de sus padres, resulta importante que reconozca en su padre y en su madre a dos seres muy distintos. Necesita establecer relaciones diversificadas, que servirán para enriquecer su personalidad y para permitirle encontrar mejor sus puntos de referencia. Por este motivo, no deben confundirse los papeles de padre y de madre, incluso en el caso de que el padre se ocupe con regularidad del niño, para darle de comer o bañarlo.

Los hermanos y las hermanas

La transformación del recién nacido que mama, llora y se pasa todo el día durmiendo en un niño «verdadero», bullicioso y casi autónomo, es para el hermano mayor un nuevo conflicto. El bebé se ha convertido en un ser mucho más vital, capaz de desplazarse y de reclamar la atención de los adultos. Se apodera de los juegos de su hermano mayor, que no encuentra en él el compañero de juegos que esperaba sino más bien un aguafiestas desobediente. Se debe conservar el universo del hijo mayor y calmar la irritación, o incluso la cólera, que pueda manifestar hacia su hermano menor. Es una fase difícil de superar.

Ocuparse del celoso

Para un niño mayor, el bebé que acaba de nacer se convierte en un rival, por lo que es preciso evitar sus celos reconociéndole ciertas prerrogativas y valorándolo.

MOSTRAR EL MUNDO AL BEBÉ

Darle el biberón, bañarlo, mecerlo y abrazarlo... ¡Hay tantas actividades que, pasados los primeros días de vida del bebé, no son exclusivas de la madre! El padre también puede intervenir. Y para ayudar al niño a descubrir el pequeño universo que lo rodea, el padre desempeña una función esencial. No tema ser patoso a la hora de tomar al niño. Se trata de algo que se aprende. Las mujeres tampoco lo hacen de forma «instintiva». No espere a que tenga de 6 u 8 meses para tomarlo en brazos: aunque sea tan preciado como fina porcelana, ¡no tiene su fragilidad! Póngalo en sus brazos o, mejor dicho, sobre uno de sus brazos y sosténgalo firmemente por debajo de las nalgas, con la espalda contra su pecho: de este modo, le deja ver el mundo y todavía le quedará un brazo libre para mostrarle lo que lo rodea.

Demuéstrenle que todavía lo quieren, háganle saber que se sienten orgullosos de él por lo que ya sabe hacer: hablar, andar, correr, ayudar en casa... No se le debe reñir sistemáticamente en cuanto se muestra algo agresivo con su hermanito, y es necesario, sobre todo, seguir ocupándose de él individualmente.

Dedíquele regularmente un rato para jugar sólo con él; propóngale salir sin llevar también al bebé. Al ser el primero, ha gozado durante mucho tiempo de sus padres en exclusiva. Es preciso que todavía tenga la posibilidad de estar a solas con ellos. Ayúdenlo a conocer mejor a su hermanito. Conviene que le enseñen lo divertido que puede ser el bebé. El hermano pequeño suele sentirse muy atraído por el mayor, le sonríe con agrado y casi siempre quiere imitarlo.

Conflicto y complicidad

Las relaciones entre hermanos son forzosamente fuente de dificultades. Exigen la paciencia y la comprensión de los padres. Durante una gran parte de su infancia, los hermanos se van a pelear con frecuencia sin dejar de quererse. Estas relaciones tempestuosas son a la vez muy enriquecedoras y contribuirán a forjar la personalidad de cada uno de ellos. Más allá de los conflictos y de los celos mutuos, se establecerá también una complicidad y una solidaridad irreemplazables.

¿Y el hijo único?

¿Puede decirse entonces que el hijo único sufre inevitablemente por no tener ningún hermano? Claro que no.

No existe un modelo familiar ideal. Lo que es importante para el niño es que los padres estén dispuestos a asumir a su familia, a mostrarse orgullosos de ella. Un hijo único también puede tener relaciones muy enriquecedoras con otros niños (primos o amigos).

La importancia de los abuelos

Hoy en día, no es frecuente que los abuelos vivan bajo el mismo techo que los nietos. A menudo, todavía llevan una vida activa cuando nace el nieto o la nieta. Se conservan relativamente jóvenes y, para el niño, será más bien la bisabuela la que se corresponde con la imagen de «abuelita» de los cuentos.

Las madres jóvenes, al volver del hospital, no se benefician tanto como antes de los consejos o de la experiencia de su propia madre en materia de puericultura. Algunas de ellas no han mantenido un contacto demasiado cercano con su madre mientras que otras, que desean ocuparse solas del bebé, reivindican una cierta independencia. Quieren que su madre las ayude de forma más discreta y prefieren obtener consejo y apoyo del padre del niño, de una amiga o del pediatra.

Por regla general, a los abuelos no les corresponde la responsabilidad de educar a los nietos, pero no por ello su función es menos importante. Permitirán al niño descubrir lo que saben, le propondrán otros juegos y simbolizarán el recuerdo de la historia familiar. Pueden aportar muchas cosas al niño, tanto desde el punto de vista afectivo como intelectual.

EN CASO DE GEMELOS

Desde que nacen, los gemelos viven a dúo y evolucionan juntos. Muy pronto se vuelven cómplices, tan cómplices que experimentan menos que el resto de los niños la necesidad de volverse hacia el exterior. Sus progresos en el terreno del lenguaje son en ocasiones más lentos y su forma de utilizar los pronombres suele ser una demostración de la forma en que se perciben. A imitación del entorno, que con mucha frecuencia se dirige a ambos a la vez, tienen tendencia a dirigirse el uno al otro en plural. Están muy unidos y a veces se muestran poco sociables con el resto de la familia. Algunos gemelos, en la edad de la pubertad, intentan «librarse» de este hermano al que siempre han estado asociados. Para que esta rebelión no se convierta algún día en conflicto, o para evitar que la «pareja» de gemelos no se encierre demasiado en sí misma, los padres deben realzar la personalidad de cada uno de ellos. Es aconsejable comprarles ropa distinta, intentar que tengan habitaciones separadas. Se debe establecer desde el principio una relación personal con cada uno de ellos.

A partir de los 3 años, se les puede separar de vez en cuando, por ejemplo, dejándolos al cuidado de personas distintas cuando los padres se van fuera unos días. Pero hay que prevenir a los niños de esta separación y explicarles que se volverán a reunir muy pronto.

Adoptar un hijo

Al margen de las dificultades administrativas, la adopción es un compromiso afectivo profundo por el que una pareja ofrece a un niño que está solo amor, refugio y sostén. Además, gracias a la adopción, la pareja tiene por fin la alegría, muchas veces largo tiempo esperada, de fundar una familia.

La decisión de adoptar un niño implica iniciar un procedimiento a menudo largo y difícil, y que puede parecer aún más penoso cuando se acomete tras luchar sin éxito contra la esterilidad. Ciertamente, una pareja que quiera adoptar un niño debe llevar a cabo distintos trámites administrativos, pasar entrevistas psicológicas y superar una serie de condiciones antes de obtener la aprobación para ser incluidos en una lista de espera. Existen diversos tipos de organismos para adoptar niños del propio país o bien del extranjero. Hay servicios oficiales, que ofrecen total garantía aunque los trámites sean a veces engorrosos, y también instituciones privadas que facilitan más los trámites para adoptar un niño en el extranjero. Es indispensable asegurarse de que son serias y de que ofrecen garantías para una adopción irreversible, así como verificar que no efectúan ningún tipo de transacción comercial.

Cuando se les ha designado aptos para adoptar un niño, empieza para los futuros padres una nueva espera, de duración incierta. Esta espera está rodeada de incertidumbres, mucho más aún que en el caso de un nacimiento. ¿De qué sexo será el niño? ¿Qué edad tendrá? ¿Cómo será su pasado? ¿Y su aspecto? A todos estos interrogantes se añade muchas veces el temor de no saber amar lo suficiente a un niño ajeno o incluso el pesar de no poderle transmitir las características genéticas propias.

Un pasado que debe respetarse

Un día, por fin, la ilusión se convierte en realidad. El niño ha llegado. Al igual que tras el nacimiento, niño y padres se tendrán que adoptar y adaptarse mutuamente pero, en este caso, la diferencia es que el niño ya ha conocido con anterioridad un estilo de vida distinto al que tendrá a partir de ahora. No se debe intentar borrar a toda costa esta historia pasada, en especial si el niño proviene de un país extranjero. Naturalmente, el pasado tendrá un peso muy distinto para el niño según se incorpore a su familia adoptiva a la edad de 3 meses o a los 3 años.

Una gran necesidad de confianza

En el terreno afectivo, la historia del niño adoptado se encuentra marcada, desde su origen, por un abandono. Para poder desarrollarse y alcanzar la plenitud a pesar de todo, el niño necesita tener una confianza total y absoluta en sus nuevos padres.

Decir la verdad

Actualmente, todo el mundo está de acuerdo en que no se debe ocultar la adopción al niño.

Así pues, es preciso prepararlo desde muy temprano para que pueda aceptar esta realidad algún día, incluso aunque se considere que todavía es demasiado pequeño para entenderlo. Se le puede contar, por ejemplo, la historia de un animalito que se ha perdido y que alguien encuentra y recoge. Una historia de este tipo le resultará familiar y le permitirá establecer similitudes con la que ha vivido en persona. Sin obligarlo a preguntar cosas sobre sus orígenes, es necesario irle acercando progresivamente a este tipo de preguntas que permitirán establecer un diálogo esencial con él.

UN NOMBRE, UNA HISTORIA

El niño adoptado, tanto si se integra en su nueva familia a los 3 meses como a los 3 años de edad, posee siempre una historia propia. También tiene nombre, muestra inequívoca de esta historia. ¿Pueden llamarlo de otro modo? Lo más prudente sería conservar su nombre original. Pero también es el nombre que otra persona eligió para él. Si realmente esta idea les parece insoportable, quizá sea mejor cambiar de nombre al niño, como si fuera un regalo especial que le ofrecen. Sea cual fuere su decisión, más adelante deberán hablar con él y explicárselo.